# Geschlechtsspezifische Interventionen in der Unfallprävention

Interdisziplinäre Entwicklung und modellhafte Evaluation kind- und jugendgerechter Maßnahmen zur Optimierung des individuellen Risiko- und Sicherheitsmanagements im Straßenverkehr

von

Jens Kleinert
Institut für Sportwissenschaft, Universität Würzburg

Ilse Hartmann-Tews
Claudia Combrink
Institut für Sportsoziologie, Deutsche Sporthochschule Köln

Henning Allmer
Sabine Jüngling
Babett Lobinger
Psychologisches Institut, Deutsche Sporthochschule Köln

Berichte der Bundesanstalt für Straßenwesen

Mensch und Sicherheit    Heft M 179

Die Bundesanstalt für Straßenwesen veröffentlicht ihre Arbeits- und Forschungsergebnisse in der Schriftenreihe **Berichte der Bundesanstalt für Straßenwesen**. Die Reihe besteht aus folgenden Unterreihen:

A - Allgemeines
B - Brücken- und Ingenieurbau
F - Fahrzeugtechnik
M- Mensch und Sicherheit
S - Straßenbau
V - Verkehrstechnik

Es wird darauf hingewiesen, dass die unter dem Namen der Verfasser veröffentlichten Berichte nicht in jedem Fall die Ansicht des Herausgebers wiedergeben.

Nachdruck und photomechanische Wiedergabe, auch auszugsweise, nur mit Genehmigung der Bundesanstalt für Straßenwesen, Referat Öffentlichkeitsarbeit.

Die Hefte der Schriftenreihe **Berichte der Bundesanstalt für Straßenwesen** können direkt beim Wirtschaftsverlag NW,
Verlag für neue Wissenschaft GmbH,
Bgm.-Smidt-Str. 74-76,
D-27568 Bremerhaven,
Telefon (04 71) 9 45 44 - 0, bezogen werden.

Über die Forschungsergebnisse und ihre Veröffentlichungen wird in Kurzform im Informationsdienst **BASt-Info** berichtet. Dieser Dienst wird kostenlos abgegeben; Interessenten wenden sich bitte an die Bundesanstalt für Straßenwesen, Referat Öffentlichkeitsarbeit.

**Impressum**

**Bericht zum Forschungsprojekt 82.228/2002:**
Geschlechtsspezifische Interventionen in der Unfallprävention

**Projektbetreuung**
Ewald Pohlmeier

**Herausgeber**
Bundesanstalt für Straßenwesen
Brüderstraße 53, D-51427 Bergisch Gladbach
Telefon: (0 22 04) 43 - 0
Telefax: (0 22 04) 43 - 674

**Redaktion**
Referat Öffentlichkeitsarbeit

**Druck und Verlag**
Wirtschaftsverlag NW
Verlag für neue Wissenschaft GmbH
Postfach 10 11 10, D-27511 Bremerhaven
Telefon: (04 71) 9 45 44 - 0
Telefax: (04 71) 9 45 44 77
Email: vertrieb@nw-verlag.de
Internet: www.nw-verlag.de

ISSN 0943-9315
ISBN 3-86509-497-x

Bergisch Gladbach, April 2006

# Kurzfassung – Abstract

## Geschlechtsspezifische Interventionen in der Unfallprävention

Ausgehend von der Beobachtung, dass Jungen und männliche Jugendliche ein höheres Verletzungsrisiko im Straßenverkehr tragen als Mädchen und weibliche Jugendliche, werden in der vorliegenden Arbeit mögliche Ursachen für dieses Phänomen diskutiert und aus den Erklärungsansätzen Konzepte sowie Maßnahmen geschlechtsbezogener Interventionen in der Verkehrserziehung abgeleitet.

Die anfangs durchgeführte Literaturrecherche verdeutlicht, dass die unterschiedlich hohe Unfallbeteiligung der Geschlechter multikausal bedingt ist. Entsprechend muss die Interaktion körperlicher, psychischer und sozialer Bedingungen bei der Ursachensuche berücksichtigt werden. Insbesondere die Verhaltensausprägungen „unsicher", „aggressiv" und „riskant", die von den unterschiedlichen personalen Bedingungen beeinflusst werden, stehen eng mit Unfallverhalten im Straßenverkehr in Verbindung und können einen Beitrag zur Klärung geschlechtsbezogener Unterschiede leisten.

Teilstandardisierte Interviews, in denen Experten und Expertinnen unter anderem aus den Bereichen Verkehrserziehung, Erziehung und Freizeitpädagogik befragt wurden, stützen in großen Teilen die Ergebnisse der Literaturanalyse. Erkennbar ist, dass die Auseinandersetzung mit der eigenen Geschlechterrolle in einem engen Zusammenhang mit riskantem Verhalten und erhöhter Unfallgefahr der Jungen und männlichen Jugendlichen steht und daher ein wichtiger Bestandteil in der Verkehrserziehung sein sollte.

Aufbauend auf den Ergebnissen der Literaturanalyse und der Befragung von Experten und Expertinnen wurden geschlechtsbezogene Interventionsmaßnahmen entwickelt, die das Fehlverhalten und die Risikosuche von Kindern und Jugendlichen in den Mittelpunkt stellt. Ein wichtiger Bestandteil ist hierbei die Reflexion und die Darstellung der eigenen Geschlechterrolle speziell für Jungen und männliche Jugendliche. Die Bedeutsamkeit dieser Inhalte konnte im Rahmen einer Expertendiskussion bestätigt werden.

Der Originalbericht enthält als Anhänge neben umfangreichen Informationen zum Expertenhearing verschiedene Interview-Leitfäden für Eltern, Erzieher/innen und Lehrer/innen, Freizeitpädagogen und -pädagoginnen, Tierpfleger/innen und Wissenschaftler/innen sowie verschiedene Kurzfragebogen für diese Personengruppen. Die Anhänge sind der vorliegenden Veröffentlichung als CD beigefügt.

## Gender-related accident prevention

Based on the observation of higher injury risk in boys and male adolescents compared with those of girls the present study discusses reasons for this phenomenon. Subsequently, concepts of gender-specific traffic education were deduced.

An analysis of literature indicates multicausal conditions of different accident rates between boys and girls. Therefore, interactions between physical, psychological, and social determinants of acci-dents have to be considered. Particularly, "unconfident", "aggressive" and "risky" behaviour are affected by personal conditions, strongly related with high accident rates, and could help to clarify different accident rates between boys and girls.

Semi-structured interviews with experts from traffic education, school, and leisure education corroborate the results of the literature analysis. It becomes apparent that risky behaviour and there-fore higher injury rates are closely connected to boys' handling of their own gender role. Thus, gender role should play an important role in traffic education.

Based on literature analysis and expert interviews gender-related measures were developed that focus especially on behavioural errors and risk seeking of children and adolescents. In these measures the reflection and demonstration of boys' gender role is a significant element. The meaning-fulness of these topics could be corroborated in discussions with experts.

Apart from extensive information on the experts' hearing, the original report includes, as appendices, different interview guidelines for parents, educators and teachers, recreational pedagogues, animal keepers and scientists as well as various short questionnaires for these groups. The appendices are enclosed as a CD with the present publication.

# Inhalt

**Einleitung** .................................................. 7

**1 Verkehrsunfälle von Kindern und Jugendlichen im Spiegel der Statistik** ......... 7

1.1 Unfälle von Kindern und Jugendlichen im Straßenverkehr .................................. 8

1.2 Polizeilich erfasste Ursachen für Unfälle im Straßenverkehr ................................ 10

1.3 Nutzung von Außenräumen durch Kinder und Jugendliche in ihrer Freizeit ............... 10

1.4 Verkehrsmittelnutzung von Kindern und Jugendlichen ......................................... 12

1.5 Risikoverhalten im Straßenverkehr ............ 12

1.6 Zusammenfassung und Einordnung der Befunde ................................................... 13

**2 Körperliche Bedingungen des Unfallgeschehens bei Jungen und Mädchen** .. 14

2.1 Biogenetische Grundlagen und Unfallverhalten ........................................ 14

2.1.1 Geschlechtsunterschiede in der neurologischen Morphologie .................... 14

2.1.2 Hormoneinflüsse ...................................... 15

2.1.3 Genetische Einflüsse auf das Verhalten .... 17

2.1.4 Zusammenfassung .................................. 17

2.2 Perzeptuelle Fähigkeiten und Unfallgeschehen ...................................... 17

2.2.1 Biologische Entwicklung des visuellen Systems und Verkehrsverhalten ................ 18

2.2.2 Biologische Entwicklung des auditiven Systems und Verkehrsverhalten ................ 18

2.2.3 Zusammenfassung .................................. 19

2.3 Motorische Fähigkeiten und Unfallgeschehen ...................................... 19

2.3.1 Entwicklung der motorischen Fähigkeiten . 19

2.3.2 Motorische Fähigkeiten und Verkehrsverhalten ................................. 21

2.3.3 Zusammenfassung .................................. 21

2.4 Händigkeit, Lateralisation und Unfallgeschehen ...................................... 22

**3 Psychische Bedingungen des Unfallgeschehens bei Mädchen und Jungen** ................................................ 23

3.1 Kognitive Bedingungen des Unfallgeschehens ...................................... 23

3.1.1 Kognitive Entwicklung ............................. 23

3.1.2 Gefahrenbewusstsein .............................. 25

3.1.3 Informationsverarbeitung ......................... 25

3.1.3.1 Entfernungssehen, Tiefensehen und Raumwahrnehmung ................................. 26

3.1.3.2 Geschwindigkeitswahrnehmung ............. 26

3.1.3.3 Farb-, Form- und Zeichenerkennung ...... 26

3.1.3.4 Verarbeitungsgeschwindigkeit in komplexen Situationen ............................ 27

3.1.4 Zusammenfassung .................................. 28

3.2 Persönlichkeitsmerkmale und Unfallgeschehen ...................................... 28

3.2.1 Extraversion, Neugierverhalten und Selbstdarstellung ................................. 28

3.2.2 Neurotizismus und Ängstlichkeit ............. 28

3.2.3 Aggression ............................................. 29

3.2.4 Risikobereitschaft und Herausforderungen ....................................... 29

3.2.5 Leistungsmotivation und Wettbewerbsorientierung ........................ 30

3.2.6 Selbstsicherheit und Selbsteinschätzung 31

3.2.7 Emotionsregulation und Stressverarbeitung ................................. 31

3.2.8 Zusammenfassung .................................. 32

3.3 Verhaltensbezogene Bedingungen des Unfallgeschehens ................................... 32

3.3.1 Handlungssteuerung und Bewegungsdrang ................................... 32

3.3.2 Spielverhalten ......................................... 33

3.3.3 Psychologische Entwicklungsauffälligkeiten ........................................ 33

3.3.4 Zusammenfassung .................................. 34

**4 Sozialisationsbedingungen des geschlechtsbezogenen Unfallgeschehens** 34

4.1 Konstruktion von Geschlecht .................. 34

| | | | |
|---|---|---|---|
| 4.2 | Sozialisation im Kindes- und Jugendalter unter geschlechtsbezogener Perspektive ..35 | 6.4.2 | Verkehrserziehung...................74 |
| 4.2.1 | Geschlechtsbezogene Aneignung von Raum...................36 | 6.5 | Konsequenzen für Interventionsmaßnahmen...................75 |
| 4.2.2 | Risikopraktiken und Geschlecht...............37 | | |
| 4.3 | Zusammenfassung...................39 | **7** | **Entwicklung einer Grobkonzeption für Interventionsansätze ...................76** |
| | | 7.1 | Vorgehen bei der Entwicklung...................76 |
| **5** | **Zusammenfassende Darstellung zur Erklärung geschlechtstypischen Verkehrsverhaltens...................40** | 7.2 | Konzeptioneller Hintergrund ...................77 |
| | | 7.2.1 | Entstehung von riskanten Situationen .......77 |
| 5.1 | Grundlagen des Verhaltens ...................40 | 7.2.2 | Riskante Situation als Folge von Risikosuche...................77 |
| 5.1.1 | Wahrnehmung und Einschätzung von Situationen ...................41 | 7.2.3 | Riskante Situation als Folge von Fehlverhalten ...................78 |
| 5.1.2 | Motorische Leistungsfähigkeit...................43 | 7.3 | Ziele des Risiko- und Sicherheitsmanagements ...................78 |
| 5.2 | Rahmenbedingungen des Verhaltens – Verkehrsmittel und Verkehrsräume ...........45 | 7.3.1 | Festlegung der Programmziele...................78 |
| 5.3 | Ausprägungen des Verhaltens...................46 | 7.3.2 | Übersicht über die Programmziele ...........79 |
| 5.3.1 | Aggressives Verhalten ...................47 | 7.4 | Allgemeine Interventionsprinzipien und didaktische Rahmenkonzeption...................81 |
| 5.3.2 | Riskantes Verhalten ...................48 | 7.5 | Definition der Zielgruppe...................82 |
| 5.3.3 | Unsicheres Verhalten...................51 | 7.6 | Konzept der Umsetzung und Implementierung ...................83 |
| **6** | **Interviews mit Expertinnen und Experten...................52** | 7.6.1 | Schule als Interventionsinstitution ............83 |
| 6.1 | Zielstellung ...................52 | 7.6.2 | Einbindung von Multiplikatoren und Multiplikatorinnen ...................84 |
| 6.2 | Methodik...................52 | | |
| 6.2.1 | Planung der Interviews und Zielgruppenbestimmung...................52 | **8** | **Exemplarische Darstellung einer Maßnahme für 12-14-Jährige (6.-8. Klasse)..84** |
| 6.2.2 | Interviewpartner/innen...................54 | 8.1 | Zielsetzungen...................84 |
| 6.2.3 | Konzeption des Interviewleitfadens und Durchführung der Interviews...................54 | 8.2 | Organisationsform ...................84 |
| 6.2.4 | Auswertung der Interviews...................55 | 8.3 | Methodisch-didaktischer Entwurf...............85 |
| 6.3 | Ergebnisse der Interviews...................55 | 8.4 | Übersicht über die Inhalte und Übungsformen ...................87 |
| 6.3.1 | Grundschullehrer/innen und Erzieherin .....55 | 8.4.1 | Tabellarische Übersicht über die gesamte Maßnahme...................87 |
| 6.3.2 | Verkehrserzieher/innen und Verkehrspolizisten und -polizistinnen ...................62 | | |
| 6.3.3 | Eltern...................65 | 8.4.2 | Vertiefte Darstellung einzelner Unterrichtseinheiten ...................88 |
| 6.3.4 | Freizeitpädagoginnen und -pädagogen .....68 | | |
| 6.3.5 | Wissenschaftler/innen ...................70 | **9** | **Abschließende Betrachtung...................92** |
| 6.3.6 | Tierpfleger/innen ...................73 | | |
| 6.4 | Zusammenfassende Interpretation der Ergebnisse ...................73 | **10** | **Literatur ...................95** |
| 6.4.1 | Geschlechtsbezogenes Verhalten ............73 | | |

# Einleitung

Pro Jahr verunglücken in Deutschland mehr als 40.000 Kinder unter 15 Jahren im Straßenverkehr sowie mehr als 30.000 Jugendliche zwischen 15 und 18 Jahren. Hierbei tragen Jungen insgesamt gesehen ein höheres Verletzungsrisiko als Mädchen. Dieses Phänomen führt auf den ersten Blick zu der Frage, ob Verkehrserziehung bei Kindern und Jugendlichen in Abhängigkeit vom Geschlecht unterschiedliche Ziele, Inhalte oder sogar Methoden haben sollte. Die Beantwortung dieser Frage bedingt jedoch eine gründliche Analyse des Phänomens geschlechtsspezifischer Unfallzahlen und der mit diesem Phänomen in Zusammenhang stehenden Bedingungen und Hintergründe. So muss beispielsweise die Beobachtung höherer Unfallzahlen bei Jungen und männlichen Jugendlichen kritisch unter Berücksichtigung unterschiedlichen Mobilitätsverhaltens und somit unterschiedlicher Gefahrenexpositionen eingeordnet werden. Hinsichtlich der Hintergründe für ein hohes „männliches Unfallrisiko" stellt sich wie so oft bei geschlechtsorientierten Phänomenen die Frage nach unterschiedlichen Einflüssen biogenetischer oder erziehungsbedingter und hiermit psychosozialer Faktoren.

Demzufolge besitzt der vorliegende Bericht zwei grundsätzliche Zielstellungen. Zum einen soll versucht werden, das Phänomen geschlechtsabhängig unterschiedlicher Unfallzahlen im Detail zu beschreiben (Kapitel 1). So sollen beispielsweise Zusammenhänge zwischen unterschiedlichen Altersstufen und Unfallzahlen bei Jungen und Mädchen oder Hinweise auf geschlechtsabhängig unterschiedliche Verwendung von Verkehrsmitteln und Verkehrsräumen erste Hinweise auf Erklärungsansätze verschieden hoher Unfallzahlen von Jungen und Mädchen oder männlichen und weiblichen Jugendlichen geben. Die zweite Zielstellung widmet sich den möglichen Ursachen des beschriebenen Phänomens (Kapitel 2 bis 4). Der Bericht versucht anhand einer Aufarbeitung relevanter Veröffentlichungen deutlich zu machen, ob und wie sich Mädchen und Jungen unterschiedlichen Alters hinsichtlich unfallrelevanter Faktoren unterscheiden. Hier wird die Betrachtung nach körperlichen, psychischen, sozialen und biogenetischen Einflussfaktoren auf das Unfallgeschehen gegliedert.

Die Zusammenführung dieser unterschiedlichen Erklärungsansätze (Kapitel 5) soll schließlich einen Ausblick auf mögliche Konsequenzen für eine geschlechtsorientierte Verkehrserziehung möglich machen. Empfehlungen für Interventionsansätze können jedoch nicht allein auf theoretischem und empirischem Material basieren, sondern sollten das Wissen von Experten und Expertinnen wo immer möglich einbeziehen. Daher besteht eine weitere entscheidende Zielstellung des vorliegenden Berichts darin, Menschen mit unterschiedlich geprägter Expertise zu geschlechtsorientierten Gefahrenverhalten im und außerhalb des Straßenverkehrs zu befragen (Kapitel 6). Zu Wort kommen hier unter anderem Verkehrserzieher/innen, Polizisten und Polizistinnen sowie Freizeitpädagogen und -pädagoginnen.

Auf der Basis der gesammelten Erfahrungen werden abschließend Vorschläge für Ziele und Inhaltsebenen von geschlechtsorientierten Interventionsansätzen gemacht (Kapitel 7). Zentraler Gegenstandsbereich dieser Ansätze ist das individuelle Risikoverhalten von Kindern und Jugendlichen im Straßenverkehr. Auch diese Interventionsansätze wurden mit Experten und Expertinnen unterschiedlicher Felder diskutiert und hier erst in ihrer kritischen Überarbeitung eingebracht. Um die Umsetzungsweise der Interventionsansätze zu illustrieren schließt der Bericht mit der Darstellung modellhafter und konkreter Einheiten zur Verkehrserziehung im Schulunterricht oder Vereins- beziehungsweise Freizeitpädagogik (Kapitel 8).

# 1 Verkehrsunfälle von Kindern und Jugendlichen im Spiegel der Statistik

Das Unfallverhalten von Kindern und Jugendlichen verändert sich mit dem Alter und es bestehen Unterschiede zwischen Mädchen und Jungen. Diese Fakten werden in vielen Veröffentlichungen dargestellt, allerdings wird nur selten eine Verknüpfung der Kategorien Alter und Geschlecht vorgenommen. Eine Ausnahme bildet hier die Zusammenstellung von Funk und Wiedemann (2002). Jedoch gehen sie in ihrem Beitrag nicht den Gründen für diese Unterschiede nach, sondern beschäftigen sich mit den vorhandenen Maßnahmen der Verkehrserziehung. In Bezug auf die Gründe für die geschlechtsbezogenen Unterschiede ist generell eine deutliche Forschungslücke festzustellen. Zudem wird zumeist pauschal bemerkt, dass Jungen häufiger verunfallen als Mädchen, ohne jedoch den Vergleich zur tatsächlichen Verkehrsexposition zu ziehen. Möglicherweise ergibt sich die höhere Unfallhäufigkeit von Jungen aus einer höheren Verkehrsexposition bzw. aus längeren Aufenthaltszeiten auf der Straße. Dieser Vergleich soll in dem vorliegenden Beitrag gezogen werden.

Im Folgenden wird zunächst dargestellt, in welche Arten von Unfällen Kinder und Jugendliche verwickelt sind. Für mögliche Interventionsansätze ist es wichtig zu wissen, wann, wo und mit welcher Verkehrsmittelnutzung Kinder und Jugendliche verunfallen und was die Ursachen für die Unfälle sind. Anschließend wird diesen Daten gegenübergestellt, wie häufig sich Kinder und Jugendliche auf der Straße aufhalten, wie ihre Verkehrsbeteiligung und Verkehrsmittelnutzung aussieht und welches Risikoverhalten bei Kindern und Jugendlichen im Straßenverkehr zu beobachten ist. Dabei wird insbesondere herausgestellt, ob es Unterschiede zwischen den Geschlechtern und den Altersgruppen gibt. Der Altersgruppenvergleich wird vorgenommen, um die Spezifika der gewählten Altersgruppe in Abgrenzung zu den anderen zu erkennen und pointiert herausstellen zu können.

## 1.1 Unfälle von Kindern und Jugendlichen im Straßenverkehr

Zur Betrachtung der Unfallzahlen bei Kindern und Jugendlichen werden im Allgemeinen in erster Linie Daten des Statistischen Bundesamtes genutzt, die auf den amtlichen Polizeistatistiken beruhen (vgl. STATISTISCHES BUNDESAMT 2002, S. 39). Die Dunkelziffer bei Unfällen von Fahrradfahrerinnen und -fahrern sowie Fußgängerinnen und Fußgängern ist jedoch bei den amtlichen Polizeistatistiken sehr hoch, da die Polizei zumeist nur zu Unfällen mit schweren Folgen herangezogen wird. Insofern ist davon auszugehen, dass lediglich bis zu einem Drittel der Kinderunfälle mit dem Fahrrad oder zu Fuß polizeilich erfasst werden (vgl. FUNK & WIEDEMANN 2002, S. 20; LIMBOURG & REITER 2003, S. 68f). Deshalb werden ergänzend die Statistiken der Schülerunfallversicherungen herangezogen, die eine geringere Dunkelziffer aufweisen, sich jedoch nur auf den Schulweg beziehen (vgl. LIMBOURG, HOLWEG & KÖHNE o J., S. 39f).

Insgesamt zeigen die verschiedenen Erhebungen folgende Struktur der Verunfallung von Kindern und Jugendlichen im Straßenverkehr:

*Unfallart und -häufigkeit*

Pro Jahr verunglücken in Deutschland mehr als 40.000 Kinder unter 15 Jahren im Straßenverkehr sowie mehr als 30.000 Jugendliche zwischen 15 und 18 Jahren. Die Unfälle betreffen Kinder und Jugendliche insgesamt jeweils zu etwa einem Drittel als Fußgänger/innen, Radfahrer/innen und PKW-Mitfahrer/innen.[1] Die Gesamtzahl der Unfälle nimmt mit steigendem Alter stetig zu. Dabei zeigen sich alters- und geschlechtsbezogene Besonderheiten (vgl. Abb. 1 und 2).

Vorschulkinder verunglücken zumeist als PKW-Mitfahrer/innen oder Fußgänger/innen, wobei - wie auch in den anderen Altersgruppen bis 14 Jahren - mehr Jungen als Mädchen zu Fuß Unfälle erleiden. Die Fahrradunfälle nehmen im Kindesalter deutlich zu, bei den Jungen früher und dramatischer als bei den Mädchen. Ab einem Alter von 11 Jahren sind die Fahrradunfälle die deutliche Nummer eins der Unfallarten bei den Jungen[2], während dies bei den

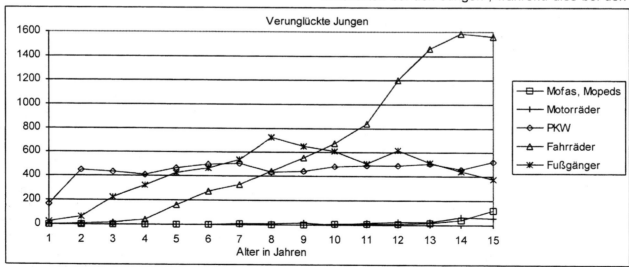

Abb. 1: Im Jahr 2002 bei Straßenverkehrsunfällen verunglückte Jungen; differenziert nach Art der Verkehrsbeteiligung und Alter (vgl. Statistisches Bundesamt 2003a, S. 219)

---

[1] Lediglich eine Untersuchung der Bundesanstalt für Straßenwesen aus dem Jahr 1990, bei der Schüler/innen der Sekundarstufe I befragt wurden, weist ein deutlich größeres Gewicht von Fahrradunfällen auf (vgl. ZIPPEL 1990, S. 28).

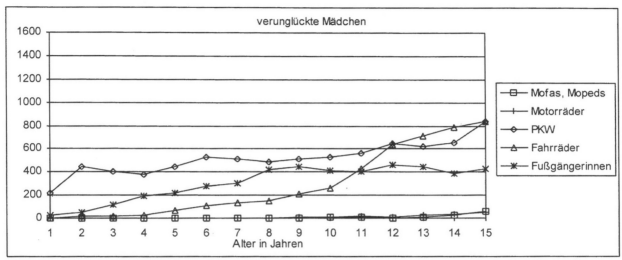

Abb. 2: Im Jahr 2002 bei Straßenverkehrsunfällen verunglückte Mädchen; differenziert nach Art der Verkehrsbeteiligung und Alter (vgl. STATISTISCHES BUNDESAMT 2003a, S. 219)

Mädchen erst ab 13 Jahren zu beobachten ist. Über alle Altersstufen hinweg verunglücken fast doppelt so viele Jungen wie Mädchen mit dem Fahrrad.

Ab ca. 11 Jahren ändern sich zudem die Geschlechterverhältnisse bei den PKW-Unfällen. Während vorher Jungen und Mädchen gleich häufig als Mitfahrer/innen verunglücken, nimmt ab 11 Jahren die Anzahl der Mädchen bei dieser Unfallart noch einmal zu, während sie bei den Jungen ihr Niveau hält. Dies setzt sich in der Gruppe der 15 bis 17-Jährigen fort, ein Alter, in dem jugendliche Mädchen häufig als Begleiterinnen von älteren männlichen Jugendlichen, die schon einen PKW-Führerschein besitzen, unterwegs sind und mit diesen verunglücken. In dieser Altersgruppe stellen zum ersten Mal Motorzweiräder eine relevante Größe dar. Bei den männlichen Jugendlichen ist die Anzahl der Unfallopfer höher als die Anzahl der Unfallopfer mit Fahrrädern, die ab 15 Jahre leicht rückläufig wird. Zudem ist bei den Unfällen mit Motorzweirädern die Relation männlicher zu weiblichen Opfern deutlich stärker ausgeprägt als in den anderen Kategorien (ca. 4 : 1). Während ab einem Alter von 18 Jahren die Anzahl der Unfälle mit Motorzweirädern stark zurück geht, steigen die PKW-Unfälle rapide an, was auf die Tatsache zurückzuführen ist, dass die jungen Leute nun selbst hinter dem Steuer sitzen. Dabei weisen die jungen Männer wiederum eine deutlich höhere Unfallstatistik auf als die jungen Frauen (vgl. LIMBOURG & REITER 2003, S. 67f; STATISTISCHES BUNDESAMT 2003a, S. 25; STATISTISCHES BUNDESAMT 2003b, 2002, S. 19f; FUNK & WIEDEMANN 2002, S. 23f; LIMBOURG, RAITHEL & REITER 2001, S. 204f; NICODEMUS 2001; BUK 2000; KLEIN 2000, S. 5, 7; ELLINGHAUS & STEINBRECHER 1996, S. 19; HAUTZINGER, TASSAUX-BECKER & HAMACHER 1996, S. 27f; IWU 1992, S. 11f; ZIPPEL 1990, S. 30f).

Unfälle mit neueren Verkehrsmitteln wie Inline-Skates oder City-Roller werden in den Statistiken nicht extra aufgeführt, sondern den Unfällen von Fußgängerinnen und Fußgängern zugeordnet (vgl. LIMBOURG et al. 2001, S. 205). Untersuchungen von Unfällen mit Inline-Skates zeigen, dass auch hier doppelt so viele Jungen und Männer wie Mädchen und Frauen verunglücken (vgl. ALRUTZ, GÜNDEL & MÜLLER 2002, S. 29; LIMBOURG & REITER 2003, S. 73f).

*Unfallzeit*

Unfälle von Kindern und Jugendlichen sind von der Tages- und der Jahreszeit abhängig. Ein Großteil der Unfälle passiert auf dem morgendlichen Schulweg (7 - 8 Uhr), auf dem Heimweg mittags (13 - 14 Uhr) und am Nachmittag während der Hauptverkehrszeit (15 - 18 Uhr) (vgl. LIMBOURG & REITER 2003, S. 77; BUK 2000, S. 10; IWU 1992, S. 9; ZIPPEL 1990, S. 55). Zwar haben Kinder und Jugendliche in allen Jahreszeiten in etwa gleich viele Unfälle, jedoch variiert die Art der Unfälle. Im Herbst und Winter verringert sich im Vergleich zum Frühling und Sommer die Anzahl der Unfälle mit dem Fahrrad und dem motorisierten Zweirad, während sich die Anzahl der Unfälle als Fußgänger/innen und PKW-Mitfahrer/innen erhöht. Außerdem passieren in den Sommermonaten fast doppelt so häufig 'Spiel-Unfälle' am Nachmittag wie in den Wintermonaten (vgl. LIMBOURG & REITER 2003, S. 77; STATISTISCHES BUNDES-

---

[2] Die Statistiken des BUK stellen bei den Jungen einen Anteil von 65% der Fahrradunfälle an der Gesamtzahl der Unfälle auf dem Schulweg fest (vgl. BUK 2000, S. 9)

AMT 2003a, S. 216; BUK 2000, S. 11f; IWU 1992, S. 8).

*Unfallort*

Kinder und Jugendliche verunglücken zu einem Großteil innerhalb von Ortschaften (15:1), wobei die Unfälle außerhalb der Ortschaften jedoch zumeist gravierendere Folgen haben. Die meisten Unfälle von Kindern geschehen in Wohnungsnähe: 50% in einem Umkreis von 500m von der Wohnung und 90% in einem Umkreis von 1000m. Sind Kinder zu Fuß unterwegs, so zeigt sich eine Häufung von Unfällen an kreuzungsfreien Straßenabschnitten (80%), während Kinder mit Fahrrädern vermehrt an Einmündungsstellen verunglücken (vgl. LIMBOURG & REITER 2003, S. 77).

## 1.2 Polizeilich erfasste Ursachen für Unfälle im Straßenverkehr

Die amtliche Unfallstatistik gibt neben der Art des Unfalles auch die von der Polizei aufgenommenen Gründe für das Zustandekommen des Unfalles an. Dazu ist jedoch anzumerken, dass von den Polizistinnen und Polizisten in einem vorgegebenem Ursachenverzeichnis die ihrer Meinung nach gegebenen Ursachen angekreuzt werden. Hierbei ist von einer gewissen Routine bei der Beurteilung der Situation auszugehen (vgl. FUNK & WIEDEMANN 2002, S. 49). Bei ca. 50% der Unfälle von Kindern zu Fuß oder mit dem Fahrrad wird kindliches Fehlverhalten als Hauptursache für die Unfälle angegeben. Die andere Hälfte der Unfälle wird durch falsches Verhalten der Kraftfahrer/innen verursacht (vgl. LIMBOURG & REITER 2003, S. 78).

Kinder zwischen 6 und 14 Jahren, die zu Fuß unterwegs sind, verunglücken zu einem großen Teil aufgrund falschen Verhaltens bei der Fahrbahnüberquerung. So wird bei der Hälfte der Unfälle das plötzliche Überqueren der Fahrbahn ohne Beachtung des Straßenverkehrs und bei einem Viertel der Unfälle das Hervortreten hinter Sichthindernissen als Unfallauslöser genannt. Die Fahrradunfälle von Kindern werden auf mehr Ursachen zurückgeführt. Sie passieren in erster Linie aufgrund der falschen Benutzung von Straßen oder Fahrbahnen, gefolgt von fehlerhaftem Verhalten beim Abbiegen und Wenden sowie Verstößen gegen Vorfahrtsregeln (vgl. STATISTISCHES BUNDESAMT 2003a, S. 236f, 263; FUNK & WIEDEMANN 2002, S. 49f.; LIMBOURG et al. 2001, S. 204f; KLEIN 2000, S. 5; ELLINGHAUS & STEINBRECHER 1996, S. 42)

Hauptursache bei Unfällen von jugendlichen Fahrzeugführerinnen und -führern ist eine nichtangepasste Geschwindigkeit, gefolgt von falscher Straßenbenutzung, Fehlern bei der Beachtung von Vorfahrtsregeln und Fehlern beim Abbiegen und Wenden. Auffällig hinsichtlich der Geschlechterverteilung ist, dass die nichtangepasste Geschwindigkeit durch die große Anzahl männlicher Jugendlicher, die ein solches Fehlverhalten zeigen, zur Unfallursache Nr. 1 wird. Bei den weiblichen Jugendlichen rangiert sie nur auf Platz 3 der Unfallursachen (vgl. STATISTISCHES BUNDESAMT 2003a, S. 246).

## 1.3 Nutzung von Außenräumen durch Kinder und Jugendliche in ihrer Freizeit

Um diese Daten der geschlechtsbezogenen Verunfallung von Kindern und Jugendlichen im Straßenverkehr angemessen einordnen zu können, muss die Art und der Umfang ihres Aufenthalts außerhalb der Wohnung berücksichtigt werden.

Wie viel Zeit Kinder und Jugendliche pro Tag draußen verbringen, ist nur sehr schwer festzustellen, da die vorhandenen Untersuchungen mit unterschiedlichen Begriffen, Stichproben und Untersuchungsmethoden gearbeitet haben. So ergeben sich zum Beispiel unterschiedliche Zeiten für die Nutzung des Außenraums je nachdem, ob nur das Spielen dort berücksichtigt wird oder auch Wegezeiten mit einberechnet werden. Entsprechend variieren die Angaben über den Aufenthalt von Kindern bis 12 Jahren von durchschnittlich 80 Minuten bis 216 Minuten (Werktag) draußen verbrachter Zeit - Untersuchungen von Jugendlichen ab 13 Jahren geben nur die Häufigkeit und nicht die Dauer des Aufenthalts an (vgl. KLEINE 2003, S. 56ff; BLINKERT 1997, S. 38f, 1993, S. 127). Ebenso wenig kann eindeutig geklärt werden, welche Kinder sich in welchen Außenräumen aufhalten, da die Autorinnen und Autoren der Studien unterschiedliche Einteilungen der Räume vornehmen. Zum besseren Überblick werden im Folgenden drei Außenraumtypen miteinander verglichen, die aus den vorhandenen Studien abgeleitet werden können: der private Außenraum (Hof, (Vor-)Garten), der Verkehrsraum (Straßen, Gehwege) und der öffentliche (Spiel-)Raum (Spiel-, Bolz-, Sportplätze, Schulhöfe, Wald, Wiesen, Parks). Diese drei Raumtypen werden von Kindern in etwa gleich häufig als Freizeitort genutzt (vgl. KLEINE 2003; FUNK & FASSMANN 2002, S. 125; LIPSKI 1996, S. 364; NISSEN 1992, S. 141).

*Mädchen und Jungen in Außenräumen*

Die empirischen Erkenntnisse bezogen auf Geschlechtsunterschiede beim Aufenthalt in den verschiedenen Räumen sind keineswegs einheitlich, weswegen im Folgenden nur Tendenzen aufgezeigt werden können. Zudem existieren nur Studien, die die Außenraumaktivitäten von Mädchen und Jungen bis 12 Jahre beleuchten und keine, die innerhalb der Gruppe der Kinder nach Geschlecht und Alter gleichzeitig differenzieren.

Die These, dass Mädchen sich häufiger im privaten Außenraum aufhalten als Jungen (vgl. Schön 1999, S. 46), kann anhand der vorhandenen Studien nicht aufrechterhalten werden. Diese kommen zu dem Ergebnis, dass sich gleich viele Jungen und Mädchen hier aufhalten, bzw. dass Jungen mehr Zeit in diesem Bereich verbringen[3] (vgl. KLEINE 2003, S. 54f; FUNK & FASSMANN 2002, S. 126; NISSEN 1992, S. 145f). Eine Jungendominanz kann ebenfalls für den Verkehrsraum und den öffentlichen (Spiel-)Raum festgehalten werden (vgl. KLEINE 2003, S. 54f; FUNK & FASSMANN 2002, S. 126; NISSEN 1992, S. 145f). Insbesondere auf der Straße sowie auf Bolz- und Sportplätzen stellen Jungen eine deutliche Mehrheit dar (vgl. KLEINE 2003, S. 69; FUNK & FASSMANN 2002, S. 126; LIPSKI 1996, S. 365). Außerdem spielt in der Stadt die Qualität des Wohnumfeldes[4] eine Rolle: bei ungünstigen Aktionsraumbedingungen zeigen sich nur geringe Unterschiede zwischen Mädchen und Jungen beim Aufenthalt draußen, während bei guten und sehr guten Aktionsraumbedingungen Jungen länger draußen ohne Aufsicht verweilen als Mädchen (vgl. BLINKERT 1993, S. 129).

Gerade neuere Studien weisen dahin, dass hinsichtlich der Mobilität Geschlechterunterschiede im Jugendalter verschwinden. So konnten FLADE, LOHMANN und LANDGRAF (2000) nachweisen, dass in der Altersgruppe der 13-14-Jährigen Jungen keine stärkere Außenorientierung vorweisen als Mädchen, sondern dass Jungen und Mädchen "unabhängig davon, ob sie in einer Groß- oder Kleinstadt wohnen, durchschnittlich gleich viele Wege in durchschnittlich derselben Zeit zurücklegen" (S. 452).

Insgesamt kann festgehalten werden, dass sich Jungen tendenziell in den meisten Außenräumen häufiger aufhalten als Mädchen. Dies wird unterstützt von der Tatsache, dass Jungen unabhängig vom Wohnorttyp mehr Zeit draußen verbringen als Mädchen (vgl. KLEINE 2003, S. 80; FLADE & KUSTOR 1996, S. 26). Im Jugendalter verschwinden diese Geschlechterunterschiede jedoch.

*Unterschiede zwischen den Altersgruppen*

Bei Studien zur Nutzung von Außenräumen differenziert nach Altersgruppen liegen ebenfalls keine einheitlichen Ergebnissen vor, was u.a. auf die unterschiedliche Altersgruppeneinteilung und -berücksichtigung zurückzuführen ist. Während KLEINE (2003, S. 54f) und LIPSKI (1996, S. 364f) Unterschiede bei der Nutzung von Außenräumen zwischen den jüngeren und älteren Kindern der bis 12-Jährigen feststellen[5], findet NISSEN (1992, S. 144) keine Altersunterschiede. FUNK und FASSMANN (2002, S. 125), die als einzige sowohl Kinder als auch Jugendliche in ihren Befragungen berücksichtigt haben, geben das 12. Lebensjahr als wichtigen Einschnitt bei der Nutzung von Außenräumen an: bis zu diesem Alter werden der Spiel- und Bolzplatz und der private Außenraum am häufigsten von den Kindern aufgesucht; ab 12 Jahre halten sich Kinder und Jugendliche vermehrt auf einem Sportplatz u.ä. auf und die Stadt gewinnt als Aufenthaltsort an Bedeutung. Festgehalten werden kann, dass sich insgesamt die Aktivitäten von Kindern mit zunehmendem Alter vom privaten Außenraum und wohnraumnahen Spielplätzen in den Verkehrsraum sowie die Stadt und auf Sportplätze verlagern, die zumeist weiter von zu Hause entfernt liegen als die Kinderspielplätze.

Jugendliche sind bisher nur selten hinsichtlich ihrer bevorzugten Nutzung von Außenräumen untersucht worden. Nur FUNK und FASSMANN (2002) haben neben den Kindern auch die 12 bis unter 18-Jährigen in ihre Studie einbezogen. Während der Verkehrsraum seine Bedeutung auch für die Jugendlichen beibehält, verliert der private Außenraum ebenso wie Teile des öffentlichen (Spiel-) Raums wie der Spiel- und Bolzplatz stark an Bedeutung. Hier setzt sich die Entwicklung, die am

---

[3] Lediglich LIPSKI (1996, 364f) stellt heraus, dass sich im privatnahen Raum mehr Mädchen als Jungen aufhalten, was sich insbesondere bei den jüngeren Jahrgängen zeigt. Möglicherweise kann die Diskrepanz zwischen den Ergebnissen auf die untersuchte Gruppe zurückgeführt werden. Während sich die Untersuchungen von FUNK & FASSMANN (2002), NISSEN (1992) und KLEINE (2003) auf die alten Bundesländer bzw. die gesamte BRD beziehen, untersucht LIPSKI (1996) die neuen Bundesländer.

[4] Ein Aktionsraum mit hoher Qualität für Kinder zeichnet sich laut BLINKERT (1997, S. 5) durch Zugänglichkeit, Gefahrlosigkeit, Gestaltbarkeit und Interaktionschancen aus.

[5] KLEINE (2003, S. 54f) und LIPSKI (1996, S. 364f) zeigen, dass sich jüngere Kinder (bis 10 Jahre) im privaten Außenraum und in Teilen des öffentlichen (Spiel-)Raums, nämlich den Spielplätzen und den Naturräumen, mehr aufhalten als ältere (11-12 Jahre). Außerdem stellt KLEINE (2003, S. 54f) für die Altersgruppe der 5-7-jährigen Kinder fest, dass sie im Verkehrsraum weniger Zeit verbringen als Kinder ab 8 Jahren.

Ende der Kindheit eingesetzt hat, fort. Dies zeigt sich auch an dem zunehmenden Aufenthalt der Jugendlichen auf sportbezogenen Anlagen (vgl. ebd., S. 125).

## 1.4 Verkehrsmittelnutzung von Kindern und Jugendlichen

Ebenso wie die Studien zur Nutzung von Außenräumen durch Kinder und Jugendliche weisen auch die Studien zur Verkehrsmittelnutzung von Kindern und Jugendlichen unterschiedliche Methodiken und Stichproben auf, was eine Vergleichbarkeit der Daten erschwert. Einige Untersuchungen messen die Zeit, die Kinder und Jugendliche mit bestimmten Verkehrsmitteln benötigen, um Wege zurück zu legen (vgl. FUNK & FASSMANN 2002, S. 189f; HAUTZINGER et al. 1996, S. 21), andere Untersuchungen geben an, wie häufig Kinder und Jugendliche bestimmte Verkehrsmittel nutzen (KRAUSE 2003, S. 99; DÜRHOLT & PFEIFFER 1999, S. 35; FLADE, LOHMANN & PFLANZ 1997, S. 16; FLADE & KUSTOR 1996, S. 27f; LIPSKI 1996, S. 357; NISSEN 1992, S. 155). Außerdem gibt es Studien, die mehrere Aspekte berücksichtigen (vgl. FUNK & FASSMANN 2002, S. 189f; KLEINE 1999, S. 112f). Entsprechend können nicht alle Zahlen vergleichend nebeneinander gestellt, sondern lediglich Tendenzen aufgezeigt werden. Insgesamt zeigen sich deutliche Alters- und Geschlechterdifferenzen bei der Nutzung der verschiedenen Verkehrsmittel.

*Verkehrsmittelnutzung von Jungen und Mädchen in der Kindheit*

Bei den Kindern dominiert das zu Fuß Gehen. Zwar variiert der Anteil je nach Studie, aber insgesamt wird in etwa die Hälfte der Wege von den Kindern zu Fuß zurückgelegt. Die Zahlen zur Nutzung des Fahrrades gehen weiter auseinander. 10 - 28% der Kinder sind mit dem Fahrrad unterwegs, wobei die Bedeutung des Fahrrades im Verlauf der Kindheit zunimmt. FUNK und FASSMANN (2002, S. 226) ermittelten beispielsweise unter den 6 bis unter 8-Jährigen einen Anteil von 10,6%, die Fahrrad fahren, während der Anteil bei den 10 bis unter 12-Jährigen 16,9% beträgt. Über den Stellenwert des mitgenommen Werdens im PKW kommen die Studien zu sehr unterschiedlichen Ergebnissen. Zwischen 21 und 56% der Wege werden von Kindern als Mitfahrer/innen im PKW zurückgelegt. Hier ist eine gegensätzliche Tendenz zum Fahrradfahren erkennbar: mit zunehmendem Alter werden Kinder weniger im PKW mitgenommen. Der öffentliche Verkehr wird mit 2 - 15% nur zu einem geringen Anteil genutzt.

Der Geschlechtervergleich ergibt, dass im Kindesalter Mädchen etwas mehr zu Fuß gehen als Jungen, hingegen in etwa eineinhalb mal so viele Jungen wie Mädchen Fahrrad fahren (vgl. KRAUSE 2003, S. 99; FUNK & FASSMANN 2002, S. 226; DÜRHOLT & PFEIFFER 1999, S. 35; KLEINE 1999, S. 113f; FLADE & KUSTOR 1996, S. 27f; HAUTZINGER et al. 1996, S. 21; LIPSKI 1996, S. 357; NISSEN 1992, S. 155; NISSEN & de RIJKE 1992, S. 38).

*Verkehrsmittelnutzung von männlichen und weiblichen Jugendlichen*

Die in der Kindheit beginnenden Veränderungen bei der Verkehrsmittelnutzung setzen sich im Jugendalter fort. Die Anzahl der männlichen und weiblichen Jugendlichen, die sich mit dem Fahrrad fortbewegen, steigt bis zum 16. Lebensjahr an, während immer weniger Jugendliche im PKW mitgenommen werden. Das zu Fuß Gehen behält bis zu diesem Alter seine Bedeutung fast bei. Ab 16 Jahren ändert sich das Bild jedoch noch einmal. Weniger Jugendliche legen ihre Wege zu Fuß oder mit dem Fahrrad zurück, statt dessen werden mehr Jugendliche im PKW mitgenommen und sie nutzen vermehrt den öffentlichen Nahverkehr. Zum ersten Mal werden zudem motorisierte Zweiräder eine relevante Größe.

Geschlechtsbezogene Unterschiede zeigen sich beim zu Fuß Gehen, Radfahren sowie bei der Nutzung von motorisierten Zweirädern. Mehr weibliche als männliche Jugendliche bewältigen ihre Wege zu Fuß, wobei dieser Unterschied auf dem Land stärker ausgeprägt ist als in der Stadt. Außerdem nutzen wie auch in der Kindheit mehr männliche als weibliche Jugendliche ein Fahrrad und sehr viel mehr Jungen ein Mofa bzw. Motorräder als Fortbewegungsmittel (vgl. FLADE, HACKE & LOHMANN 2003, S. 128f; FUNK & FASSMANN 2002, S. 226; RABE, MILLER & LIEN 2002, S. 151f; SCHOLL 2002, S. 194f; FLADE et al. 2000, S. 447; DÜRHOLT & PFEIFFER 1999, S. 35; HAUTZINGER et al. 1996, S. 21f; ZIPPEL 1990, S 102f).

## 1.5 Risikoverhalten im Straßenverkehr

Das Risikoverhalten im Straßenverkehr von Kindern bis 12 Jahre ist bislang gar nicht und das von Jugendlichen nur in wenigen Studien untersucht worden. Zum einen haben KRAMPE und SACHSE (2002) die Studien 'Jugend 1999 in Brandenburg' und 'Jugend 2001 in Brandenburg' unter der Perspektive der Verkehrsdelinquenz von Jugendlichen ausgewertet. Zum anderen hat RAITHEL (2001b)

16-18-jährige männliche Motorzweiradfahrer (N=137) zu ihrem Verkehrsverhalten befragt.

Die Autorinnen und Autoren zählen bei der Nutzung von motorisierten Fahrzeugen zum Risikoverhalten verkehrsdelinquentes Verhalten wie das Fahren ohne Führerschein und das Fahren unter Alkohol. Die Auswertung der brandenburgischen Studien hat ergeben, dass beide Verhaltensweisen keine Seltenheit darstellen. Ein Drittel der befragten 12-19-Jährigen sind gelegentlich oder wiederholt ohne Fahrerlaubnis ein Moped, Motorrad oder Auto gefahren und ca. 13% haben gelegentlich oder wiederholt unter Alkoholeinfluss motorisiert am Straßenverkehr teilgenommen (vgl. KRAMPE & SACHSE 2002, S. 138). Bei der Differenzierung nach Alter und Geschlecht zeigen sich spezifische Risikogruppen. Während das Fahren ohne Fahrerlaubnis insbesondere ein Phänomen in der Altersgruppe der 15-17-Jährigen ist, fahren unter Alkoholeinfluss vermehrt die ab 18-Jährigen. Beide delinquenten Verhaltensweisen werden von mehr männlichen als weiblichen Jugendlichen ausgeführt. Mehr als vier Fünftel derjenigen, die unter Alkohol fahren, und gut zwei Drittel derjenigen, die ohne Führerschein fahren, sind Jungen und junge Männer (vgl. ebd., S. 140f). Die Auswertungen des STATISTISCHEN BUNDESAMTES (2003a, S. 148f) zeigen die gleichen Tendenzen: Schon in der Altersgruppe der unter 15-Jährigen sind mehr alkoholisierte Jungen als Mädchen an Unfällen beteiligt (29 gegenüber 8) und diese Proportionen gehen mit zunehmendem Alter noch weiter auseinander.

RAITHEL (2001b) stellt heraus, dass die männlichen Motorzweiradfahrer zu einem relativ hohen Anteil riskantes Verhalten im Verkehr zeigen. So geben 53-56% der Befragten an, dass die Aussage, draufgängerisch oder riskant zu fahren, teilweise, ziemlich oder genau stimmt. Zudem zeigen zwischen 15 und 42% der Befragten manchmal bis sehr oft risikoexponiertes Fahrverhalten in Form von Fahren unter Drogen- oder Alkoholeinfluss sowie durch Fahren kurzer Strecken ohne Helm. Auch Verstöße gegen Straßenregeln (Ampeln, Stoppstraßen, Vorfahrtsregeln) werden von 16-34% zugegeben.

Riskantes Verkehrsverhalten im Jugendalter ist also ein jungentypisches Phänomen.

## 1.6 Zusammenfassung und Einordnung der Befunde

Das alters- und geschlechtstypische Unfallverhalten kann zum Teil auf eine unterschiedliche Nutzung der Außenräume, auf unterschiedliches Mobilitätsverhalten und auf unterschiedliches Risikoverhalten der Alters- und Geschlechtsgruppen zurückgeführt werden (vgl. auch ZIPPEL 1990, S. 133f).

Ein Vergleich der Daten zum Mobilitätsverhalten mit der geschlechtsbezogenen Unfallbeteiligung lässt keinen direkten lebensphasenübergreifenden Zusammenhang zwischen der Aufenthaltsdauer im öffentlichen Raum und den Unfallzahlen feststellen, denn nicht in allen Lebensphasen korrespondieren die Daten des Mobilitätsverhaltens mit den Unfallstatistiken. Im Kindesalter halten sich Jungen häufiger draußen auf als Mädchen und haben auch häufiger Unfälle. Im Jugendalter halten sich dagegen die Jugendlichen ohne Geschlechtsunterschiede gleichermaßen in Außenräumen auf und trotzdem verunglücken mehr männliche als weibliche Jugendliche.

Der Vergleich der Daten der Verkehrsbeteiligungsarten mit den Daten der Unfallhäufigkeit ergibt insgesamt ein eher uneinheitliches Bild.

- Relativ eindeutig sind die Erkenntnisse bezogen auf motorisierte Zweiräder: Jungen nutzen diese häufiger, weisen gleichzeitig ein deutlich riskanteres Verkehrsverhalten auf, und sie haben auch häufiger Unfälle mit motorisierten Zweirädern.

- Die häufigere Verunfallung von Jungen mit dem Fahrrad kann nur zum Teil auf eine intensivere Fahrradnutzung zurückgeführt werden, da die geschlechtsbezogenen Unterschiede bei den Unfallzahlen immer stärker ausgeprägt sind als bei den Nutzungszahlen: Jungen verunglücken überproportional häufiger mit dem Fahrrad als die Fahrradnutzung erwarten lässt.

- Noch auffälliger sind die Zahlen beim zu Fuß Gehen: zwar sind über alle Altersgruppen hinweg mehr Mädchen als Jungen zu Fuß unterwegs, aber mehr Jungen als Mädchen verunglücken zu Fuß.

- Bei den PKW-Unfällen fällt auf, dass ab einem Alter von ca. 11 Jahren mehr weibliche als männliche Jugendliche als Beifahrer/innen bei Unfällen beteiligt sind, obwohl sich keine Geschlechterunterschiede bei der Anzahl der PKW-Mitfahrer/innen zeigen. Zurückgeführt wird der höhere Anteil an jugendlichen Mädchen, die als PKW-Mitfahrerinnen verunglücken, darauf, dass sie mit jungen Männern – Fahranfängern – fahren und diese relativ häufig im Vergleich zu anderen Gruppen von PKW-Fahrern und -Fahrerinnen verunglücken.

Insgesamt lässt sich der überproportional hohe Anteil von Jungen bei der Beteiligung an Verkehrsunfällen somit nur zum Teil auf das geschlechterdifferente Mobilitätsverhalten und eine entsprechende Gefahrenexposition zurückführen. Daneben bedingen noch weitere Faktoren – wie z.B. ein stärkeres Risikoverhalten – die höhere Unfallrate von Jungen gegenüber Mädchen. Studien, die die Gründe für dieses geschlechtsbezogene Unfallrisiko und Unfallverhalten empirisch erforscht haben, existieren bislang jedoch nicht. Dennoch lassen sich Erkenntnisse aus der Sozialisations- und Geschlechterforschung nutzen, um Licht in die sozialen Rahmenbedingungen des geschlechtsbezogenen Unfallgeschehens zu bringen (vgl. Kap. 4).

# 2 Körperliche Bedingungen des Unfallgeschehens bei Jungen und Mädchen

Bei der Betrachtung der Unfallzahlen von Kindern und Jugendlichen im vorhergehenden Kapitel wurde deutlich, dass Jungen häufiger als Mädchen in Verkehrsunfälle verwickelt sind. In diesem Zusammenhang stellt sich die Frage nach den Ursachen für diese geschlechtsbezogenen Unterschiede. Um hierauf eine Antwort zu finden, ist es notwendig, zunächst die entwicklungsphysiologischen Differenzen zwischen Jungen und Mädchen genauer zu betrachten, insbesondere im Hinblick auf die Voraussetzungen für eine sichere Teilnahme am Straßenverkehr. Daher geben die folgenden Abschnitte einen Überblick über die in der Literatur beschriebenen biogenetischen Grundlagen des Verhaltens von Jungen und Mädchen sowie über die vorhandenen Daten zur perzeptuellen und motorischen Entwicklung von Kindern und zur Händigkeit. Die Betrachtung dieser körperlichen Bedingungen geschieht im Hinblick auf die Beeinflussung des Verkehrsverhaltens.

## 2.1 Biogenetische Grundlagen und Unfallverhalten

In den vorangegangenen Kapiteln wurde deutlich, dass quantitative und qualitative Unterschiede im Verhalten von Jungen und Mädchen bestehen. Es stellt sich nun die Frage, welche erblichen bzw. biogenetischen Gegebenheiten, neben den Sozialisationsbedingungen, für die geschlechtsbezogenen Differenzen im Verhalten verantwortlich sind. Daher werden im folgenden Abschnitt einige mögliche genetische und hormonelle Ursachen für Verhaltensunterschiede zwischen Jungen und Mädchen sowie Männern und Frauen diskutiert.

Grundsätzlich wird davon ausgegangen, dass Gene (und durch diese hervorgerufene hormonelle Veränderungen) an der Entwicklung des Gehirns beteiligt sind und zu einer verhaltensbezogenen Prädisposition führen. Insbesondere die Tierforschung hat gezeigt, dass das neuronale Wachstum über Hormone (z.B. Östrogen) auf hypothalamischem Weg beeinflusst wird (vgl. MONG, EASTON, KOW & PFAFF 2003). Ob und wie Gene auf direktem Weg zu spezifischen Verhaltensausprägungen führen, ist bislang unklar: "(...) the direct influence of genetics on brain development and behaviour is currently poorly understood" (CRAIG, HARPER & LOAT 2004, p. 269).

Im folgenden Text werden Hinweise aus biogenetisch ausgerichteter Literatur in morphologische, hormonelle und genetische Aspekte differenziert.

### 2.1.1 Geschlechtsunterschiede in der neurologischen Morphologie

CRAIG, HARPER und LOAT (2004) beschreiben in ihrer Übersichtsarbeit grundlegende anatomische Unterschiede im Aufbau des weiblichen und männlichen Gehirns. Das Volumen der frontalen und medialen paralimbischen Kortexanteile ist bei Frauen größer als bei Männern. Umgekehrt verhält es sich für den frontomedialen Cortex, die Amygdala und den Hypothalamus. Diese anatomischen Unterschiede berücksichtigen bereits die grundsätzlich größeren Körperproportionen bei Männern gegenüber Frauen (WITELSON 1991). Außerdem besitzen Frauen verhältnismäßig größere Anteile in der Broca- und Wernicke-Region, verantwortlich für Sprache und Sprachverständnis. In diesen Regionen liegt auch ein größerer Anteil an grauer Substanz bei Frauen gegenüber Männern vor (SCHLAEPFER, HARRIS, TIEN, PENG, LEE & PEARLSON 1995). „Taken altogether, the evidence suggests that men's and women's brain develoment [sic] follows significantly different trajectories from very early in life" (CRAIG, HARPER & LOAT 2004, p. 271).

Die meisten Hinweise für die unterschiedliche morphologische Organisation des Gehirns zwischen den Geschlechtern ergeben sich aus den Forschungsarbeiten über Hemisphären-Interaktion und den Folgen ein- oder zweiseitiger Verletzungen des Gehirns (vgl. z.B. KIMURA 1992a; KIMURA & HARSHMAN 1984). Die Arbeiten weisen zumeist darauf hin, dass bei Frauen mehr verbindende Faseranteile zwischen den Hemisphären vorliegen als bei Männern und hierdurch die neuronale Kommunikationsrate zwischen den Gehirnhälften erhöht ist (HOLLOWAY, ANDERSON, DEFENDINI & HARPER 1993).

In diesem Kontext sollte auch die Aussage von POGUN (2001) berücksichtigt werden, der davon ausgeht, dass geschlechtsbezogene Verhaltensunterschiede mit unterschiedlichen Abläufen bestimmter Prozesse im Gehirn im Zusammenhang stehen. Dies gilt seiner Meinung nach beispielsweise für die Ansprechbarkeit des Belohnungssystems, für die Sensitivität für pharmakologische Wirkstoffe und Suchtmittel oder für verschiedene Stoffwechselaktivitäten sowie für kognitive Problemlösestrategien. Im Einklang damit stehen auch neuere Forschungsbefunde, wonach Männer und Frauen bei der Lösung gleicher Aufgaben verschiedene Bereiche des Gehirns aktivieren (KIMURA 1992b).

Es ist anzunehmen, dass für die Unterschiede zwischen den anatomischen Ausprägungen des weiblichen und männlichen Gehirns sowohl hormonelle Einflüsse (vgl. KIMURA 1992a) als auch direkte genetische Wirkungsprozesse verantwortlich sind (vgl. auch BEYER, KOLBINGER, FROEGLICH, PILGRIM & REISERT 1992).

### 2.1.2 Hormoneinflüsse

Hormone scheinen nicht grundsätzlich, sondern vor allem in bestimmten Fällen einen Einfluss auf Verhaltensweisen zu haben. Hinweise auf starke hormonelle Verhaltenssteuerung liegen laut der Übersichtsarbeit von COLLAER und HINES (1995) insbesondere für kindliches Spielverhalten, sexuelle Orientierung und Aggression vor. Neben diesen Verhaltensbereichen wird ein hormoneller Einfluss angenommen z.B. für das räumliche Vorstellungsvermögen, die Lernfähigkeit, die Sprachlateralisation und die Händigkeit. Allerdings liegen für diese zuletzt genannten Verhaltensbereiche sehr uneinheitliche Forschungsergebnisse vor.

Grundsätzlich zeigen sich beim Menschen geschlechtsbezogene hormonelle Unterschiede während der frühen Entwicklung (COLLAER & HINES 1995). Bereits vor der Geburt ist der Testosteronspiegel beim männlichen Geschlecht erhöht. Dies wird ab der 8. bis zur 24. Schwangerschaftswoche deutlich und ist zudem besonders während der ersten sechs Monate nach der Geburt ausgeprägt (SMAIL, REYES, WINTER & FAIMAN 1981). Ferner vermuten GEORGE und WILSON (1986), dass weibliche Föten bereits vor der Geburt Östrogene produzieren. Postnatal lässt sich bei Mädchen ein plötzlicher Anstieg von Östradiol feststellen (BIDLINGMAIER, STROM, DÖRR, EISENMENGER & KNORR 1987).

Nach BISCHOF-KOEHLER (2002, S. 200f) spielen Androgene sowohl bei der Entwicklung des Fötus, als auch bei der Ausbildung von Gehirnstrukturen eine zentrale Rolle (vgl. auch POGUN 2001 oder ARNOLD & GORSKI 1984). „Wir haben guten Grund zu der Annahme, dass hierin die Fundierung geschlechtstypischer Verhaltensdispositionen zu suchen ist. Anatomische Unterschiede in der Gehirnstruktur geben inzwischen auch handfeste Hinweise darauf, welche Bereiche bei bestimmten Verhaltensbereitschaften eine wichtige Rolle spielen" (BISCHOF-KOEHLER 2002, S. 200).

Die morphologische Entwicklung eines „männlichen Gehirns" wird vermutlich stark durch Testosteron beeinflusst (vgl. GOY & MCEWEN 1980; ARNOLD & GORSKI 1984). Hohe Raten von Androgenen, gegeben in sensiblen Entwicklungsphasen des Gehirns, führten bei Ratten und Primaten außerdem zu aggressiveren Verhaltensweisen. Auch einfache Lernprozesse wurden bei weiblichen Ratten bei Gabe von Androgenen „männlicher" als bei nicht behandelten Weibchen (WILLIAMS & MECK 1991). Untersuchungen bei Rhesusaffen zeigen, dass Androgengaben während der Fötalentwicklung zu einer Vermännlichung weiblicher Nachkommen führte, was sich insbesondere im Bereich des Dominanzverhaltens äußerte. Es zeigte sich, dass die Affenmädchen eine Vorliebe für wilde Spiele hatten, gerne rauften, häufiger drohten und versuchten, andere zu dominieren, obwohl die Hormonproduktion bei diesen Weibchen weiterhin dem für den weiblichen Zyklus zuständigen Mechanismus folgte. Zudem nahmen die Affenmädchen während der Sexualspiele die typisch männliche Haltung ein (vgl. BISCHOF-KOEHLER 2002, S. 201).

Ähnliche Hinweise ergaben Studien über Mädchen, die aufgrund von medikamentösen Notwendigkeiten oder Congenitaler Adrenaler Hyperplasie (CAH) höheren Dosen an Androgenen ausgesetzt waren – auch hier findet sich eine höhere Neigung zu Aggressivität und die für Jungen typische bessere räumliche Vorstellungskraft. Diese Mädchen weisen außerdem jungenspezifisches Spielverhalten und jungenähnliche sexuelle Verhaltensweisen auf. SLIJPER (1984) weist jedoch kritisch darauf hin, dass derartige Verhaltensveränderungen auch eine Folge anderer Erziehung oder anderer sozialer Umstände sein können, die möglicherweise durch ein jungenähnliches Genital der CAH-Mädchen provoziert werden.

Teils werden auch Studien an Mädchen mit einem Zwillingsbruder herangezogen, um den Einfluss eines intrauterin höheren Testosteronspiegels zu verdeutlichen. Diese Mädchen haben möglicherweise „männlichere kognitive Fähigkeiten" (räumliches Denken) und höhere Ausmaße an Sensationslust (COLE-HARDING, MORSTAD, WILSON 1988; RESNICK, GOTTESMAN, MCGUE 1993). CRAIG, HARPER und LOAT (2004, p. 274) führen jedoch an: "The socio-developmental influences on behaviour of having an opposite-sex as opposed to a same-sex twin are difficult to distinguish". Entsprechende Studien, in denen als Kontrolle Mädchen mit älteren Brüdern herangezogen wurden, weisen eher auf einen Effekt von Umgebung und Erziehung hin als auf einen Einfluss intrauteriner Hormonspiegel (HENDERSON & BERENBAUM 1997).

Die Rolle hormoneller Einflüsse auf die Ausprägung von Aggression und Gewalt bei Männern bzw. Jungen wird in der Literatur vielfach diskutiert. TURNER (1994) beschreibt im Bereich der Tierforschung zwar überzeugende Zusammenhänge zwischen aggressivem Verhalten und Testosteron, während die Ergebnisse der Forschung an Menschen widersprüchlich sind (vgl. ARCHER 1991). So korreliert der Testosteronspiegel zwar bei 12-13-jährigen Jungen mit dem Ausmaß der Aggressivität, jedoch nicht mehr bei 15-16-Jährigen (TURNER 1994). Nicht nur hinsichtlich der Altersstruktur sondern auch in Abhängigkeit vom Geschlecht scheint ein unterschiedliches Ausmaß der genetisch-hormonellen Disposition aggressiven Verhaltens vorzuliegen: So scheint bei Mädchen im Vergleich zu Jungen eine höhere Auswirkung von Umwelteinflüssen zu bestehen (HUDZIAK, RUDIGER, NEALE, HEATH & TODD 2000; vgl. auch HUDZIAK, VAN BEIJSTERVELDT, BARTELS, RIETVELD, RETTEW, DERKS & BOOMSMA 2003).

Bislang ist der vermittelnde Effekt zwischen Hormonen und Verhalten weitgehend unklar. Möglicherweise spielt das hormonell gesteuerte Ausmaß der Erregtheit eine Rolle, wie es in Tierversuchen nachgewiesen werden konnte. MONG, DEVIDZE, JASNOW und PFAFF (2003) sowie MONG, EASTON, KOW und PFAFF (2003) konnten Effekte einer Blockierung von Östrogen-Rezeptoren nachweisen. Die behandelten Mäuse waren sensorisch weniger reaktiv und waren in der Dunkelphase des Tag-Nacht-Zyklus weniger motorisch aktiv. Interessant ist, dass diese Ergebnisse vom Alter der Mäuse abhängig waren – junge Mäuse reagierten auf die Östrogen-Blockade nicht mit einer veränderten Aktivität.

Eine weitere Möglichkeit besteht darin, dass Geschlechtshormone (z.B. Östrogen) zur Erhöhung der Transkriptionsraten anderer Gene führen (MONG, EASTON, KOW & PFAFF 2003). Dies trifft beispielsweise für das Enkephalin- und Oxytocin-Gen zu, die nachweislich Effekte auf das Verhalten von Mäusen haben. So führt eine Enkephalin-Erhöhung zu Reduktion der Schmerz- und Angstreaktionen, welche bei der weiblichen Maus zur höheren Toleranz aversiver Reize (durch das Männchen) während des Paarungsvorganges führt und so die Paarung aufrecht erhält (BODNAR, COMMONS & PFAFF 2002). Oxytocin hingegen wird in Zusammenhang mit höherer sozialer Akzeptanz der Mäuse gesehen, welche mit geringerer Aggression und höherer Paarungsbereitschaft einhergeht (vgl. CHOLERIS, GUSTAFSSON, KORACH, MUGLIA, PFAFF & OGAWA 2003).

Ingesamt schlussfolgern MONG, EASTON, KOW & PFAFF (2003, p. 231): "In a more general framework, this molecular analysis of biologically regulated motivated behavior has led us to the point where we can not only explain an individual behavior response, like lordosis [Anm.: typische Paarungshaltung weiblicher Mäuse], but also explain an entire state of the mouse central nervous system, arousal, which is associated with broad classes of responses".

Neben diesen Tierstudien ist in Humanstudien in den letzten Jahren ein Protein, die Monoaminooxidase A (MAOA), in den Mittelpunkt des Interesses gerückt. Bereits 1993 konnten BRUNNER, NELEN, BREAKEFIELD, ROPERS & VAN OOST zeigen, dass bei einer X-chromosomal bedingten Störung der Bildung von MAOA gehäuft Aggressivität und inadäquates Verhalten in Stresssituationen vorliegt. CRAIG (1994) konnte diese Annahme an Mäusen experimentell nachweisen. Von besonderem Interesse im Zusammenhang mit der Auswirkung einer MAOA-Synthesestörung ist jedoch die Studie von CASPI, MCCLAY, MOFFITT, MILL, MARTIN, CRAIG, TAYLOR und POULTON (2002). Die Autoren konnten zeigen, dass eine Interaktion zwischen Umwelteinflüssen (Misshandlung durch Vater oder Mutter) und genetischer Disposition vorliegt. Jungen, die misshandelt wurden, trugen zwar ein 50%iges Risiko für die Ausprägung antisozialen Verhaltens (u.a. Gewaltbereitschaft), innerhalb dieser Gruppe unterschieden sich jedoch diejenigen mit hoher MAOA-Aktivität deutlich von denen mit niedriger MAOA-Aktivität. Die ersteren zeigten deutlich niedrigere Ausmaße an gewaltbereiten Verhaltensweisen. Die Autoren sehen in der hohen MAOA-Aktivität einen protektiven Faktor gegen die Ausbildung aggressiven Verhaltens bei ungünstigen Umweltbedingungen.

Eine ähnliche Auffassung vertreten auch COLLAER und HINES (1995) in ihrer Übersichtsarbeit. Die Autoren kommen zu der Annahme, dass die Förderung oder Behinderung psychosozialer Faktoren (z.B. positive oder hemmende Umweltbedingungen) die hormoninduzierten Prädispositionen modifizieren können. Diese „sozio-genetischen" Zusammenhänge könnten entsprechend den Autoren durch unterschiedliche Lernbedingungen moderiert werden.

### 2.1.3 Genetische Einflüsse auf das Verhalten

Geschlechtsbezogene Unterschiede in bestimmten Verhaltensbereichen lassen sich nicht allein durch hormonelle und morphologische Bedingungen erklären bzw. durch genetische Faktoren, die hormonelle und anatomische Veränderungen bedingen. Andere Hypothesen gehen von einem direkten genetischen Einfluss aus, d.h. einer genetischen Wirkung, die unabhängig von einer vermittelnden Funktion von Hormonen oder Wachstum ist. Solche Vermutungen existieren beispielsweise für das Sozialverhalten oder für kognitive Kompetenzen.

*Sozialverhalten*: Bislang nicht replizierte Hinweise für genetische Effekte außerhalb eines Gen-Hormon-Links können aus Studien an Turner-Syndrom-Kranken (XO) entnommen werden. Turner-Mädchen, die ihr X-Chromosom vom Vater erhielten, hatten höhere Werte in Tests zur sozial kognitiven Dysfunktion als die anderen Turner-Mädchen (SKUSE, JAMES, BISHOP, COPPIN, DALTON, AAMODT-LEEPER, BACARESE-HAMILTON, CRESWELL, MCGURK & JACOBS 1997). Die Auswirkungen des männlichen X-Chromosoms auf das Sozialverhalten scheinen daher andere zu sein, als die des weiblichen X-Chromosoms, und dies, obwohl die hormonellen Steuerungsprozesse sich bei beiden nicht maßgeblich unterscheiden.

*Kognitive Kompetenzen:* In der Literatur finden sich Hinweise auf Vererbungsprozesse im kognitiven Bereich. Nach CLONINGER (1994) sind beispielsweise individuelle Unterschiede beim Lernen und somit der Umgang mit Umweltreizen erblich bedingt. Diese unterschiedlichen Erfahrungen und Lernprozesse beeinflussen auch die Persönlichkeit eines Menschen. PLOMIN (1999) folgert aus seinem Übersichtsartikel, dass der Erblichkeitsanteil kognitiver Kompetenzen im Verlauf der Entwicklung von 20% (frühe Kindheit) über 40% (Kindheit) bis auf 60% (späteres Alter) ansteigt. Der Einfluss der Erblichkeit bei Jungen ist größer als bei Mädchen. Hierbei kann die Ausprägung einzelner Gene jedoch kaum mehr als 1% der Varianz an kognitiven Kompetenzen erklären – wenn ein Einfluss der Gene vorliegt, so ist dieser daher ausgesprochen komplex (viele „Quantitative trait loci" (QTLs)). Viele dieser QTLs werden X-chromosomal vermutet (vgl. CRAIG at al. 2004).

### 2.1.4 Zusammenfassung

Zwischen Männern und Frauen bzw. Jungen und Mädchen bestehen sowohl in genetischer als auch in hormoneller und neuro-morphologischer Hinsicht bedeutsame Unterschiede. Zwischen genetischen Bedingungen einerseits und hormonellen sowie wachstumsabhängigen morphologischen Faktoren andererseits existieren darüber hinaus vermutlich enge Zusammenhänge. Erst durch das Zusammenwirken genetischer, hormoneller und wachstumsorientierter Faktoren können daher Auswirkungen biogenetischer Prozesse auf das geschlechtsbezogene Verhalten von Menschen näherungsweise beschrieben werden. Unmittelbare Einflüsse von Genen auf Verhalten werden nur von wenigen Autoren und in wenig überzeugender Weise beschrieben.

Weiterhin ist zu resümieren, dass der Einfluss biogenetischer Bedingungen vermutlich nicht für geschlechtsspezifisches Verhalten im Allgemeinen, sondern für einzelne Verhaltensausprägungen im Besonderen gilt (insbesondere z.B. Aggressionsverhalten, Spielverhalten, Sexualverhalten).

Schließlich bleibt festzustellen, dass das Ausmaß, in dem die biologische Prädisposition tatsächlich beobachtbares Verhalten beeinflusst, nicht eindeutig bestimmbar ist. Dabei spielen neben der Art des Verhaltens auch Erfahrungs- und Lernprozesse unter gegebenen Umweltbedingungen eine große Rolle. Hierdurch können biogenetisch prädisponierte Verhaltensweisen entscheidend gefördert oder gehemmt werden. Das Ausmaß des Umwelteinflusses variiert dabei in einigen Verhaltensbereichen auch in Abhängigkeit vom Geschlecht. Für die Erklärung von beobachtbaren geschlechtsbezogenen Verhaltensunterschieden müssen daher immer Kombinationen aus person- und umweltbedingten Faktoren in unterschiedlichen Gewichtungen herangezogen werden.

## 2.2 Perzeptuelle Fähigkeiten und Unfallgeschehen

Nach FISCHER und COHEN (1978, S. 9) ist die Steuerung des Verhaltens bei der Teilnahme am Straßenverkehr weitgehend von Wahrnehmungen abhängig, wobei insbesondere optische, aber auch auditive Funktionen von Bedeutung sind. Zum

Verständnis des Verkehrsverhaltens von Kindern und Jugendlichen und speziell zur Klärung der Ursachen der höheren Unfallbeteiligung von Jungen ist es daher notwendig, die physiologischen Grundlagen der beiden Systeme näher zu betrachten, nach Geschlechtsunterschieden zu fragen und den Einfluss dieser Strukturen auf das Verkehrsverhalten zu erörtern. Dies geschieht in den folgenden Abschnitten zunächst für das visuelle und anschließend für das auditive System.

### 2.2.1 Biologische Entwicklung des visuellen Systems und Verkehrsverhaltens

Die anatomische und neurophysiologische Entwicklung des visuellen Systems ist bei der Geburt noch nicht abgeschlossen (PIEPER 1995). So ist beispielsweise der Augapfel viel kleiner als bei Erwachsenen und dementsprechend die Sehschärfe geringer, was auch die bei Neugeborenen größere Brechkraft der Hornhaut und der Linse nicht ausgleichen kann. Des Weiteren ist z.B. die Fovea centralis noch nicht mit den Rezeptoren des Tages- und Farbsehapparates ausgestattet (PIEPER 1995). Man kann also sagen, dass zu Beginn des 1. Lebensjahres ein Teil der anatomischen und physiologischen Voraussetzungen zur visuellen Wahrnehmung noch fehlt.

Nach PIEPER (1995) reicht die neuroanatomische Ausreifung weit bis in das Kleinkindalter hinein. Es ist aber davon auszugehen, dass die physiologischen Gegebenheiten beim älteren Kind weitgehend entwickelt sind. So erreichen beispielsweise die Sehschärfe und Kontrastsensitivität in den ersten sechs Monaten schon fast Endniveau (WILKENING & KRIST 1995) und die Unterscheidung von Farben verschiedener Helligkeiten und Sättigungen ist im Alter von 5 bis 6 Jahren gut entwickelt (GAINES 1972, zit. nach PIEPER 1995). In diesem Zusammenhang ist interessant, dass es Geschlechtsunterschiede hinsichtlich des Auftauchens der Farbsinnstörung Rot-Grün-Verwechslung gibt. Hiervon sind etwa 8% der Jungen betroffen, aber nur 0,4% der Mädchen (BIRBAUMER & SCHMIDT 1991, S. 373). Die bei Jungen häufiger auftauchende Rot-Grün-Verwechslung macht sich im Alltag kaum bemerkbar, da Objekte nicht nur aufgrund ihrer Farbe, sondern auch durch ihre Anordnung und Helligkeit identifiziert werden (BASNER & DE MARÉES 1993, S. 22). Gerade für die Teilnahme am Straßenverkehr ist es wichtig, diese Gegebenheit zu berücksichtigen und betroffene Kinder möglichst früh zu schulen. Weitere bedeutende geschlechtsbezogene Besonderheiten in der physiologischen Reifung des visuellen Systems werden in der Literatur nicht berichtet und die Ergebnisse der Untersuchungen zu Geschlechtsunterschieden im visuellen Wahrnehmungsbereich zeigen nach FISCHER und COHEN (1978, S. 44) nur ausnahmsweise Unterschiede und sind häufig nicht eindeutig interpretierbar.

Da die Anatomie des Auges bei Kindern im Grundschulalter schon recht gut entwickelt ist, sind die biologischen Grundlagen für eine sichere Teilnahme am Straßenverkehr weitgehend gegeben. Lediglich der *Sehraum*, der bei unbewegtem Kopf und fixierten Augen wahrgenommen werden kann (binokulares Gesichtsfeld), ist bei einem jüngeren Schulkind *unabhängig* vom Geschlecht ca. 30% kleiner als bei einem Erwachsenen und entspricht diesem erst im Alter von 10 bis 12 Jahren (BASNER & DE MARÉES 1993, S. 20). Im Verkehr bedeutet das, dass Kinder beispielsweise sich von der Seite nähernde Fahrzeuge später wahrnehmen und dementsprechend erst später darauf reagieren können.

Unabhängig von der biologischen Reifung ist anzumerken, dass die physiologische Grundausstattung allein für die visuelle Wahrnehmung der Umwelt nicht ausreicht (BIRBAUMER & SCHMIDT 1991, S. 367). Über die Sehnerven strömen Impulse zum Gehirn, das eine Deutung dieser Reize vornehmen muss. Die visuelle Wahrnehmung und somit die für die Teilnahme am Verkehr wichtigen Leistungen (wie z.B. das Tiefensehen oder das Bewegungssehen) unterliegen ständiger Veränderung aufgrund von gesammelten Erfahrungen und Lerneinflüssen (PIEPER 1995). Auf diese psychologischen Bedingungen der Wahrnehmungsentwicklung wird in Kapitel 4 näher eingegangen.

### 2.2.2 Biologische Entwicklung des auditiven Systems und Verkehrsverhalten

Im Gegensatz zum visuellen System ist die Entwicklung des auditiven Systems bereits bei der Geburt weit fortgeschritten. Demnach funktioniert die Schnecke schon im Mutterleib und die Größe des Mittel- und Innenohrs entspricht bei Neugeborenen annähernd der Größe bei Erwachsenen und ist einschließlich der 15000 Rezeptoren und der Basilarmembran voll ausgebildet. Ebenso sind die akustischen Nervenbahnen und der akustische Cortex voll funktionstüchtig (PIEPER 1995).

Nach BASNER und DE MARÉES (1993, S. 22) ist die Hörfähigkeit allerdings erst mit 6 Jahren voll entwickelt. Bis zum 4. Lebensjahr ist diese Fähigkeit 7-12 dB geringer als beim normalhörenden Erwachsenen.

Untersuchungen zu geschlechtsbezogenen Unterschieden in der physiologischen Entwicklung des auditiven Systems liefern keine konsistenten Ergebnisse. Die Vermutung, dass Mädchen das auditive Wahrnehmungssystem früher und sicherer verwenden als Jungen und dass demnach die auditive Entwicklung von Mädchen schneller verläuft, wird nach FISCHER und COHEN (1978, S. 43) von Untersuchungen nicht oder nur sehr schwach bestätigt.

Obwohl das auditive System beim Kind schon sehr früh recht gut ausgestattet ist, ergeben sich trotzdem häufig Probleme und Gefahren bei der Teilnahme im Verkehr. Die Ursache liegt nicht in der „biologischen Grundausstattung", sondern vielmehr darin, dass Kinder sich stark auf für sie wichtige Reize konzentrieren, wie z.B. das eigene Spiel, dabei die Umgebung leicht vergessen und häufig nicht auf auditive Warnsignale hören und reagieren (LIMBOURG 1995, S. 66; vgl. „Flow-Konzept" von CSIKSZENTMIHALYI 1992, siehe dazu auch BERGER & MOTL 2001). Zudem haben auch 6-Jährige beiderlei Geschlechts noch Schwierigkeiten bei der *Lokalisation von Geräuschen*. Nach BASNER und DE MARÉES (1993, S. 23) werden vor allem die von der Seite kommenden Geräusche häufig falsch gedeutet, was eine erhöhte Unfallgefahr mit sich bringt.

### 2.2.3 Zusammenfassung

Die Sinnesorgane des visuellen und auditiven Systems sind in dem Alter, wenn Jungen und Mädchen beginnen, aktiv am Straßenverkehr teilzunehmen, genügend entwickelt und funktionstüchtig. Fehlentscheidungen im Straßenverkehr, die im Zusammenhang mit Wahrnehmungsprozessen stehen, sind demnach normalerweise nicht auf sinnesphysiologische Funktionsmängel zurückzuführen, sondern eher auf vorherige Erfahrungen (FISCHER & COHEN 1978, S. 37).

Bedeutende geschlechtsbezogene Unterschiede in der Sinnesphysiologie finden sich lediglich im häufigeren Auftauchen der Farbsinnstörung Rot-Grün-Verwechslung beim männlichen Geschlecht, was bei den Betroffenen in der Verkehrserziehung berücksichtigt werden sollte. Da die vorhandene Literatur zu den unfallrelevanten körperlichen Bedingungen der Wahrnehmungsentwicklung aber ansonsten keine weiteren Hinweise auf die häufigere Unfallbeteiligung von Jungen liefert, liegt ein Schwerpunkt des nächsten Kapitels in der Erörterung der psychologischen Bedingungen der Wahrnehmungsentwicklung.

## 2.3 Motorische Fähigkeiten und Unfallgeschehen

Die Straße ist „Bewegungsraum" und auf der Straße sein heißt nach PODLICH und KLEINE (2003, S. 33) „vordringlich und allgemein Bewegung erleben". Die „Gesamtheit der Funktionen des menschlichen Bewegungslebens" wird als menschliche Motorik bezeichnet (FETZ & BALLREICH 1974, S. 67). Im Folgenden wird zunächst ein allgemeiner Überblick über die Entwicklung der in der Literatur angeführten motorischen Fähigkeiten (vgl. z.B. BAUR, BÖS & SINGER 1994) von Mädchen und Jungen gegeben und es werden geschlechtsbezogene Besonderheiten in der Entwicklung der Schnelligkeitsfaktoren, der Beweglichkeit, der Koordination und des Längenwachstums als unfallrelevante Bedingungen erörtert. Daran schließt sich die Darstellung des Zusammenhangs von motorischen Fähigkeiten und Verhalten im Straßenverkehr an.

### 2.3.1 Entwicklung der motorischen Fähigkeiten

Die Entwicklung der motorischen Fähigkeiten beginnt bereits vor der Geburt, wobei der Erwerb der Fähigkeit zur Körperkontrolle sowie zur selbständigen Fortbewegung und die Entwicklung des Greifens vor allem in den ersten anderthalb Jahren stattfindet (ARBINGER 1995; siehe auch HOLLE 1992, S. 208f). Eine weitere Vervollkommnung der Fertigkeiten und deren Modifikation zeigt sich im Vorschulalter. Mit der Weiterentwicklung des Laufens kommt es dann auch zum Erwerb neuer Fähigkeiten, wie beispielsweise Springen, Rennen oder Hüpfen.

Im Alter zwischen 6 und 12 Jahren lässt sich bei Kindern wiederum eine kontinuierliche Zunahme der Leistungen in fast allen motorischen Bereichen feststellen. Nach ARBINGER (1995) kommt es bei sämtlichen Bewegungsformen zu qualitativen und quantitativen Verbesserungen. Es lässt sich bei den meisten Fähigkeiten ein linearer Leistungsanstieg verzeichnen, wobei Geschlechtsunterschiede deutlich werden. Während Jungen bei solchen motorischen Leistungen besser abschneiden, bei denen Kraft eine Rolle spielt, zeigen sich Differenzen zugunsten der Mädchen bei Bewegungen, wo Rhythmus oder Bewegungsgenauigkeit wichtig sind (ARBINGER 1995; BÖS 1994).

Im Jugendalter ist ein deutlicher Leistungsanstieg nur noch bei den männlichen Jugendlichen zu verzeichnen. Dieser Anstieg zeigt sich bei Jungen in fast allen motorischen Bereichen, während eine Leistungsverbesserung bei Mädchen entweder sehr viel flacher oder fast gar nicht feststellbar ist (ARBINGER 1995; ISRAEL 1999; SCHMIDTBLEICHER 1994).

Betrachtet man die altersabhängige Veränderung motorischer *Schnelligkeitsfaktoren* im Laufe der Entwicklung, so zeigt sich für den Faktor Reaktionsschnelligkeit („Zeitspanne zwischen Reizsetzung und motorischer Aktion"; FETZ & BALLREICH 1974, S. 74), dass die größten Entwicklungsschübe bei beiden Geschlechtern im vorpuberalen Bereich liegen (JOCH & KRAUSE 1978). Bei Jungen lässt sich zwischen 7,6 und 8,6 Jahren eine Verbesserung der Reaktionsschnelligkeit verzeichnen, die bei Mädchen ungefähr ein Jahr später eintritt. Die Reaktionsschnelligkeit der Jungen zeigt sich im Verlauf der gesamten Entwicklung der der Mädchen überlegen; eine leichte Tendenz, die nach THOMAS und FRENCH (1985; siehe auch ZIMMERMANN 1995) von den meisten Untersuchungen in diesem Bereich bestätigt wird. Allerdings weist KROMBHOLZ (1988, S. 60) auf einige Studien hin, die eine bessere Reaktionsschnelligkeit des männlichen Geschlechts erst ab dem 12. Lebensjahr festgestellt haben.

Bei beiden Geschlechtern ist ein maximaler Entwicklungsschub der Fortbewegungsschnelligkeit vor dem 12. Lebensjahr erkennbar (JOCH & KRAUSE 1978), wobei sich z.B. beim Laufen über kürzere Distanzen häufig Geschlechtsunterschiede zugunsten der Jungen ergeben (z.B. SCHEID 1994; CRASSELT 1994b). Die Unterschiede sind allerdings nicht in allen Untersuchungen signifikant (KROMBHOLZ 1988, S. 56) und vereinzelt werden in Studien zur Sprintleistung im Grundschulalter bessere Leistungen der Mädchen berichtet (BÖS 1994). Ab dem 11. bzw. 12. Lebensjahr kann man allerdings eindeutig von einer höheren Fortbewegungsschnelligkeit des männlichen Geschlechts ausgehen (BÖS 1994; CRASSELT 1994b).

Im Hinblick auf die Beweglichkeit von Kindern wird deutlich, dass Mädchen in allen Altersbereichen bessere Werte bei der Mehrzahl der Gelenke aufweisen (WILLIMCZIK 1988; GASCHLER & HEINECKE 1990). Erklärt wird dies durch die straffere Muskulatur und durch den strafferen gelenksichernden Bandapparat des männlichen Geschlechts (ISRAEL 1999).

Die Bewegungskoordination ist nicht angeboren, sondern bildet sich mit zunehmender Reifung des Zentralnervensystems und steht in enger Wechselwirkung mit den Bewegungstätigkeiten, die sich nach ROTH und WINTER (1994) „besonders in den ersten Lebensjahren sehr lebhaft, umfassend und bedürfnishaft-ausdauernd manifestieren" (S. 194). Koordination muss gelernt und jede neue Bewegung ständig wiederholt werden. Nach KOINZER (1999) liegen die intensivsten Entwicklungsphasen der koordinativen Fähigkeiten zwischen dem 7. und dem 10. bzw. 11. Lebensjahr. Nach dem 12. Lebensjahr erfolgt aufgrund der bis zur Pubertät fast völlig abgeschlossenen morphologischen Entwicklung des Nervensystems und der in dieser Lebensphase abnehmenden Bewegungsaktivität der Kinder eine Phase mit vermindertem koordinativen Leistungszuwachs und teilweiser Stagnation (KOINZER 1999; ROTH & WINTER 1994). Bis zum 12. Lebensjahr bestehen ungefähr gleichgroße Voraussetzungen der koordinativen Fähigkeiten von Jungen und Mädchen, wobei Mädchen aufgrund ihrer früheren geschlechtlichen Entwicklung auch ihre koordinative Reife etwas früher erreichen (KOINZER 1999). Ab dem Alter von 12 Jahren zeigt sich der verminderte koordinative Leistungszuwachs bzw. die Stagnation deutlicher bei den Mädchen. ROTH und WINTER (1994) vermuten als Ursache dieser geschlechtsbezogenen Unterschiede einerseits veränderte hormonelle Bedingungsfaktoren als Beeinträchtigung nervaler Steuerungsvorgänge, weisen aber andererseits auch auf den Einfluss der Interessendifferenzierung und der häufig verminderten Bewegungsaktivität der Mädchen hin.

Das jährliche Längenwachstum beträgt im Grundschulalter etwa fünf bis sechs Zentimeter, wobei Mädchen und Jungen sich in diesem Alter kaum unterscheiden (KROMBHOLZ 1988, S. 19f). Im Vor- und Grundschulalter weisen Jungen und Mädchen hinsichtlich der Größe und des Gewichts nahezu identische Werte auf (vgl. CRASSELT 1994a). Hinweise auf vereinzelt statistisch belegte Unterschiede in der Körpergröße (vgl. GASCHLER 1996) sind durch andere Quellen nicht abgesichert und besitzen bei durchschnittlichen Unterschieden von ungefähr einem Zentimeter kaum ökologische Relevanz (vgl. CRASSELT 1994a). Mit dem jugendlichen Wachstumsschub der Mädchen wird der Unterschied zwischen den Geschlechtern deutlicher. Im Alter von 11 bis 12 Jahren sind Mädchen signifikant größer als Jungen. Der Wachstumsschub der Jungen beginnt ungefähr zwei Jahre später, dann, wenn sich der der Mädchen verlangsamt (HEBBELINCK & BORMS 1989, S. 25).

ZIMMERMANN (1995) kommt bei dem Versuch, einen Überblick über geschlechtsbezogene Differenzen in motorischen Fertigkeiten zu geben, zu dem Ergebnis, dass die zwar vorhandenen, aber nicht immer so deutlich ausgeprägten vorpuberalen geschlechtsbezogenen Unterschiede im motorischen Verhalten häufig umweltbedingt und weniger das Ergebnis körperlicher Reifung sind. Nach

THOMAS und FRENCH (1985) werden Differenzen in der Bewegung von Jungen und Mädchen durch Einstellungen, Verstärkungen oder Ermutigungen von Eltern, Lehrern oder anderen Gleichaltrigen hervorgerufen. Die geschlechtstypischen Erwartungen der jeweiligen Bezugspersonen ergeben sich wiederum dadurch, dass Individuen einer Geschlechterrolle zugewiesen werden (ALFERMANN 1995; vgl. Kap. 4).

### 2.3.2 Motorische Fähigkeiten und Verkehrsverhalten

Betrachtet man die Teilnahme am Straßenverkehr unter Berücksichtigung der motorischen Leistungen, so wird deutlich, dass Kinder im Vorschulalter bereits als Fußgänger/innen ohne größere Probleme am Verkehr teilnehmen können (LIMBOURG 1995, S. 71).

Die Fähigkeit zum Radfahren ist um einiges komplexer als die Fortbewegung als Fußgänger/in und im Vorschulalter eher ungenügend vorhanden. Sie zeigt aber nach ARNBERG (1978, zit. nach LIMBOURG 1995, S. 68f) eine deutliche Verbesserung im Alter zwischen 7 und 8 Jahren.

BORGERT, HENKE und HECK (1998) gehen davon aus, dass die Vervollkommnung der motorischen Steuerungs- und Regelungsprozesse für den Bereich der radfahrspezifischen Gleichgewichtsstabilisation sogar noch über ein Alter von 13 bis 14 Jahren hinausgeht. In ihrer Untersuchung fanden BORGERT et al. (1998) hinsichtlich der Gleichgewichtsstabilisierung keine geschlechtsbezogenen Unterschiede, erst wenn das Wohngebiet (Stadt vs. Land) mitberücksichtigt wurde, waren Differenzen erkennbar. Die Mädchen, die in der Stadt wohnten, schnitten am schlechtesten ab. Generell zeigte sich, dass die Schüler/innen aus den ländlichen Regionen denen aus der Stadt in allen Altersgruppen (7 bis 14 Jahre) im Hinblick auf das radfahrspezifische Gleichgewichtsvermögen um etwa zwei Jahre voraus sind. Die Autoren vermuten daher, dass die Ergebnisse als Folge exogener Faktoren (z.B. Fahrpraxis) und nicht als anlagebedingte Reifungsprozesse gesehen werden müssen.

Gerade im Verkehr ist es wichtig, auf Warnsignale schnell zu reagieren. Gefahren bei der Teilnahme am Straßenverkehr ergeben sich für Kinder beiderlei Geschlechts auch aufgrund der im Vergleich zu Erwachsenen langsameren Reaktionsschnelligkeit, wobei Mädchen zumindest ab dem 12. Lebensjahr etwas längere Reaktionszeiten zeigen als Jungen (siehe Abschnitt 2.3.1). Untersuchungen haben gezeigt, dass zudem die Art des Signals, auf das eine Reaktion erfolgen soll, von Bedeutung ist. So fanden FISCHER und COHEN (1978, S. 194ff) neben der verbesserten Reaktionsschnelligkeit mit steigendem Lebensalter heraus, dass Personen schneller auf auditive als auf visuelle Signale reagierten. Bei den untersuchten Kindern im Alter von 5 bis 12 Jahren ergaben sich Hinweise auf ein besseres Abschneiden der Jungen in einer Versuchssituation, in der unklar war, ob die Probanden auf ein auditives oder visuelles Signal eine Reaktion zeigen sollten. Da Warnsignale im Straßenverkehr auch ohne Vorankündigung gegeben werden, sprechen diese Ergebnisse für eine schnellere Reaktion der Jungen in einer realen Verkehrssituation. Einschränkend wurde von den Untersuchern aber auf eine Wechselbeziehung zwischen den Variablen Geschlecht und Alter hingewiesen. Der Einfluss des Geschlechts ist nicht in allen Altersgruppen konstant. Wichtig ist der Hinweis, dass nicht nur die Schnelligkeit, sondern auch die Angemessenheit einer Reaktion im Straßenverkehr von Bedeutung ist, was nicht allein von biologischen Reifeprozessen abhängt, sondern durch Lernen und Erfahrungen stark beeinflusst wird.

Letztlich ist bei der Teilnahme von Kindern im Straßenverkehr auch die geringere Körpergröße zu berücksichtigen, aufgrund derer das Kind den Verkehr aus einer ungünstigeren Perspektive erlebt (BASNER & DE MARÉES 1993, S. 21; MÜLLER-LUEKEN 1972). Ein Kind sieht weniger und wird selbst schlechter gesehen (SCHERER 1994). Zu dieser optischen Einschränkung kommt hinzu, dass Kinder eine geringere Schrittlänge aufweisen und sich somit beispielsweise beim Überqueren einer Straße länger im Gefahrenbereich aufhalten (BASNER & DE MARÉES 1993, S. 18). Diese Bedingungen gelten für beide Geschlechter gleichermaßen, insbesondere im Hinblick darauf, dass es bis zur Pubertät nur geringe Größenunterschiede (siehe Abschnitt 2.3.1) zugunsten des männlichen Geschlechts gibt.

### 2.3.3 Zusammenfassung

Zusammenfassend ist festzustellen, dass Kinder beiderlei Geschlechts im Hinblick auf ihr motorisches Leistungsvermögen bereits im Vorschulalter fähig sind, am Straßenverkehr als Fußgänger/innen teilzunehmen. Obwohl die Fähigkeit des Radfahrens erst mit etwa 13 bis 14 Jahren vollständig entwickelt ist, können auch 8-Jährige überwiegend unabhängig vom Geschlecht das Fahrrad schon gut beherrschen (LIMBOURG 1995, S. 71).

Die bis zur Pubertät auftauchenden Geschlechtsunterschiede, wie beispielsweise die schlechtere Gleichgewichtsstabilisierung der Schülerinnen in der Stadt oder die teilweise gefundene geringere Reaktionsschnelligkeit bei Mädchen, sind eher gering und scheinen weniger biologisch, sondern eher umwelt- und lernbedingt zu sein. Dementsprechend ergeben sich die Gefahren für Kinder im Straßenverkehr weniger aufgrund reifebedingter motorischer Mängel, sondern vielmehr aufgrund mangelnder Fahrpraxis oder psychologischer Faktoren wie Wahrnehmungsdefizite, verminderte Konzentrationsfähigkeit oder leichte Ablenkbarkeit (LIMBOURG 1995, S. 71), worauf im folgenden Kapitel näher eingegangen wird. Erst mit der einsetzenden Pubertät sind größere Unterschiede zwischen den Geschlechtern feststellbar, wie z.B. höhere Muskelkraft bei Jungen, die auf Reifungsunterschiede zurückzuführen sind (ISRAEL 1999).

## 2.4 Händigkeit, Lateralisation und Unfallgeschehen

Wie Untersuchungen belegen, scheint auch die Händigkeit einer Person für eine erhöhte Unfallgefahr verantwortlich zu sein und gehört deshalb zu einer weiteren Bedingung, die in diesem Zusammenhang berücksichtigt werden muss. Dies belegt die Untersuchung von GRAHAM, DICK, RICKERT and GLENN (1993), in der unter den Kindern einer Unfallgruppe mehr Linkshänder zu verzeichnen waren als in einer „unfallfreien" Kontrollgruppe. Neben einem physiologischen Erklärungsansatz führen die Autoren und Autorinnen an, dass die Umwelt generell eher für Rechtshänder/innen ausgerichtet ist und Linkshänder/innen eine größere Anpassungsleistung auch im Straßenverkehr leisten müssen.

Bei Linkshändern und -händerinnen sind häufiger emotionale, sprachliche und psychosomatische Störungen festzustellen, wie beispielsweise Lese- und Schreibschwierigkeiten, Allergien, Hyperaktivität oder Irritabilität (BIRBAUMER & SCHMIDT 1991, S. 616). Dieses erhöhte Erkrankungsrisiko weist nach BIRBAUMER und SCHMIDT (1991, S. 616) darauf hin, dass die emotionale Kontrolle durch verbale und motorische Aktivität aufgrund der rechtshemisphärischen Überaktivierung bei Linkshändern und -händerinnen schwieriger ist. Es ist aber zu bedenken, dass Linkshändigkeit zu einer psychosozial besonderen Entwicklungssituation führen könnte, die ursächlich für psychische und psychosomatische Störungen ist.

Die Untersuchungsergebnisse zu den Geschlechtsunterschieden in der cerebralen Lateralisation sind allerdings eher uneinheitlich (BIRBAUMER & SCHMIDT 1991, S. 632). Untersuchungen zeigen teilweise ein vermehrtes Auftauchen der Linkshändigkeit beim männlichen Geschlecht, wobei die Differenz eher gering ist (ELLIS, ELLIS & MARSHALL 1988).

Des weiteren findet man geschlechtsbezogene Unterschiede, wenn man Linkshändigkeit in Kombination mit anderen Faktoren betrachtet. So tritt beispielsweise Linkshändigkeit bei mathematisch begabten hochtalentierten Männern etwas ausgeprägter auf als bei Frauen, ähnliches gilt auch bei verbal hochbegabten Männern (BISCHOF-KÖHLER 2002, S. 253).

Die in der Literatur gefundenen Geschlechtsunterschiede zur Händigkeit und im oben angeführten kognitiven Bereich sind möglicherweise durch die Lateralisation des Gehirns zu erklären. Nach BISCHOF-KÖHLER (2002, S. 240) versteht man unter Lateralisierung „die ungleiche Verteilung einzelner Funktionen auf beide Gehirnhälften". In der Regel wirken die linke und die rechte Hemisphäre zusammen an der Steuerung unterschiedlicher Aktivitäten mit (BIRBAUMER & SCHMIDT 1991, S. 624f). Dabei ist meist eine Hälfte je nach Aktivität stärker beteiligt. Während die linke Hälfte unter anderem für alle sprachgebundenen Leistungen verantwortlich ist, steuert die rechte Hälfte nichtverbale Leistungen, wie beispielsweise raumbezogene Fähigkeiten. Beim männlichen Geschlecht scheint generell die rechte Hemisphäre stärker lateralisiert, während bei Frauen häufig beide Hemisphären zusammenwirken (BISCHOF-KÖHLER 2002, S. 240). BISCHOF-KÖHLER (2002, S. 241f) führt einige Untersuchungen an, wonach bereits bei männlichen Föten eine stärkere morphologische Ausgestaltung der rechten Hemisphäre nachgewiesen wurde. In einer Studie von WITELSON (1979) wurden Kinder im Alter von 6 bis 13 Jahren untersucht, und es zeigte sich, dass Jungen in diesem Alter bereits stärker lateralisiert waren als Mädchen.

Zusammenfassend ist festzustellen, dass Untersuchungen für eine erhöhte Unfallhäufigkeit bei Linkshändern und -händerinnen sprechen. Man kann aber nicht davon ausgehen, dass Linkshändigkeit häufiger bei Jungen zu finden ist. Die stärkere Lateralisation der rechten Hemisphäre beim männlichen Geschlecht scheint aber, nach dem derzeitigen Stand der Literatur, gesichert zu sein.

# 3 Psychische Bedingungen des Unfallgeschehens bei Mädchen und Jungen

Im Zentrum des vorherigen Kapitels stand die Betrachtung der körperlichen Bedingungen des Unfallgeschehens bei Kindern. Vereinzelt wurden Unterschiede zwischen den Geschlechtern angeführt, die für die unterschiedlich hohe Unfallbeteiligung von Jungen und Mädchen mitverantwortlich sein können. Das folgende Kapitel erörtert weitere unfallrelevante Bedingungen und legt den Schwerpunkt auf geschlechtsbezogene Unterschiede einzelner *psychischer* Faktoren, die in der Forschungsliteratur dokumentiert sind. Die Gliederung orientiert sich an der Unterscheidung kognitiver und persönlichkeitspsychologischer Bedingungen. Zudem wird unter dem Aspekt unfallrelevanter geschlechtsbezogener Differenzen auf verhaltensbezogene Bedingungen des Unfallgeschehens eingegangen.

## 3.1 Kognitive Bedingungen des Unfallgeschehens

Gefahren im Straßenverkehr ergeben sich häufig aufgrund fehlerhafter Abläufe des Denkens, Vorstellens oder Wahrnehmens, die insbesondere bei Kindern oft mit der noch nicht ausgereiften Entwicklung des kognitiven Systems in Zusammenhang stehen. Im Folgenden wird zunächst ein Überblick über die Stadien der kognitiven Entwicklung gegeben. Daneben werden einzelne kognitive Fähigkeiten im Hinblick auf ihre Unfallrelevanz und Geschlechtsunterschiede behandelt. Daran schließt sich die Darstellung der Entwicklung des Gefahrenbewusstseins und der Informationsverarbeitung bei Jungen und Mädchen an, wobei wiederum geschlechtsbezogene Unterschiede und deren mögliche Bedeutung für die Unfallrelevanz im Vordergrund der Betrachtung stehen.

### 3.1.1 Kognitive Entwicklung

Die kognitive Entwicklung im Kindesalter verläuft in unterschiedlichen Stufen, wobei auf jeder Stufe neue Fähigkeiten hinzukommen oder sich schon vorhandene Fähigkeiten verbessern. Von besonderer Bedeutung sind in diesem Zusammenhang die Arbeiten von Piaget, der das Denken „als innerliches Handeln und Umgehen mit innerlichen Gegenständen, Personen und Situationen verstanden hat" und vier Hauptstadien der geistigen Entwicklung unterteilt (zit. nach MONTADA 1995, S. 519):

*1. Stadium der sensumotorischen Entwicklung (bis 2 Jahre)*

In diesem Stadium ist das Denken noch nicht im Sinne des inneren Operierens mit Vorstellungen, Symbolen oder sprachlichen Zeichen möglich. Intelligente Leistungen beziehen sich eher auf Reflexe und erworbene Handlungsschemata sowie deren Koordinierung.

*2. Stadium des voroperatorischen, anschaulichen Denkens (2-6 Jahre)*

Typisch für diese Phase der kognitiven Entwicklung ist der Egozentrismus des Kindes, das noch nicht in der Lage ist, die Perspektive oder Rolle eines anderen zu übernehmen. Hinzu kommt, dass das Denken und die Urteilsfähigkeit häufig auf einen oder wenige Aspekte zentriert ist.

*3. Stadium der konkret-operatorischen Strukturen (6-12 Jahre)*

In diesem Stadium ist das Kind bereits dazu fähig, mehrere vorliegende Merkmale zu kombinieren. Das Kind ist allerdings beschränkt auf die gegebene Information, die konkret-anschaulich oder sprachlich repräsentiert sein kann. Zudem sind Kinder in diesem Alter bereits fähig zur Perspektiven- und Rollenübernahme.

*4. Stadium des formal-operatorischen Denkens (ab 12 Jahre)*

Urteile in diesem Stadium beschränken sich nicht nur auf vorgefundene oder gegebene Information, sondern beziehen weitere Informationen mit ein. Das Kind kann aus gemachten Beobachtungen und Aussagen mögliche Einflussvariablen abstrahieren sowie Hypothesen bilden.

In der Literatur gibt es Hinweise auf geschlechtsbezogene Unterschiede in der Entwicklung einzelner kognitiver Leistungen. Nach BISCHOF-KÖHLER (2002, S. 234) findet sich in vielen Intelligenzprüfverfahren das Ergebnis, dass Frauen im Durchschnitt über etwas bessere verbale Fähigkeiten verfügen, während Männer einen Vorsprung im räumlich-visuellen Vorstellungsvermögen sowie im quantitativ-mathematischen und analytischen Denken aufweisen (vgl. auch BARON-COHEN 2002; BLOWS 2003, FENSON, DALE, REZNICK, BATES, THAL & PETHICK 1994; GALEA & KIMURA 1993; GEARY 1996; KIMURA & HARSHMAN 1984; KRAMER, DELIS, KAPLAN, O'DONNELL, L. & PRIFITERA, A. 1997; SILVER-

MAN & EALS 1992). Die bessere Leistung der Mädchen in den verbalen Fähigkeiten manifestiert sich bereits in den ersten 3 bis 4 Lebensjahren, geht dann in der mittleren Kindheit zurück und wird ab dem 10. oder 11. Lebensjahr wieder deutlich (BISCHOF-KÖHLER 2002, S. 238). Nach CULP und HESS (2001, S. 50) gilt, dass Jungen ab dem 10. Lebensjahr ein besseres Verständnis für Mathematik haben, im Umgang mit Zahlen geschickter sind und ab dem 11. bzw. 12. Lebensjahr auch bessere visuell-räumliche Fähigkeiten aufweisen.

Betrachtet man die kognitive Entwicklung des Kindes im Hinblick auf die Teilnahme am Straßenverkehr, so wird deutlich, dass ein großer Teil der Kinder im Vorschulalter nicht hinreichend dazu in der Lage ist, sich in die Rolle eines anderen Verkehrsteilnehmers hineinzuversetzen (GÜNTHER & LIMBOURG 1976, S. 47f). Verschiedene Experimente in der Literatur weisen darauf hin, dass Kinder beiderlei Geschlechts auch im Alter von 7 bis 9 Jahren noch Probleme haben, sich in die Perspektive Anderer hineinzudenken (LIMBOURG 1995, S. 62f). Dies stellt eine erhebliche Gefahrenquelle im Straßenverkehr dar, da Kinder davon ausgehen, dass alles, was sie selbst sehen, auch von anderen Verkehrsteilnehmern wahrgenommen wird (LIMBOURG 1995, S. 62). Durch die egozentrische Perspektive geht das Kind von seinem Standpunkt aus und glaubt beispielsweise, wenn es ein Auto sieht, dass es selbst auch von dem Autofahrer oder der Autofahrerin gesehen wird oder dass das Licht eines Autoscheinwerfers hell genug ist, um Fußgänger/innen in der Dämmerung erkennen zu können (GÜNTHER & LIMBOURG 1976, S. 47f; BLENDERMANN 1987). In diesem Zusammenhang ist allerdings wichtig zu berücksichtigen, dass der Mensch über zwei verschiedene Kompetenzen verfügt, die es ihm ermöglichen, Einsicht in die subjektive Verfassung anderer Personen zu nehmen. Einerseits spielt im emotionalen Bereich die Empathie eine Rolle, während andererseits mit Perspektivenübernahme eine rein rationale Funktion gemeint ist (BISCHOF-KÖHLER 2002, S. 349). Eine Studie von KASTEN (1986) zur sozialen Kognition, die sich mit der Entwicklung der Fähigkeit zur Rollenübernahme im prosozialen Bereich befasst, weist darauf hin, dass Mädchen im Kindergartenalter gegenüber Jungen derselben Altersstufe einen gewissen Entwicklungsvorsprung haben. Betrachtet man in diesem Zusammenhang aber die Fähigkeit zur rationalen Perspektivenübernahme, so erbringt eine Untersuchung von ROST (1978) interessante Ergebnisse. Überprüft wurde die Richtungsorientierung bei Grundschülern und -schülerinnen und deren Fähigkeit, Richtungsangaben von einem fremden Standpunkt aus zu beherrschen und auf einem Plan mit einem Auto nach einfachen Richtungsangaben zu fahren. Hier zeigten sich bei den Schülern und Schülerinnen der ersten Klasse nur geringe Mittelwertunterschiede zwischen den Geschlechtern. Deutlich wird aber, dass bei den Jungen der größte Leistungszuwachs zwischen dem zweiten und dritten Schuljahr zu verzeichnen ist, während ein vergleichbarer Anstieg der Mädchen erst ein Jahr später eintritt. Als mögliche Ursachen des von ihm gefundenen Entwicklungsvorsprungs der Jungen führt der Autor die geschlechtlich unterschiedliche Reifungstendenz und/oder eine rollenspezifisch bedingte geringere Übung der Mädchen an. Die Ergebnisse von ROST (1978) zeigen in jedem Fall, dass Jungen zum Perspektivwechsel fähig sind, aber möglicherweise, betrachtet man die Untersuchungsergebnisse von KASTEN (1986) zur Rollenübernahme im sozialen Kontext, nicht in allen Bereichen gleichermaßen dazu bereit sind (vgl. auch DUNN, BROWN, SLOMKOWSKI, TESLA & YOUNGBLADE 1991).

Ein weiteres Problem bei Kindern vor dem 6. Lebensjahr ist, dass die Aufmerksamkeit des Kindes auf wenige Reize beschränkt ist und Kinder sich leicht vom Straßenverkehr ablenken lassen bzw. sich häufig auf irrelevante Reize konzentrieren (LIMBOURG 1995, S. 59f). Nach LIMBOURG (1995, S. 60) verbessert sich die Aufmerksamkeit und Konzentrationsfähigkeit weiter bis zum Alter von 13 bzw. 14 Jahren und ist erst dann mit den Leistungen eines Erwachsenen vergleichbar. Betrachtet man die Konzentrationsleistung von Kindern, so werden in der Literatur auch geschlechtsbezogene Unterschiede deutlich. BÜTTNER und KURTH (1996) untersuchten Schüler/innen von der zweiten bis zur sechsten Klasse. Insgesamt zeigten Mädchen einen besseren Konzentrationsgesamtwert als Jungen. Besonders schlecht schnitten die Jungen aus den ländlichen Wohngebieten ab, wenn es darum ging, einen Text möglichst fehlerfrei abzuschreiben.

Da das Denken bei Grundschülern und -schülerinnen noch nicht abstrakt, sondern an Anschauungen gebunden ist, weist LIMBOURG (1995, S. 67) darauf hin, dass Verkehrserziehung im realen Straßenverkehr stattfinden muss. Kinder in diesem Alter sind nicht in der Lage, gelernte Inhalte auf neue Umgebungen zu transferieren, weshalb neue Wege vor Ort trainiert werden müssen. Dies wird auch in einer Studie von ZEEDYK, WALLACE, CARCARY, JONES und LARTER (2001) deutlich, in der sowohl Jungen als auch Mädchen ihr vorher theoretisch antrainiertes Verkehrswissen nicht auf das Verhalten in der realen Verkehrssituation übertragen haben. Erst ab dem 12. Lebensjahr ist eine Verkehrserziehung über Filme oder durch theoretische Instruktion sinnvoll (LIMBOURG 1995, S. 67f).

Zusammenfassend ist festzustellen, dass in den Untersuchungen zu einzelnen kognitiven Fähigkeiten alters- und fähigkeitsspezifische Geschlechtsunterschiede nachweisbar sind. Im Bereich der sozialen Kognition scheinen Mädchen im Kindergartenalter sich eher in die Lage eines anderen hineinversetzen zu können als Jungen. Letztere scheinen aber im Grundschulalter bei der rationalen Perspektivenübernahme im Vorteil zu sein. In der Konzentrationsleistung sind die Mädchen den Jungen überlegen. Die Geschlechtsunterschiede in den verbalen Fähigkeiten sind im Grundschulalter nicht so deutlich ausgeprägt wie in den anderen Altersbereichen, in denen Mädchen bessere Leistungen zeigen. Die Differenzen zugunsten des männlichen Geschlechts im mathematischen Bereich sowie in den räumlichen Fähigkeiten scheinen erst nach der Grundschule bedeutsam zu sein.

### 3.1.2 Gefahrenbewusstsein

Die korrekte Einschätzung einer Situation als gefährlich oder ungefährlich ist für eine sichere Teilnahme am Straßenverkehr unerlässlich. Erst im Laufe der Kindheit entwickelt sich die Fähigkeit, Gefahren im voraus zu erkennen. LIMBOURG (1995 S. 48f, 1997a, 1997b) unterscheidet drei Stufen der Ausbildung eines Gefahrenbewusstseins:

*1. Stufe: akutes Gefahrenbewusstsein*

Kinder auf der ersten Stufe erkennen, ob sie in Gefahr sind oder nicht.

*2. Stufe: antizipierendes vorausschauendes Gefahrenbewusstsein*

Auf der zweiten Stufe können Kinder voraussehen, ob sie in Gefahr geraten.

*3. Stufe: Präventionsbewusstsein*

Erst auf der dritten Stufe sind Kinder in der Lage, vorbeugende Verhaltensweisen zu entwickeln und diese anzuwenden.

LIMBOURG (1995, S. 49) fasst die Ergebnisse verschiedener Forschungen zur Altersstruktur der Kinder im Hinblick auf die oben angeführten Stufen folgendermaßen zusammen: Ein akutes Gefahrenbewusstsein ist schon bei 5-6-jährigen Kindern vorhanden und ein antizipierendes Gefahrenbewusstsein entwickelt sich bis zum Alter von 8 Jahren. Die dritte Stufe scheint mit ca. 9 bis 10 Jahren aufzutreten. In einer Erkundungsstudie von LIMBOURG (1997a) wird allerdings deutlich, dass das Auftreten dieser Fähigkeiten an keine strikte Alterszuordnung gebunden ist, sondern vom jeweiligen Lebensbereich (Haushalt, Sport, Verkehr) und von den schon gemachten Erfahrungen abhängig ist. Für den Bereich „Straßenverkehr" sind die oben angeführten Altersangaben aber durchaus als Orientierung zu sehen.

SCHLAG und RICHTER (2002) haben den Entwicklungsstand der Gefahrenkognition verunfallter und nicht verunfallter Kinder und Jugendlicher miteinander verglichen und dabei die Gefahrennennungen nicht nur insgesamt, sondern auch unter Berücksichtigung der von Piaget erarbeiteten kognitiven Entwicklungsstufen (konkret-operatorisch und formal-operatorisch [siehe Abschnitt 3.1.1]) ausgewertet. Die Kinder der nicht verunfallten Gruppe erkannten insgesamt mehr Gefahrenpotentiale als die verunfallten Untersuchungsteilnehmer/-innen. Der Unterschied in der Erkennung der Gefahrenpunkte war weniger auf der konkret-operatorischen Stufe ersichtlich, wurde aber umso deutlicher auf der formal-operatorischen Stufe. In dieser Studie zeigten sich keine Geschlechtsunterschiede in der Gefahrenerkennung von Jungen und Mädchen (SCHLAG & RICHTER 2002). Im Gegensatz dazu steht eine Untersuchung zum Gefahrenbewusstsein von HEIMSTRA und MARTIN (1973, zit. nach LIMBOURG & SENCKEL 1976, S. 97), in der Mädchen Gefahren durchaus höher einschätzen als Jungen.

Insgesamt wird ersichtlich, dass nicht alle Untersuchungen zum Gefahrenbewusstsein signifikante Unterschiede zwischen den Geschlechtern zeigen. Nur vereinzelt ergeben sich Hinweise darauf, dass Mädchen die Gefahren höher einschätzen als Jungen. Ferner sollte berücksichtigt werden, dass es sich bei der Entwicklung des Gefahrenbewusstseins um eine kognitive Fähigkeit handelt, deren Existenz nicht zwangsläufig zu einem verkehrssicheren Verhalten führen muss (LIMBOURG 1995, S. 56).

### 3.1.3 Informationsverarbeitung

Während in Abschnitt 2.2 vorrangig auf die biologischen Voraussetzungen des visuellen und auditiven Systems eingegangen wurde, stehen im folgenden Absatz die psychologischen Komponenten der Wahrnehmungsentwicklung und Informationsverarbeitung im Mittelpunkt. Mit dem Entfernungs- und Tiefensehen, der Raum- sowie der Geschwindigkeitswahrnehmung, der Farb-, Form- und Zeichenerkennung sowie der Verarbeitungsgeschwindigkeit in komplexen Situationen wird auf Bereiche eingegangen, die bei der Teilnahme am Straßenverkehr besonders wichtig sind.

#### 3.1.3.1 Entfernungssehen, Tiefensehen und Raumwahrnehmung

Die Wahrnehmung der Distanz von Objekten zum Beobachter oder zur Beobachterin und von Objekten untereinander sowie eine gut ausgebildete Raumvorstellung ist wichtig für eine sichere Teilnahme am Straßenverkehr. Raumwahrnehmung und Tiefenschätzungen erfolgen einerseits über Konvergenz und werden andererseits durch bekannte Größen in der Umgebung erleichtert. Kinder verfügen meist noch nicht über die notwendige Erfahrung und sind in der Berücksichtigung von Maßstäben noch zu wenig geübt (FISCHER & COHEN 1978, S. 83f).

Zudem ist das Tiefensehen bei Jungen und Mädchen erst ab dem 9. Lebensjahr voll entwickelt, was demnach bei jüngeren Kindern eine Einschränkung des Entfernungsschätzens mit sich bringt (SCHERER 1994). So kommt es dann beispielsweise dazu, dass Kinder glauben, kleinere Autos seien weiter entfernt als größere Fahrzeuge.

MACCOBY und JACKLIN (1974, S. 27f), die einen Überblick über die Studien zur Wahrnehmungsentwicklung vom 2. Lebensjahr bis zum Erwachsenenalter geben, führen auch Studien zur relativen Entfernungswahrnehmung an, wobei in diesem Bereich selten bedeutende Geschlechtsunterschiede deutlich werden.

#### 3.1.3.2 Geschwindigkeitswahrnehmung

Nach LIMBOURG (1995, S. 63) ist die Geschwindigkeit eine Funktion der Variablen „Entfernung", „Größe" und „Form" des sich bewegenden Reizes und der Bewegungsrichtung. Die objektive Einschätzung von Geschwindigkeiten ist selbst für Erwachsene nicht problemlos möglich. Besonders Kinder unter 9 Jahren haben sehr unklare Vorstellungen von Geschwindigkeiten. Sie nehmen beispielsweise an, dass die Geschwindigkeit mit der Art des Fahrzeugs zusammenhängt und schätzen dementsprechend einen Sportwagen oder ein Polizeiauto schneller ein als einen unauffälligen Personenwagen (SCHERER 1994).

In einer Studie von COHEN und FISCHER (1982) wird ebenfalls davon ausgegangen, dass die Wahrnehmung von vorhandenen Erwartungen verzerrt wird. Da auch die Vorstellung von Geschwindigkeiten aus kognitiven Komponenten besteht und interferierend mit dem Sehvorgang zusammenwirkt, müsste auch die Bewegungswahrnehmung in einer realen Situation beeinflusst werden. In einer Untersuchung der Autoren sollte dementsprechend geprüft werden, ob allein die Konstruktionsmerkmale von Fahrzeugen die Geschwindigkeitsschätzungen von Kindern der zweiten bis zur sechsten Klasse beeinflussen. Es zeigte sich, dass Form und funktionelle Verwendung, nicht aber die Farbe der Fahrzeuge die Geschwindigkeit von ruhenden Fahrzeugmodellen beeinflussen. Die Autoren weisen darauf hin, dass das Geschlecht der Versuchspersonen die phänomenale Geschwindigkeit der ruhenden Fahrzeugmodelle in keiner konsistenten Weise beeinflusste. Tendenziell wurde deutlich, dass Mädchen sich höhere Geschwindigkeiten vorstellten als Jungen, was im Sinne von höheren subjektiven Sicherheitsfaktoren bei Mädchen interpretiert wurde.

In einer Studie von SALVATORE (1974) wurde die Geschwindigkeitsschätzung in einer realen Verkehrssituation mit fahrenden Autos untersucht. Es wurden Geschlechtsunterschiede zugunsten der Jungen deutlich, die langsam, mittel oder schnell herannahende Fahrzeuge besser unterteilen konnten als die Mädchen. Dieser Unterschied könnte sich aufgrund der häufig noch rollenspezifischen Erziehung ergeben, in der Jungen häufiger mit Autos spielen und öfter auf technische Gegebenheiten hingewiesen werden, wovon FISCHER und COHEN (1978, S. 172f) in ihrer Untersuchung (siehe nächster Abschnitt) ausgehen.

Während die angeführten Studien die Einschätzung der Geschwindigkeit über das visuelle System geprüft haben, gibt es Ansätze, die Geschwindigkeit nur aufgrund auditiver Signale einschätzen zu lassen. Nach FISCHER und COHEN (1978, S. 172f) lässt sich durch Veränderungen und Unterschiede in der Dauer akustischer Signale aus Motorengeräuschen und Hupsignalen auf Geschwindigkeiten heranfahrender Fahrzeuge schließen. Die Autoren untersuchten die Fähigkeit von Kindern im Alter von 6 bis 12 Jahren, verschiedene Tonlängen zu unterscheiden. Sie stellten fest, dass die Leistung mit dem Alter anstieg, wobei es sich nicht um einen linearen Zusammenhang handelte. Bis etwa zum 8. Lebensjahr wurde die größte Verbesserung der Leistung sichtbar, danach lässt sich eine Steigerung erst ab dem 11. Lebensjahr verzeichnen. Geschlechtsunterschiede wurden insofern deutlich, als dass die jüngeren Mädchen Tonlängen schlechter unterscheiden konnten als die gleichaltrigen Jungen. Bei den älteren Probanden traf genau das Gegenteil zu.

#### 3.1.3.3 Farb-, Form- und Zeichenerkennung

Zur Orientierung im Straßenverkehr stellt das Farbensehen eine zusätzliche Informationsquelle dar

(BASNER & DE MARÉES 1993, S. 22). Auch wenn die physiologischen Bedingungen zur Unterscheidung von Helligkeit und Farbe bis zum Alter von 5 Jahren gegeben sind, so bereitet im Kindergartenalter häufig die richtige Benennung der Farben noch Probleme (PIEPER 1995). Diese Tatsache zeigt sich unabhängig vom Geschlecht und sollte bei der Verkehrserziehung von jüngeren Kindern berücksichtigt werden.

Nach PIEPER (1995) bleiben bestimmte Leistungen der Form- und Mustererkennung noch lange unvollkommen und auch im Schulkindalter zeigen sich noch Verbesserungen. Besonders graphische Zeichen und komplexe Muster sind davon betroffen, weniger die Formen von großen Gegenständen (wie z.B. unterschiedliche Fahrzeuge), wie sie im Straßenverkehr anzutreffen sind (LIMBOURG 1995, S. 62). Im Straßenverkehr ist die Beachtung von Verkehrsschildern auch für Radfahrer/innen und Fußgänger/innen von Bedeutung. KANY, FRITZ & LEPPERT (1996) untersuchten das Verständnis von bildlichen und symbolischen Verkehrszeichen bei Kindern und Jugendlichen vom Kindergartenalter bis zur sechsten Klasse. Es zeigte sich, dass mit zunehmendem Alter immer mehr Verkehrszeichen korrekt erläutert werden konnten, wobei ikonische Verkehrsschilder bis zur vierten Schulklasse häufiger richtig erkannt wurden als symbolische Schilder, ein Unterschied, der bei den Sechstklässlern nicht mehr festzustellen war. Zudem ergaben sich signifikante Geschlechtsunterschiede beim Verstehen der symbolischen Verkehrszeichen. Es wurde eine Überlegenheit der Jungen deutlich, die symbolische Verkehrszeichen besser verstehen und erklären konnten als Mädchen.

### 3.1.3.4 Verarbeitungsgeschwindigkeit in komplexen Situationen

Die geistige Verarbeitung der Seheindrücke erfolgt bei Kindern langsamer als bei Erwachsenen. Sie können weniger Seheindrücke gleichzeitig verarbeiten und noch nicht zwischen wichtigen und unwichtigen Dingen unterscheiden (SCHERER 1994). Dementsprechend brauchen sie länger, um sich in der Verkehrswelt einen Überblick zu verschaffen. Kinder müssen erst lernen, aus der Menge der Informationen im Straßenverkehr die relevanten herauszufiltern (ELLINGHAUS & STEINBRECHER 1996, S. 44). Während Erwachsene für Entscheidungsprozesse in komplexeren Situationen bereits „Routinen" entwickelt haben, sind derartige Erfahrungen bei Kindern noch nicht gegeben. Kinder sind in komplexen Situationen oft überfordert, die Entscheidungsprozesse laufen langsamer ab und sind fehleranfälliger (ELLINGHAUS & STEINBRECHER 1996, S. 44). Eine Verbesserung in diesem Bereich ergibt sich im Altersabschnitt zwischen 7 und 14 Jahren, in dem es nach PIEPER (1995) zu einer Erhöhung der visuellen Verarbeitungsgeschwindigkeit kommt.

Generell gilt, dass in einer Situation, in der über die verschiedenen Sinneskanäle unterschiedliche oder sich widersprechende Informationen gegeben werden, der Mensch vorrangig den visuellen Wahrnehmungsreizen folgt (PIEPER 1995). Nach LIMBOURG (1995, S. 66) gelingt die Integration verschiedener Sinnesmodalitäten mit zunehmendem Alter immer besser und Forschungsarbeiten zeigen bis zum Alter von 11 Jahren einen linearen Anstieg. Bei der vergleichenden Betrachtung von Jungen und Mädchen werden auch geschlechtsbezogene Differenzen deutlich. In den Forschungen von FISCHER und COHEN (1978, S. 94f) wurde beispielsweise untersucht, ob Kinder die relevante Dimension eines Reizes verarbeiten und irrelevante auswählen können. Deutliche Geschlechtsunterschiede traten in der 2. und 3. Klasse auf (ca. 7. bis 9. Lebensjahr), wobei die Leistung der Mädchen der der Jungen deutlich überlegen war.

Zusammenfassend kann zum Komplex der Informationsverarbeitung festgestellt werden: Die verschiedenen Untersuchungen zu Geschlechtsunterschieden in der visuellen und auditiven Informationsverarbeitung zeigen keinen durchgehenden eindeutigen Vorteil des einen oder anderen Geschlechts. Während Jungen und Mädchen beim Entfernungssehen die gleichen Leistungen aufweisen, scheint sich für den Bereich der Geschwindigkeitswahrnehmung anzudeuten, dass Mädchen generell höhere Geschwindigkeiten schätzen. Jungen beurteilen insbesondere bei der visuellen Wahrnehmung die Geschwindigkeit von fahrenden Autos genauer (von langsam bis schnell), wohingegen die Ergebnisse bei der auditiven Wahrnehmung stark vom Alter abhängig zu sein scheinen. Für die Erkennung von Zeichen gilt, dass Jungen ab dem Kindergartenalter symbolische Verkehrszeichen besser verstehen als Mädchen. Letztere scheinen aber im zweiten und dritten Schuljahr Vorteile bei der Differenzierung von wichtigen und unwichtigen Reizen zu haben.

Insgesamt ist festzuhalten, dass die Informationsverarbeitung stark von den Erfahrungen abhängt, weshalb in diesem Zusammenhang auch sozialisationstheoretische Aspekte berücksichtigt werden müssen (vgl. Kap. 4).

### 3.1.4 Zusammenfassung

Betrachtet man abschließend den Bereich der kognitiven Bedingungen, so zeigen sich durchaus Unterschiede zwischen Jungen und Mädchen, die für eine unterschiedlich hohe Unfallbeteiligung der Geschlechter mitverantwortlich sein können. Beispielsweise fällt auf, dass Mädchen bessere Konzentrationsleistungen zeigen, wohingegen Jungen in den visuell-räumlichen Fähigkeiten überlegen sind. Die Entwicklung des Gefahrenbewusstseins scheint keine geschlechtsbezogenen Unterschiede aufzuweisen. Vereinzelte Hinweise sprechen dafür, dass Mädchen die Gefahren höher einschätzen als Jungen. Deutlich wird aber auch, dass die kognitiven Leistungen der Kinder, wie zum Beispiel die Informationsverarbeitung von visuellen oder auditiven Reizen, und die dort teilweise auftauchenden Unterschiede zwischen den Geschlechtern stark vom Alter und von den gemachten Erfahrungen abhängig sind.

## 3.2 Persönlichkeitsmerkmale und Unfallgeschehen

In der Literatur finden sich Hinweise auf einen Zusammenhang zwischen bestimmten persönlichkeitspsychologischen Faktoren und Unfallhäufigkeit (vgl. z.B. SCHLAG & RICHTER 2002; MANHEIMER & MELLINGER 1967; KRALL 1953). Daher ist es wichtig, bei der Frage nach den Ursachen für eine erhöhte Unfallgefahr im Straßenverkehr auch Persönlichkeitseigenschaften in die Diskussion mit einzubeziehen. Im Folgenden werden Persönlichkeitsfaktoren angeführt, die häufig in Zusammenhang mit erhöhter Unfallneigung genannt werden. Zentral sind wiederum geschlechtsbezogene Unterschiede und deren Einfluss auf das Unfallgeschehen.

### 3.2.1 Extraversion, Neugierverhalten und Selbstdarstellung

Typisch für eine extravertierte Person ist die Aufgeschlossenheit gegenüber der Umwelt sowie die Kontaktsuche mit der Umwelt (HÄCKER 1998, S. 260). Nach LIMBOURG (1995, S. 77f) zeigen extravertierte Kinder einen ausgedehnten Tatendrang und ihre Wahrnehmung wird stark von Umweltreizen gesteuert. Hinzu kommt ein übersteigertes Neugierverhalten und damit verbunden ein verstärkter Erkundungsdrang.

Extraversion und die damit verbundenen Eigenschaften scheinen, wie Ergebnisse verschiedener Untersuchungen belegen, mit erhöhter Unfallgefahr in Verbindung zu stehen. So zeichneten sich beispielsweise in der Studie von SCHLAG und RICHTER (2002) verunfallte Kinder als extravertierter, besonders lebhaft und kontaktfreudig aus. LIMBOURG (1995, S. 77f) erläutert den Zusammenhang zwischen Extraversion und Verkehrsverhalten folgendermaßen: „Schon 1962 sagte Eysenck aufgrund seiner theoretischen Überlegungen voraus, daß extravertierte Kinder wegen ihrer stärker fluktuierenden Aufmerksamkeit unfallgefährdeter seien als introvertierte" (S. 77).

Während in der Untersuchung von SCHLAG und RICHTER (2002) besonders ältere Verunfallte (10 - 17 Jahre) übermäßig hohe Werte beim Faktor Extraversion erreichten, werden bezüglich des Geschlechts keine bedeutenden Unterschiede berichtet. Betrachtet man allerdings die typischen Merkmale einer extravertierten Person, dann zeigen sich in der Literatur in einzelnen Bereichen durchaus geschlechtsspezifische Differenzen. So wird beispielsweise im Bereich des Neugierverhaltens bzw. in der Erforschung von Unbekanntem deutlich, dass unbekannte Objekte auf Jungen eine stärkere Faszination ausüben als auf Mädchen (BISCHOF-KÖHLER 2002, S. 284f). BISCHOF-KÖHLER (2002, 291f) äußert in diesem Zusammenhang die Vermutung, dass Mädchen den Reiz des Unvorhersehbaren weniger schätzen. Für extravertierte Kinder ist ferner die soziale Umwelt besonders wichtig. Dementsprechend werden verschiedene Strategien eingesetzt, um die Aufmerksamkeit von Spielkameraden und -kameradinnen sowie Freunden und Freundinnen auf sich zu ziehen. Eine Untersuchung von HOLD-CAVELL und BORSUTZKY (1986) befasste sich speziell mit den unterschiedlichen Strategien, die eingesetzt werden, um die Aufmerksamkeit einer Gruppe auf sich zu lenken. Es zeigte sich, dass Mädchen eher durch „Organisieren" auffallen, während bei Jungen die „Selbstdarstellung" in der Gruppe z.B. durch Lautstärke oder Drohen besonders ausgeprägt ist. Die übermäßige Selbstdarstellung, sich häufiger vor den Gleichaltrigen produzieren oder immer „vorne mit dabei sein wollen", wurde auch in verschiedenen Untersuchungen als typisch für verunfallte Kinder gesehen (vgl. MANHEIMER & MELLINGER 1967; KÖHLER 1993, zit. nach LIMBOURG 1995, S. 77f).

### 3.2.2 Neurotizismus und Ängstlichkeit

Während bei extravertierten Kindern die Aufmerksamkeit den Umweltreizen zugewandt und die Wahrnehmung durch die Fokussierung auf die soziale Umwelt häufig vom Verkehr abgelenkt ist, findet man bei Kindern mit neurotischen Tendenzen eher gegenteilige Faktoren, die die Aufmerksamkeit vom Geschehen im Straßenverkehr ablenken. Nach KÖHLER (1993, zit. nach LIMBOURG 1995, S. 80) beeinträchtigen „innere Spannungen und affektive Belastungen" die Aufmerksamkeit der Kinder. Sie sind häufig „seelisch leicht verletzliche Tagträumer", „oft abgespannt und lustlos" und blicken eher „ängstlich in die Zukunft" (KÖHLER 1993, zit. nach LIMBOURG 1995, S. 80). Durch diese ständige Sorge ist die Wahrnehmung der Kinder ebenso vom Verkehr abgelenkt wie auch bei extravertierten Kindern, was die Unfallgefahr erhöht. In ihrer Untersuchung fanden SCHLAG und RICHTER (2002) deutliche Unterschiede zwischen verunfallten und nicht verunfallten Kindern und Jugendlichen im Hinblick auf neurotische Tendenzen, wobei die verunfallten Untersuchungsteilnehmer sich durch höhere Ängstlichkeit, mehr Nervosität und innere Unruhe sowie emotionale Verletzbarkeit auszeichneten. Tendenziell zeigten die Mädchen in der Gruppe der verunfallten Kinder und Jugendlichen überdurchschnittliche Merkmalsausprägungen (SCHLAG & RICHTER 2002).

In diesem Zusammenhang lassen sich auch andere Studien anführen, die belegen, dass Mädchen sich selbst ängstlicher einschätzen als Jungen (vgl. SCHMITZ 1995 oder DÖPFNER, PLÜCK, BERNER, FEGERT, HUSS, LENZ, SCHMECK, LEHMKUHL, POUSTKA, & LEHMKUHL 1997). In der Untersuchung von DÖPFNER et al. (1997) zeigte sich bei den Mädchen zwischen dem 11. und 16. Lebensjahr ein besonders deutlicher Anstieg der selbst eingeschätzten Ängstlichkeit, ein Zuwachs, der bei den Jungen nicht zu beobachten war.

### 3.2.3 Aggression

Auch aggressives Verhalten scheint mit erhöhter Unfallgefahr eng verbunden (BIJUR, STEWART-BROWN & BUTLER 1986). Aggression beschreibt nach PETERMANN (1995) ein Verhalten, das darauf ausgerichtet ist, eine andere Person direkt oder indirekt zu schädigen. Die Bewertung aggressiven Verhaltens erfolgt aufgrund der Ziele, die diesem Verhalten zugrunde liegen. Ein Verhalten, das zielgerichtet schädigend ist und nicht mehr der bloßen Selbstbehauptung dient, bezeichnet PETERMANN (1995) als egoistisch-motivierte Aggression. Das Verhalten, bei dem Kinder versuchen, die eigenen Interessen anderen aufzudrängen, findet man häufiger bei Jungen. WARSCHBURGER und PETERMANN (1994, zit. nach PETERMANN 1995) gehen von einem Verhältnis zwischen Jungen und Mädchen von 5:1 aus. Nach CULP und HESS (2001, S. 50) gilt es als gesichert, dass Jungen vom zweiten Lebensjahr an aggressiver sind als Mädchen (vgl. auch ROSENBLITT, SOLER, JOHNSON & QUADAGNO 2001). Die erhöhte Aggressionsbereitschaft beim männlichen Geschlecht wird häufig aus evolutionsbiologischer Sicht betrachtet, da es im Laufe der Entwicklung der Menschheit nicht nur als Jäger gefragt war, sondern, wie auch in der Tierwelt, um seine Partnerin werben und sich gegebenenfalls gegenüber Rivalen verteidigen musste, wobei die Unterwerfung des Gegners das vorrangige Ziel war (BISCHOF-KÖHLER 2002, S. 118f; vgl. auch PS UND POTENZ 2004). Zudem wird die erhöhte Aggression beim männlichen Geschlecht immer wieder mit dem Hormon Testosteron in Verbindung gebracht. Nach BISCHOF-KÖHLER (2002, S. 332f) lässt sich im Hinblick auf die Korrelation, die beim Menschen zwischen Testosteronspiegel und Aggressivität beobachtet wird, oft schwer entscheiden, was Ursache und was Wirkung ist. Wichtig ist, dass der aktivierende Einfluss von Testosteron erst mit dem Einsetzen der Pubertät besonders ausgeprägt ist (BISCHOF-KÖHLER 2002, S. 332f).

In einer Studie von MANHEIMER und MELLINGER (1967) schätzten Mütter und Lehrer/innen die 4-18-jährigen Mädchen und Jungen mit allgemein hoher Unfallneigung häufiger als aggressiv ein als die nicht verunfallten Kinder. Verunfallte Jungen zeigten nach Einschätzung der Bezugspersonen besonders häufig Aggressivität gegen Gleichaltrige. Deutlich wurde der Zusammenhang zwischen Unfallneigung und aggressivem Verhalten auch in weiteren Studien, so z.B. in der Untersuchung von BIJUR et al. (1986), die Mütter britischer Kinder im Alter von 5 Jahren befragten. Die Kinder, die von ihren Müttern als mittel oder hoch aggressiv eingeschätzt wurden, hatten in den ersten fünf Lebensjahren mehr Verletzungen im Straßenverkehr, zu Hause oder sonst im Alltag erlitten als die Kinder mit niedrigen Aggressionswerten.

### 3.2.4 Risikobereitschaft und Herausforderungen

Die unterschiedliche Risikobereitschaft von Personen kann vor allem bei Entscheidungssituationen im Straßenverkehr als unfallrelevante Bedingung angesehen werden. RAITHEL (2001b) bezeichnet insbesondere die zweite Lebensdekade als Höhepunkt für verschiedene Formen des Risikoverhaltens. Risikoverhaltensweisen hängen bei Jugendlichen weniger von gesundheitsspezifischen Einstellungen ab, sondern gehören zu den täglichen Lebensroutinen, die nicht als Risiko wahrgenommen werden, auch deshalb, weil unmittelbare gesundheitliche Folgen noch nicht zu spüren sind (RAITHEL 2001b). In Untersuchungen zu Bedingungen der Unfallentstehung wird deutlich, dass Kinder und Jugendliche, die von ihren Eltern als hoch risikobereit beschrieben wurden, bedeutend mehr Unfälle erlitten hatten als Kinder mit einer geringen Risikobereitschaft (SCHLAG & RICHTER 2002). Die Einschätzung der Kinder als erhöht risikobereit könnte natürlich durch deren häufigere Verletzungen beeinflusst worden sein, wobei aber berücksichtigt werden muss, dass die Eltern ihre Kinder bei der Tätigkeit, bei der jeweils der Unfall entstanden ist, durchaus als kompetent und geschickt einstuften.

Riskantes Verkehrsverhalten als eine Form des außengerichteten Risikoverhaltens, lässt sich nach RAITHEL (2001b) speziell bei männlichen Jugendlichen beobachten (vgl. auch ROSENBLITT et al. 2001). Möglicherweise verbirgt sich dahinter der Wunsch, andere durch riskantes Verhalten zu beeindrucken (PS UND POTENZ 2004). Die Unterschiede im Risikoverhalten zwischen Jungen und Mädchen findet man teilweise schon bei jüngeren Kindern. Nach LIMBOURG und SENCKEL (1976, S. 47f) lassen sich bei einigen wenigen Verhaltensweisen im Straßenverkehr geschlechtsbezogene Unterschiede feststellen, die darauf hindeuten, dass sich Jungen risikoreicher verhalten als Mädchen. In einem Simulationsexperiment zur Straßenüberquerung überschritten die Mädchen in der Altersgruppe von 6 bis 9 Jahren die Straße seltener als die gleichaltrigen Jungen und verursachten im Alter von 8 bis 9 Jahren weniger Kollisionen (GÜNTHER & LIMBOURG 1976, S. 54f). Die höhere Risikobereitschaft der Jungen zeigte sich auch in einer realen Straßenüberquerungssituation, die im Rahmen einer weiteren Untersuchung von GÜNTHER und LIMBOURG (1976, S. 25f) gestellt wurde. Die Kinder sollten zu ihrer auf der anderen Straßenseite wartenden Mutter gehen, wobei der Überquerungsort der Straße durch die Versuchsanordnung festgelegt war. Sie mussten lediglich noch einen sicheren Überquerungszeitpunkt wählen. Als optimale Verhaltensstrategie war „Stehenbleiben und Warten bis der PKW vorbeigefahren ist und dann überqueren" definiert. Es zeigte sich in der Altersgruppe der 4-5-Jährigen, dass die Jungen seltener am Bordstein anhielten als die Mädchen (GÜNTHER & LIMBOURG 1976, zit. nach LIMBOURG & SENCKEL 1976, S. 48) und somit seltener die optimale Variante gewählt hatten.

### 3.2.5 Leistungsmotivation und Wettbewerbsorientierung

Leistungsmotivation und Wettbewerbsorientierung hängen eng mit Lernverhalten zusammen und werden häufig im Zusammenhang mit Unfallneigung genannt.

Die Leistungsmotivation entwickelt sich beim Menschen schrittweise im Verlauf der gesamten Kindheit (OERTER 1995). Während im 1. Lebensjahr die Freude am Effekt einer Handlung im Vordergrund steht, wird für das Kind im nächsten Entwicklungsabschnitt wichtig, dass es den Effekt selber herbeiführt. Kinder ab etwa 3,5 Jahren sind in der Lage, Handlungsergebnisse mit der eigenen Tüchtigkeit zu verknüpfen und zeigen Stolz oder Enttäuschung bei Gelingen oder Misslingen eines Werkes. Erst im folgenden Schritt, etwa ab dem 5. Lebensjahr, wird bei der Einschätzung der eigenen Tüchtigkeit auch die Schwierigkeit einer Aufgabe berücksichtigt. Nach OERTER (1995) kommt es nach dem 10. Lebensjahr zur eigenständigen Setzung von Gütemaßstäben für Leistungshandeln, wobei die Anfänge einer Anspruchsniveaubildung durchaus schon erkennbar sind, sobald Handlungsergebnisse mit der eigenen Tüchtigkeit verknüpft sind. Das ist auch der Zeitpunkt in der Entwicklung der Leistungsmotivation, an dem Kinder beginnen, Wettbewerbssituationen zu verstehen. In diesem Zusammenhang lässt sich eine Untersuchung von SCHMITZ (1995) anführen, bei der Geschlechtsunterschiede in diesem Bereich deutlich werden. Durch einen Labyrinthversuch wurde die motivationale und affektive Beeinflussung von Lernstrategien bei Kindern und Jugendlichen im Alter von 10 bis 17 Jahren untersucht, wobei sich auch geschlechtsbezogene Einflüsse auf die Leistungen in der Raumorientierung herausstellten. Während Jungen in einer unbekannten Umgebung vor allem durch äußere oder selbst geschaffene Wettbewerbsbedingungen angetrieben wurden, schätzten sich die Mädchen insgesamt eher ängstlich ein, zeigten sich zunächst eher vorsichtig und bewegten sich langsamer. Dementsprechend erreichten die Jungen zu Beginn des Versuches bessere Zeitleistungen, wohingegen die Mädchen in den ersten Durchgängen tendenziell weniger Fehler machten. Obwohl im Experiment betont wurde, dass es sich um eine nicht-kompetitive Aufgabensituation handelte, wurde in den gleichgeschlechtlichen Gruppen bei den Jungen bei allen Durchgängen eine hohe Wettbewerbsorientierung beobachtet.

Betrachtet man die Untersuchungen zur Unfallneigung von Kindern, wird deutlich, dass den Jungen mit hoher Unfallneigung von Eltern und Lehrern ein ausgeprägtes Wettbewerbsverhalten zugeschrieben wird (MANNHEIMER & MELLINGER 1967). Da viele Situationen im Straßenverkehr eine Herausforderung für Kinder darstellen, kann auch hier leicht Wettbewerbsdenken entstehen, was wiederum die Fähigkeit beeinträchtigt, in Gefahrensituationen überlegt und angemessen zu reagieren.

### 3.2.6 Selbstsicherheit und Selbsteinschätzung

Die Selbstsicherheit einer Person und deren adäquate Selbsteinschätzung kann ausschlaggebend für bestimmte Verhaltensweisen im Straßenverkehr sein. Nach BISCHOF-KÖHLER (2002, S. 271f) sind Unterschiede zwischen Jungen und Mädchen im Selbstvertrauen in Bezug auf die eigene Leistungsfähigkeit empirisch gut belegt. Jungen neigen zur Selbstüberschätzung, während Mädchen die Tendenz zeigen, sich zu unterschätzen. Die positive Selbsteinschätzung bei Jungen ist durch gegenteilige Erfahrungen nur schwer zu beeinträchtigen. Die Gründe für das schlechtere Selbstvertrauen der Mädchen sieht BISCHOF-KÖHLER (2002, S. 271ff; 330ff) teilweise in den äußeren sozialen Bedingungen. So werden positive Leistungen von Mädchen oftmals als selbstverständlich angesehen, wohingegen positive Leistungen bei Jungen eher als etwas Besonderes eingeschätzt und daher häufig belohnt werden.

Diese Unterschiede zwischen den Geschlechtern zeigen sich auch bei der Einschätzung der eigenen Intelligenz. Nach RAMMSTEDT und RAMMSAYER (2001) lassen sich für den psychometrisch erfassten Intelligenzwert keine oder nur geringe Geschlechtsunterschiede nachweisen, die sich aber durchaus signifikant bei der Selbsteinschätzung der eigenen Intelligenz bei Männern und Frauen finden. In der Studie von RAMMSTEDT und RAMMSAYER (2001) wurde untersucht, ob diese Differenzen in der Selbsteinschätzung auch bei Kindern und Jugendlichen im Alter zwischen 8 und 10 (9,1 Durchschnitt) Jahren und 12 und 15 (13,2 Durchschnitt) Jahren auftauchen. In der Untersuchung konnte eine höhere Gesamteinschätzung der Jungen im Vergleich zu den Mädchen nicht bestätigt werden. Hinsichtlich bereichsspezifischer Einschätzungen zeigte sich, dass Jungen über alle untersuchten Altersgruppen hinweg ihre mathematische und räumliche Intelligenz, ihre Wahrnehmungsgeschwindigkeit und ihr logisches Denkvermögen signifikant höher einschätzten als die weiblichen Probanden. Die Mädchen beurteilten ihre musikalische Intelligenz höher als die Jungen. In den Abschnitten zur kognitiven Entwicklung wurde deutlich, dass die hier vorgefundenen Ergebnisse zur Einschätzung der eigenen Fähigkeiten zum Teil auch der Realität entsprechen.

### 3.2.7 Emotionsregulation und Stressverarbeitung

Emotionale Prozesse beinhalten sowohl kognitive und motivationale als auch Handlungskomponenten (SCHERER & WALLBOTT 1995). Nach SCHERER und WALLBOTT (1995) gehen die meisten modernen Emotionstheorien davon aus, dass emotionale Erregung motivationale Auswirkungen hat und unter anderem der Handlungsvorbereitung dient. Somit müssen bei der Betrachtung von Verhalten im Straßenverkehr auch emotionale Zustände und der in der Literatur berichtete Umgang damit berücksichtigt werden.

Bereits im Grundschulalter beeinflusst Stress das psychische und physische Befinden von Kindern und kann beispielsweise zu Unkonzentriertheit oder Nervosität führen (ESCHENBECK & KOHLMANN 2002). Betrachtet man die Stressbewältigung von Kindern im Grundschulalter, so werden in der Untersuchung von ESCHENBECK und KOHLMANN (2002) bereits Geschlechtsunterschiede deutlich. Die Strategien „Suche nach sozialer Unterstützung" und „Problemlösendes Handeln" wurden bei Kindern im Grundschulalter häufiger von Mädchen eingesetzt. Für den Einsatz „emotionsregulierender Aktivitäten"[6] ergaben sich im Gesamtkennwert keine geschlechtsbezogene Unterschiede. Betrachtet man allerdings die einzelnen emotionsregulierenden Aktivitäten genauer, wird deutlich, dass Jungen eher destruktive Aktivitäten angaben als Mädchen. Typische Angaben der männlichen Befragten waren z.B. „wütend werden", „etwas kaputt machen" oder „vor sich hin fluchen".

Interessant in diesem Zusammenhang ist, dass sich Unterschiede in der Stressbewältigung auch beim Vergleich von verunfallten und nicht verunfallten Kindern zeigen. In einer Untersuchung von SCHLAG und RICHTER (2002) wird deutlich, dass verunfallte Kinder im Alter von 9 bis 12 Jahren andere Strategien zur Stressbewältigung wählen als nicht verunfallte Kinder. Sowohl die Strategie „Suche nach sozialer Unterstützung" als auch die Strategie „Problemlösendes Handeln" wird häufiger von verunfallten Kindern genannt. Nach SCHLAG

---

[6] Die Fähigkeit einer Person, „subjektives Wohlbefinden aufrechtzuerhalten und auf negative emotionale Zustände, die durch Erleben eigenen Unbehagens oder durch Miterleben des Unbehagens eines anderen ausgelöst werden, so zu reagieren, daß dieser negativ erlebte Zustand in subjektives Wohlbefinden überführt wird", wird von FRIEDLMEIER (1996) als Emotionsregulation bezeichnet.

und RICHTER (2002) weist das Ergebnis darauf hin, dass diese Kinder im Vergleich zur Norm besonders engagiert und kontaktsuchend sind und ihre Probleme eher aktiv handelnd lösen möchten, wobei offen bleibt, ob die Verhaltensweisen als Ursache oder Folge von Unfällen gesehen werden müssen. Bei den beiden Strategien handelt es sich um Techniken, die in der oben angeführten Studie von ESCHENBECK und KOHLMANN (2002) im Grundschulalter häufiger von Mädchen eingesetzt wurden.

Aufschlussreich ist in diesem Kontext nicht nur die Frage, welche geschlechtlichen Unterschiede im Umgang mit Stressoren vorhanden sind, sondern welche Effekte diese unterschiedlichen Strategien haben und ob hier ein Zusammenhang mit dem Unfallverhalten erkennbar ist. Mit dieser Thematik beschäftigten sich KOHLMANN, WEIDNER, DOTZAUER und BURNS (1997), die davon ausgehen, dass ein wichtiger Aspekt des Gesundheitsverhaltens in der Regulation von Stress bzw. den damit verbundenen negativen Emotionen besteht.

Im Zentrum einer Untersuchung von MOHIYEDDINI und KOHLMANN (2002) stand die Frage, ob Geschlechtsunterschiede in der defensiven Emotionsregulation (kognitive vermeidende Bewältigung) die Geschlechtsunterschiede im Gesundheitsverhalten von Grundschulkindern erklären können. Bei den untersuchten Kindern ergaben sich zwar keine generellen Geschlechtsunterschiede in der defensiven Emotionsregulation, Unterschiede im Gesundheitsverhalten scheinen aber durch die Interaktion von Geschlecht und defensiver Emotionsregulation erklärt zu werden. Ein Ergebnis war, dass hoch defensive Jungen häufiger gefährliche Spiele wagten und sich beim Autofahren seltener anschnallen, aber seltener auf Knie und Ellenbogenschoner verzichten. Während die ersten beiden Punkte mit einer Bedrohungsunterschätzung erklärbar sein könnten, führen die Autoren zur häufigeren Nutzung der Knie- und Ellebogenschoner die Überlegung an, dass eine Tendenz zur positiven Selbstdarstellung vorhanden sein könnte.

### 3.2.8 Zusammenfassung

Betrachtet man zusammenfassend die dargestellten Befunde der persönlichkeitspsychologischen Bedingungen des Unfallgeschehens, so bleibt festzustellen, dass Geschlechtsunterschiede insbesondere bei dem Faktor Aggression gegeben sind, der bei Jungen deutlich stärker zu finden ist. Auch einzelne typische Eigenschaften, die in engem Zusammenhang mit Extraversion stehen, wie übersteigertes Neugierverhalten und „laute" Selbstdarstellung in einer Gruppe, finden sich gehäuft bei Jungen, wohingegen Mädchen öfter neurotische Tendenzen aufweisen und sich selbst häufig als ängstlich einschätzen. Die vorhandene Literatur zeigt die Tendenz, dass Jungen risikobereiter und auch selbstsicherer sind als Mädchen. Zudem tendieren Jungen in nicht-kompetitiven Situationen dazu, ein ausgeprägtes Wettbewerbsverhalten zu zeigen. Die Untersuchungen zur Emotionsregulationen weisen darauf hin, dass Mädchen und Jungen unterschiedliche Strategien zur Stressbewältigung einsetzen. Während Mädchen im Grundschulalter in Stresssituationen eher soziale Unterstützung und Problemlösung fokussieren, nutzen Jungen häufiger destruktive emotionsregulierende Aktivitäten. Des weiteren scheinen insbesondere diejenigen Jungen wenig auf ihre Gesundheit zu achten, die zur Regulation ihrer Emotionen kognitiv-vermeidende Bewältigungsmechanismen einsetzen. Insgesamt wird deutlich, dass viele Eigenschaften, die häufiger beim männlichen Geschlecht zu finden sind, auch mit erhöhter Unfallgefahr in Verbindung gebracht werden können.

## 3.3 Verhaltensbezogene Bedingungen des Unfallgeschehens

Bei der Beschreibung der unfallrelevanten psychologischen Bedingungen müssen neben kognitiven und persönlichkeitspsychologischen Faktoren (vgl. Kap. 3.1 und 3.2) auch Faktoren wie Handlungssteuerung und Bewegungsdrang, das Spielverhalten von Jungen und Mädchen und psychologische Entwicklungsauffälligkeiten berücksichtigt werden. Damit beschäftigt sich der folgende Abschnitt, der die angesprochenen Themen im Hinblick auf Verkehrsverhalten von Kindern und geschlechtsbezogene Unterschiede behandelt.

### 3.3.1 Handlungssteuerung und Bewegungsdrang

Bei Kindern bis zum 7. Lebensjahr ist die Fähigkeit, die eigene Motorik zu kontrollieren, begrenzt gegeben (ELLINGHAUS & STEINBRECHER 1996, S. 43). Hinzu kommt ein entwicklungspsychologisch bedingter Bewegungsdrang, dem früher oder später nachgegeben werden muss (LIMBOURG 1995, S. 70). Die mangelnde Kontrollfähigkeit der eigenen Motorik und der auftretende Bewegungsdrang machen eine kontrollierte und somit sichere Teilnahme am Straßenverkehr schwierig. Häufig wird Jungen ein stärkerer Bewegungsdrang zugeschrieben als Mädchen (FUNK & WIEDEMANN 2002, S. 55).

In diesem Zusammenhang ist es sinnvoll, die Fähigkeit zur Unterbrechung einer gerade begonnenen Handlung oder Bewegung (Handlungsunterbrechung) genauer zu betrachten. Dies ist im Straßenverkehr z.B. dann notwendig, wenn ein rennendes Kind an einer Bordsteinkante anhalten soll (LIMBOURG 1995, S. 68f). In einer Untersuchung zur Unterbrechung von Handlungen auf optische und akustische Signale, gelangen GÜNTHER und LIMBOURG (1976, S. 53f) zu dem Ergebnis, dass 4-5-jährige Kinder schlechter zu einer Handlungsunterbrechung in der Lage sind als ältere. Die 8-9-Jährige schnitten in der Untersuchung am besten ab, vor der Gruppe der 6-7-Jährigen. In einem weiteren Experiment der Autoren, in dem das Verhalten vor der Straßenüberquerung und speziell auch das Orientierungsverhalten am Bordstein beobachtet wurde, sollte das Kind zu seiner wartenden Mutter gehen, die sich auf der gegenüberliegenden Straßenseite befand. Hier zeigten sich ähnliche Unterschiede zwischen den Altersgruppen wie im vorher berichteten Versuch. Die Zahl der Kinder, die vor der Straßenüberquerung am Bordstein stehen blieb und auf den Verkehr achtete, erhöhte sich mit dem Alter. Es waren keine bedeutenden Geschlechtsunterschiede zu erkennen. Bezüglich der Handlungssteuerung lassen sich keine eindeutigen Vorteile beim weiblichen oder männlichen Geschlecht belegen.

### 3.3.2 Spielverhalten

Das Spiel dient dem Erlernen von Fähigkeiten und Fertigkeiten, die lebensnotwendig sind und in anderen Situationen sinnvoll eingesetzt werden können. Problematisch wird die Spieltätigkeit, wenn das Kind allein darauf konzentriert ist und die Umgebung, z.B. den Straßenverkehr, nicht mehr wahrnimmt (SCHERER 1994).

Nach CULP und HESS (2001, S. 50f) weisen Alltagsbeobachtungen darauf hin, dass Jungen eindeutig andere Spielzeuge bevorzugen als Mädchen. Während Jungen sich auch in der heutigen Zeit noch stärker für Autos, Technik-Baukästen und Spielzeugwaffen interessieren, ist das Spiel mit Puppen „Mädchensache". Ein solcher Unterschied zeigt sich nach CULP und HESS (2001, S. 50f) ferner in der Bevorzugung des Zeichnens und Malens von Mädchen, wohingegen Jungen lieber Basteln. Für die Teilnahme an sportlichen Aktivitäten gilt, dass Mädchen und Jungen vergleichbar aktiv sind, wenn auch unterschiedliche Sportarten bevorzugt werden. Geschlechtsunterschiede zeigen sich nach BISKUP und PFISTER (1999) mit zunehmendem Alter der Kinder deutlich in der Mitgliedschaft in Sportvereinen (vgl. auch GOGOLL, KURZ & MENZE-SONNECK, 2003). Demnach vergrößert sich der Unterschied von Jungen und Mädchen ab dem 6. Lebensjahr. Ab dem 12. bzw. 13. Lebensjahr wird diese Differenz besonders deutlich (vgl. Kap. 4.2).

Die Spielinteressen von Kindern und Jugendlichen sind auch für die Verkehrsteilnahme wichtig. Auf der einen Seite merkt LIMBOURG (1995, S. 71f) an, dass die Kinder im Vorschulalter häufig in ihrer Phantasie-Welt spielen und daher vom Straßenverkehr abgelenkt sind, was sicherem Verkehrsverhalten entgegenwirkt. Auf der anderen Seite sind die älteren Kinder gefährdet. Dies weniger, weil sie ihre Aufmerksamkeit nicht auf die Realität des Straßenverkehrs lenken könnten, sondern vielmehr deswegen, weil sie sich aufgrund ihrer sozialen Orientierung mit zunehmendem Alter einfach häufiger im Straßenverkehr aufhalten, was nach LIMBOURG (1995, S. 74) besonders für Jungen gilt, die Spiele wie Radfahren oder Fußball bevorzugen (vgl. Kap. 1.3).

Es lässt sich zusammenfassend feststellen, dass das Spielverhalten von Jungen und Mädchen deutlich mit der Unfallhäufigkeit in Verbindung steht. Während sich Kinder generell leicht durch ihr Spiel vom Straßenverkehr ablenken lassen, sind insbesondere die Jungen mit zunehmendem Alter stärker gefährdet, weil sie sich häufiger im Bereich des Straßenverkehrs aufhalten. Besonders der häufigere Aufenthalt in der Gefahrenzone muss unter sozialisationstheoretischen Bedingungen betrachtet werden, was im nächsten Kapitel des vorliegenden Berichts erfolgen wird.

### 3.3.3 Psychologische Entwicklungsauffälligkeiten

Psychische Auffälligkeiten im Verlauf der Entwicklung können sich auf unterschiedliche Lebensbereiche auswirken und somit auch das Verhalten im Verkehr beeinflussen. Häufig findet man Kinder mit Bewegungs-, Wahrnehmungs- und Verhaltensauffälligkeiten in psychomotorischen Fördervereinen. Betrachtet man den Anteil von Jungen und Mädchen in diesen Fördergruppen, wird deutlich, dass Jungen überrepräsentiert sind. In einer Studie von NEUWIRTH (1996) waren 71% der Kinder und Jugendlichen männlich und 29% weiblich. Nach NEUWIRTH (1996) ist das Zusammenwirken verschiedener medizinischer und psychosozialer Risikofaktoren ursächlich für die pathologische Wirkung.

Ein typisches Krankheitsbild, bei dem die Geschlechtsunterschiede besonders stark ausgeprägt sind, ist das „Hyperkinetische Syndrom" (MÖLLER, LAUX, DEISTER 1996, S. 411; SIKICH & TODD 1988). Ein Kind wird als hyperkinetisch bezeichnet, wenn es „eine für sein Alter inadäquate Aufmerksamkeit, eine erhöhte Impulsivität und einen Überschuss an kaum steuerbarer und zielgerichteter motorischer Aktivität sowie emotional und sozial störende Verhaltensweisen aufweist (...)" (MÖLLER et al. 1996, S. 411). Während bei den betroffenen Kindern die Hypermotorik dominiert, wird das Bild im Jugendalter eher von Impulsivität, Eigensinn und geringer Frustrationstoleranz beherrscht. Jungen sind dreimal häufiger betroffen als Mädchen. In der Untersuchung von RIEDER-UYSAL (1990) ließen sich keine Hinweise dafür finden, dass die geringere Anzahl der betroffenen Mädchen einen ausgeprägteren Schweregrad als Jungen aufweisen.

Die oben aufgeführten Symptome des Hyperkinetischen Syndroms stehen einem sicheren Verkehrsverhalten entgegen. LIMBOURG (1995, S. 75) führt einige Studien an, die belegen, dass „Kinder mit einem starken Bewegungsdrang, die motorisch sehr aktiv sind, bis hin zu den hyperaktiven MCD-Kindern, im Straßenverkehr und in anderen Bereichen stärker unfallgefährdet sind als nicht hyperaktive Kinder" (S. 76).

Dies entspricht der Aussage von HOLTE (2004), wonach die bisherigen Forschungsergebnisse für ein deutlich erhöhtes Unfallrisiko der ADHS-Patienten sprechen. Dieser Zusammenhang muss auch in der Verkehrserziehung besonders berücksichtigt werden.

### 3.3.4 Zusammenfassung

Bei der Betrachtung der verhaltensbezogenen Bedingungen fällt auf, dass Jungen häufig ein stärkerer Bewegungsdrang zugeschrieben wird. Auch das Spielverhalten von Jungen unterscheidet sich insofern von dem der Mädchen, als dass Jungen andere Spiele spielen und sich verstärkt im Gefahrenbereich des Straßenverkehrs aufhalten. Im Zusammenhang mit der erhöhten Unfallhäufigkeit der Jungen ist im Hinblick auf die Entwicklung von Interventionsmaßnahmen aber vor allem die Tatsache zu berücksichtigen, dass Jungen häufiger aufgrund von Bewegungs-, Wahrnehmungs- und Verhaltensauffälligkeiten in psychomotorischen Fördergruppen anzutreffen sind als Mädchen. Insbesondere das Krankheitsbild der Hyperaktivität, was oft im Zusammenhang mit erhöhter Unfallneigung genannt wird, findet man deutlich öfter bei Jungen.

## 4 Sozialisationsbedingungen des geschlechtsbezogenen Unfallgeschehens

Eine zentrale Hintergrundfolie zur Entschlüsselung sozialer Faktoren für das in Kapitel 1 beschriebene geschlechtstypische Unfallverhalten bietet die sozialkonstruktivistische Geschlechtertheorie, deren Ansatzpunkt die interaktive Herstellung von Geschlecht ist. Dieser theoretische Hintergrund wird im Folgenden skizziert und anschließend beleuchtet, wie sich die Sozialisation von Kindern und Jugendlichen darstellt, wie sich Jungen und Mädchen mit ihrem und dem jeweils anderen Geschlecht auseinandersetzen, wie sie Männlichkeit und Weiblichkeit selber herstellen und welche Relevanz das Geschlecht aus soziologischer Sicht für ein unterschiedliches Verkehrsunfallrisiko von Jungen und Mädchen haben kann.

### 4.1 Konstruktion von Geschlecht

Die Theorieperspektive der sozialen Konstruktion von Geschlecht versteht Geschlecht nicht als ein individuelles Merkmal, das jede Person von Geburt an besitzt, sondern macht deutlich, dass Geschlecht in der Interaktion hergestellt wird (vgl. WEST & ZIMMERMANN 1991). Durch dieses *doing gender*[7] wird "- meist unbewusst und selbstverständlich, daher um so wirksamer - eine Ordnung der Geschlechtszugehörigkeit" hergestellt (HAGEMANN-WHITE 1995, S. 183). Dies geschieht im Zusammenspiel der Interaktionspartner und -partnerinnen im Kontext von sozialen, kulturell geprägten Strukturen: einerseits stellt das Individuum seine Geschlechtszugehörigkeit dar, andererseits wird dieses Handeln vom Gegenüber als typisch männlich oder weiblich entschlüsselt und validiert (vgl. WEST & ZIMMERMANN 1991).

Zu den sozialen Strukturen in der Gesellschaft zählen Geschlechterstereotype – "strukturierte Sätze von Annahmen über die personalen Eigenschaften von Frauen und Männern" (ALFERMANN 1996, S. 10) –, die im Alltagswissen von Personen verankert sind. Verschiedene kulturübergreifende Studien haben gezeigt, dass sich Männlichkeitsstereotype und Weiblichkeitsstereotype dichotom gegenüber stehen und Männlichkeitsstereotype häufig ausdifferenzierter und positiver konnotiert sind. Sie kreisen um die Aspekte Stärke, Aktivität, Leis-

---

[7] *Gender* bezeichnet das soziale Geschlecht im Unterschied zum Begriff *sex*, der das biologische Geschlecht benennt (vgl. WEST & ZIMMERMANN 1991, S. 13).

tungsstreben und Dominanz, wohingegen Weiblichkeit durch Soziabilität, Passivität, praktische Intelligenz und Emotionalität gekennzeichnet ist (vgl. ebd.; ALFERMANN 1996, S. 14). In den Geschlechterstereotypen verdichten sich die sozial geteilten Annahmen darüber, wie Frauen und Männer ‚sind'. Als Geschlechterrollen haben sie darüber hinaus eine präskriptive Komponente, in denen zum Ausdruck kommt, welche Fähigkeiten, Persönlichkeitseigenschaften und Verhaltensweisen Mädchen und Frauen, Jungen und Männer haben ‚sollten'.

Das Wissen über Geschlechterstereotype wird schon im Kindesalter erworben. Im Alter von sechs Monaten können Kleinkinder zwischen männlichen und weiblichen Stimmen unterscheiden und im Alter von ca. 12 Monaten sind sie in der Lage, das Geschlecht anderer Personen eindeutig wahrzunehmen. Damit "ist schon bei Einjährigen die Grundlage für die Ausbildung von Stereotypen und für Prozesse der Stereotypisierung gegeben" (ECKES 2004, S. 168). Studien mit Kindern zeigen, dass sich bei ihnen bis zum Eintritt in die Grundschule bereits (rigide) Formen der Geschlechter-Stereotypisierung ausgebildet haben, die mittelbar auch verhaltenswirksam werden.

## 4.2 Sozialisation im Kindes- und Jugendalter unter geschlechtsbezogener Perspektive

Sozialisation ist ein lebenslanger Prozess, aber er betrifft Kinder und Jugendliche im besonderen Maße, da in diesen Lebensphasen der Entwicklungsprozess am intensivsten ist. Heranwachsende werden vor die Aufgabe gestellt, auf der einen Seite eine individuelle Persönlichkeit zu entwickeln und sich auf der anderen Seite in die Gesellschaft zu integrieren. Diese Prozesse der Individuation und Integration sind nicht als einseitige Anpassungsprozesse zu verstehen, sondern als produktive Aneignungs- und Auseinandersetzungsprozesse mit der Umwelt (vgl. HURRELMANN 2002, S. 15; NISSEN 1998, 20). Dabei entwickelt sich die Persönlichkeit in wechselseitiger Abhängigkeit von der inneren und äußeren Realität eines Subjekts. Zur inneren Realität zählen Aspekte wie die genetische Disposition, die Körperkonstitution, die Intelligenz, das psychische Temperament und die Grundstrukturen der Persönlichkeit, während die äußere Realität Aspekte wie Familie, Freundesgruppe, Bildungseinrichtungen, Massenmedien und Wohnbedingungen enthält. Die produktive Realitätsverarbeitung gestaltet sich für jeden Menschen individuell und einmalig (vgl. HURRELMANN 2002, S. 26f).

Der Prozess der Persönlichkeitsentwicklung beinhaltet auch die Auseinandersetzung mit der eigenen Geschlechtlichkeit und den Aufbau eines Geschlechtskonzepts, das als Teil des Selbstkonzepts jene Aspekte umfasst, "die sich auf die Wahrnehmung und Definition von sich selbst als *geschlechtlicher Person* beziehen, also sowohl die Selbstkategorisierung als weiblich und männlich als auch die – graduell durchaus unterschiedliche – Selbstzuschreibung geschlechtstypischer Merkmale" (KOLIP 1997, S. 123, Herv. i. O.). Schon Kinder entwickeln ein Geschlechtskonzept und lassen sich dieses in der Interaktion bestätigen bzw. bauen das Konzept aus. Ein entscheidender Bestandteil der Konstruktion von Geschlechtlichkeit ist die reale oder antizipierte Rückmeldung der sozialen Umwelt (vgl. ebd.). Kinder und Jugendliche setzen sich mit Vorstellungen der Gesellschaft über angemessenes weibliches und männliches Verhalten auseinander und verarbeiten diese für ihr Geschlechtskonzept.

Ein entscheidender Grund für die Entwicklung differenter Geschlechtskonzepte bei Mädchen und Jungen ist darin zu sehen, dass an Mädchen und Jungen unterschiedliche Erwartungen herangetragen werden, wie sie sich zu verhalten haben, was sie zu tun und zu lassen haben. So wird bei Jungen z.B. eher extrovertiertes Verhalten erwartet und aggressives Handeln geduldet, während bei Mädchen eher introvertiertes und zurückhaltendes Verhalten als normal angesehen wird (vgl. BILDEN 1991, S. 281f; RENDTORFF 1993, S. 72). Deutlich werden die geschlechtsbezogenen Erwartungen auch durch für Jungen und Mädchen unterschiedlich akzentuierte Erziehungsziele sowie durch unterschiedliches Spielzeug, das Mädchen und Jungen gegeben wird. Für Jungen werden stärker das Technikverständnis, handwerkliches Können, Computerkenntnisse und Ehrgeiz in der Erziehung betont (vgl. FAULSTICH-WIELAND & HORSTKEMPER 1998, S. 222) und bei ihrem Spielzeug handelt es sich zumeist um Aktionsspielzeug, Video und Fahrzeuge (vgl. MÜLLER-HEISRATH & KRÜCKMANN-METSCHIES 1998, S. 51). Mädchen sollen dagegen Haushaltsführung, Handarbeiten und Zärtlichkeit lernen (vgl. FAULSTICH-WIELAND & HORSTKEMPER 1998, S. 222) und erhalten Spielzeug, das mit Plüsch und Puppen umschrieben werden kann (vgl. FAULSTICH-WIELAND & HORSTKEMPER 1998, S. 222).

Bis zu einem Alter von ca. 6 Jahren haben sich Kinder das Symbolsystem der Zweigeschlechtlichkeit angeeignet. Das bedeutet, sie wissen, dass sie ein Mädchen oder Junge sind, dass dies auch für alle anderen Menschen gilt und dass diese Fakten unveränderlich sind. Zudem haben sie bis dahin gelernt, Menschen anhand ihres Verhaltens, Aussehens und Auftretens in eine der beiden Kategorien männlich und weiblich einzuordnen. Bis zum Alter von 6 Jahren nehmen Kinder eine sehr rigide Geschlechterstereotypisierung vor. Verhaltensweisen werden zum Teil exklusiv Frauen oder Männern zugeordnet. Danach gehen Kinder zunehmend flexibel mit den Stereotypisierungen um (vgl. ECKES 2004). An diesen kognitiven Schemata orientieren Kinder sich auch hinsichtlich ihres eigenen Verhaltens. Auffällig ist dabei, dass sich Jungen im Grundschulalter – aber auch später im Jugendalter – stärker an Männlichkeitsstereotypen orientieren als Mädchen an Weiblichkeitsstereotypen. Für Mädchen scheint es leichter zu sein, typisch männliche Verhaltensweisen zu zeigen, als für Jungen typisch weibliche (vgl. KOLIP 1997, S. 58f).

Im Rahmen der geschlechtsbezogenen Sozialisation spielt gerade im Jugendalter der Körper eine besondere Rolle. In der Pubertät setzen sich Jugendliche verstärkt mit ihrem Körper auseinander, da er sich verändert und sich deutlicher als vorher die Geschlechtstypik des Körpers zeigt. Die jugendlichen Mädchen und Jungen probieren verschiedene soziale Praktiken aus, um ihre Geschlechtlichkeit zu inszenieren und nutzen dabei ihren Körper als Darstellungsmedium. Das bedeutet nicht nur, dass der Körper auf bestimmte Art und Weise gestaltet und präsentiert wird, sondern beinhaltet ebenso soziale Praktiken, bei denen der Körper eingesetzt wird, um das eigene Geschlecht deutlich zu machen. Hierzu zählen beispielsweise Sport- und Freizeitaktivitäten, aber auch Risikoverhaltensweisen wie Alkohol- und Drogenkonsum, riskantes Verkehrsverhalten oder gemeinsames S-Bahn-Surfen. "Im Tun wird Weiblichkeit oder Männlichkeit konstruiert" (KOLIP 1997, S. 76).

Schon im Kindesalter wird der eigene Körper zur Darstellung der eigenen Geschlechtlichkeit genutzt. BISKUP und PFISTER (1999, S. 13f) konnten zeigen, dass der Körper und seine Leistungsfähigkeit bei Kindern der dritten bis sechsten Jahrgangsstufe für die Konstruktion von Männlichkeit und Weiblichkeit eine zentrale Rolle spielt. Während sich Jungen insbesondere über Sport, Bewegung, Mut und Stärke definieren und Mädchen im Gegenzug Sportlichkeit absprechen, stellen Mädchen für sich ästhetische Sportarten sowie die Wichtigkeit ihres Aussehens heraus und bemängeln bei den Jungen aggressive Körperlichkeit.

Die Selbstkonzeptforschung zeigt, dass sich die Geschlechterunterschiede hinsichtlich der körperbezogenen Einstellungen im Jugendalter fortsetzen. "Bei männlichen Jugendlichen sind vor allem körperliche Fitness und sportliche Kompetenz mit einem positiven Selbstbild verbunden, während bei den weiblichen Jugendlichen in erster Linie körperliche Attraktivität die positive Selbstbewertung bestimmt" (BRETTSCHNEIDER 2003, S. 232). Jedoch zeigen neuere Studien geschlechtsnivellierende Tendenzen hinsichtlich des Körperkonzepts. Die Entwicklung des Körperbildes bei Jugendlichen ist zwar geschlechtsabhängig, aber für beide Geschlechter kann eine gestiegene Bedeutung der Figurzufriedenheit für eine positive Selbstsicht festgestellt werden. Zurückgeführt wird dies auf gesellschaftlich bedingte Veränderungen des Körperideals. Idealvorstellungen vom Körper betonen mittlerweile verstärkt Aspekte der Stilisierung und Modellierung des Körpers und die Vorstellung vom sportlich-leistungsstarken Körper verliert an Bedeutung. Dies betrifft männliche und weibliche Jugendliche gleichermaßen und es wird davon ausgegangen, dass nur noch von einem geschlechtsakzentuierten Körperbild ausgegangen werden kann und nicht mehr von einem geschlechtstypischen Körperbild (vgl. ebd. S. 227).

### 4.2.1 Geschlechtsbezogene Aneignung von Raum

Ein spezifischer Bereich der geschlechtsbezogenen Sozialisation ist die Aneignung von Raum, wobei mit Raum nicht nur der geographische, physisch-materielle Raum gemeint ist, sondern ebenso der individuelle Raum, der soziale Raum und die Bewegung des Körpers im Raum (vgl. NISSEN 1998, S. 155). Für die vorliegende Arbeit wird jedoch nur die Aneignung des geographischen, physisch-materiellen Raums sowie die Bewegung des Körpers im Raum unter der Geschlechterperspektive beleuchtet, da hiermit mögliche Erklärungen für das geschlechtsbezogene Unfallverhalten von Kindern und Jugendlichen gefunden werden können.

Die Aneignung von Raum ist ein Teilbereich der Sozialisation und für die Identitätsentwicklung von Kindern von hoher Bedeutung. Schon im "Krabbelalter" erkunden Kinder ihre Umwelt und mit zunehmendem Alter erobern sie sich immer mehr Räume, in denen sie mit der Zeit selbständig mit Gleichaltrigen interagieren und soziale Handlungskompetenzen erwerben (vgl. ebd., S. 155f). Für die Entwicklung der Kinder ist es wichtig, dass sie 'Spielräume' haben, denn in diesen und durch diese eignen sie sich die Umwelt an (vgl. DIET-

RICH 1992, S. 17). Diese Aneignung gestaltet sich bei Jungen und Mädchen unterschiedlich. Von Anfang an werden Jungen und Mädchen unterschiedlich im Hinblick auf ihr Bewegungsverhalten gefördert und ihre motorischen Leistungen eingeschätzt. Jungen werden motorisch intensiver gefördert und zu raumgreifenden und explorativen Aktivitäten angeregt. Entsprechend entwickeln sie eher distale Verhaltensweisen. Von Mädchen werden dagegen eher proximale Verhaltenspraktiken erwartet, dafür werden sie im sprachlichen Bereich stärker gefördert (vgl. BAUR 1989, S. 202; BILDEN 1991, S. 284). Jungen können ihre Männlichkeit also durch das Erobern und Aneignen weitläufiger Räume konstruieren, sie haben mehr Möglichkeiten, sich mit den räumlichen Gegebenheiten ihrer Umwelt auseinander zu setzen. Dazu kommt die verstärkte Sorge der Eltern um die Unversehrtheit ihrer Töchter und, dass Mädchen über weniger freie Zeit verfügen als Jungen, da sie häufiger als Jungen im Haushalt helfen müssen (vgl. SCHÖN 1999, S. 63f; TILLMANN 1992, S. 44f; NOLTEERNSTING 1998, S. 67; MÜLLER-HEISRATH & KÜCKMANN-METSCHIES 1998, S. 61). So verwundert es nicht, dass Jungen sich in den meisten Außenräumen häufiger aufhalten als Mädchen (vgl. Kap. 1.3).

Neben der unterschiedlichen Aufenthaltszeit in Außenräumen wurde in Kapitel 1.4 festgehalten, dass Jungen und Mädchen auf unterschiedliche Art und Weise auf den Straßen unterwegs sind. Jungen nutzen häufiger ein Fahrrad und später motorisierte Zweiräder als Mädchen, während diese häufiger zu Fuß unterwegs sind. Jedoch entspricht die Unfallrate mit den verschiedenen Verkehrsmitteln nicht der Nutzungsrate (vgl. Kap. 1.6). Das lässt vermuten, dass Jungen und Mädchen die Verkehrsmittel auf eine unterschiedliche Art und Weise nutzen, die zur höheren Unfallrate bei den Jungen führt. Bezogen auf das Fahrradfahren gibt es die Erkenntnis, dass Jungen das Fahrrad im Gegensatz zu Mädchen nicht nur als Fortbewegungsmittel sehen, sondern auch als Sportgerät (vgl. NISSEN 1998, S. 187). Es ist bislang nicht erforscht, ob dies dazu beiträgt, dass Jungen sich mit ihrem Fahrrad auf der Straße dann anders und zwar unfallgefährdender verhalten als Mädchen. Ebenso fehlen Studien zum Verhalten von Mädchen und Jungen als Fußgänger/innen und der Zusammenhang zur Unfallrate.

### 4.2.2 Risikopraktiken und Geschlecht

In Kapitel 2.5 wurde aufgezeigt, dass mehr männliche als weibliche Jugendliche im Straßenverkehr riskante Verhaltensweisen zeigen wie z.B. Fahren ohne Führerschein oder unter Alkoholeinfluss. Außerdem sind mehr alkoholisierte männliche als weibliche Jugendliche an Unfällen beteiligt (vgl. Kap. 1.5). Hier stellt sich zum einen die Frage nach möglichen Erklärungsansätzen für diese Geschlechtsunterschiede, zum anderen, ob Geschlechtsunterschiede bezogen auf riskantes Verhalten ein typisches Jugendphänomen sind oder schon in der Kindheit auftreten und ein Grund für die höhere Unfallrate von Jungen sein können.

Risikopraktiken können in mehrere Bereiche aufgeteilt werden. Unterschieden werden auf der einen Seite alltägliche Risikoverhaltensweisen wie Alkohol- und Drogenkonsum, auf der anderen Seite explizit risikokonnotative Aktivitäten, die in waghalsige Aktivitäten (z.B. riskante Mutproben wie S-Bahn-Surfen, Strommastklettern) und Risk-Fashion Aktivitäten (Erlebnis-/Risikosportarten wie Fallschirmspringen, Bungeejumping) differenziert werden (vgl. RAITHEL 2001a, S. 237f). Während Kinder und Jugendliche mit den alltäglichen Risikoverhaltensweisen keine unmittelbaren gesundheitsschädlichen Folgen verbinden, haben die explizit risikokonnotativen Aktivitäten ein direkt erkennbares und zum Teil erhebliches Gefährdungspotenzial für das eigene Leben oder die eigene Gesundheit.

Das Risikoverhalten von Kindern wird bislang kaum in den Blick genommen, so dass hierzu kaum Aussagen gemacht werden können. Dagegen ist das Risikoverhalten von Jugendlichen häufig Thema von Erörterungen. Dabei wird zumeist verallgemeinernd von 'den' Jugendlichen gesprochen, obwohl in vielen Fällen die männlichen Jugendlichen gemeint sind (vgl. HELFFERICH 2001, S. 331; LEMPERT 1996, S. 17). Entsprechend steht im Folgenden das Risikoverhalten von Jugendlichen im Mittelpunkt, wobei Gemeinsamkeiten und Unterschiede zwischen den Geschlechtern und auch Daten über Kinder, soweit sie vorhanden sind, dargestellt werden.

*Alltägliche Risikoverhaltensweisen: Alkohol- und Drogenkonsum*

Verschiedene Studien zeigen, dass ein Großteil der Jugendlichen Alkohol schon einmal probiert hat oder regelmäßig trinkt, und zwar Jungen und Mädchen gleichermaßen. Jedoch konsumieren Jungen mehr Alkohol als Mädchen - insbesondere Bier - und dies über alle Altersstufen hinweg.[8] Ent-

---

[8] So steigt beispielsweise der wöchentliche Konsum von Bier bei den Jungen von 10% bei den 14-Jährigen auf 34% bei den 16-Jährigen an, während bei den Mädchen dies nur 6% bei den 14-Jährigen und 16% bei den 16-Jährigen sind (vgl. KOLIP 1997, S. 179).

sprechend berichten unabhängig vom Alter mehr Jungen als Mädchen davon, Rauscherlebnisse gehabt zu haben (vgl. BZgA 2001, S. 9f; MFJFG NRW 2002, S. 71f; KOLIP 1997, S. 176f). Illegale Drogen werden von deutlich weniger Jugendlichen zu sich genommen, etwa ein Viertel der 12-25-Jährigen gibt an, Erfahrungen mit Drogen zu haben, und zwar überwiegend mit Cannabis. Dabei zeigt sich wiederum eine Geschlechterdifferenz: in allen Altersgruppen haben etwas mehr Jungen als Mädchen Erfahrungen mit Cannabis. Bei den anderen illegalen Drogen zeigt sich kein Geschlechterunterschied (vgl. BZgA 2001, S. 46f; MFJFG NRW 2002, S. 73f; KOLIP 1997, S. 182f).

*Explizit risikokonnotative Aktivitäten: waghalsige Aktivitäten*

Waghalsige Aktivitäten wie zum Beispiel Mutproben mit Gefahr für die eigene Gesundheit oder das eigene Leben, die Kinder und Jugendliche durchführen, sind bislang nur selten untersucht worden. Aktuelle Studien stellen fest, dass - je nach Fragestellung - ein Viertel bis ein Drittel der befragten Kinder und Jugendlichen angab, schon einmal eine Mutprobe gemacht zu haben (vgl. LIMBOURG, RAITHEL, NIEBAUM & MAIFELD 2003, S. 81f). Die meisten Mutproben werden im Alter von 10 bis 14 Jahren gemacht, wobei Jungen hier deutlich die Mehrheit stellen. Nicht bei allen Mutproben ist eine Gefahr für die eigene Gesundheit gegeben, aber 49% der Kinder und Jugendlichen geben an, dass die Mutproben mit Angst vor Verletzung und Schmerz verbunden sind, wobei wiederum ein größerer Jungenanteil vorliegt. Mehr Mädchen als Jungen führen hingegen Mutproben mit sozialen Ängsten, mit Scham oder Ekel sowie mit Angst vor Sanktionierung durch (vgl. ebd., S. 84). Es zeigt sich außerdem, dass sich mehr Jungen als Mädchen vorstellen können, waghalsige Aktivitäten auszuführen. So stellt RAITHEL (2001a, S. 238) heraus, dass 4 bis 10,5% der von ihm befragten männlichen Jugendlichen nicht abgeneigt sind, waghalsige Aktivitäten, die mit einem hohen gesundheitlichen Risiko verbunden sind, durchzuführen.[9] Bei den weiblichen Jugendlichen ist dies lediglich ein Anteil von 0 bis 3,6%.

*Explizit risikokonnotative Aktivitäten: Risk-Fashion Aktivitäten*

Risk-Fashion Aktivitäten wie Erlebnis- und Risikosportarten werden zwar nur von wenigen Jugendlichen ausgeübt, aber die Bereitschaft oder der Wunsch, sie zu betreiben, ist deutlich höher als bei den waghalsigen Aktivitäten. Die meisten dieser Sportarten wie Fallschirmspringen, Drachenfliegen, Free Climbing etc. werden von maximal 3% der 14-17-Jährigen ausgeübt, Bungeejumping und River Rafting erreichen einen Anteil von 5% und Mountainbiking sogar 12 - 20% (vgl. OPASCHOWSKI 2000, S. 140f; GENERATION BRAVO 2000).[10] Die Bereitschaft, eine solche Sportart auszuüben, geben allerdings deutlich mehr Jugendliche an. Bei einigen Sportarten zeigen sich deutliche Geschlechterunterschiede - so wollen beispielsweise 62,1% der Jungen und nur 38,8% der Mädchen gerne Fallschirmspringen -, bei anderen sind systematische Unterschiede zwischen den Geschlechtern nicht zu erkennen wie beim Bungeejumping (m: 48,9%, w: 39,3%) (vgl. RAITHEL 2001a, S. 239). Aber auch, wenn Jungen und Mädchen die gleiche Risikosportart ausüben, heißt das nicht, dass sie wirklich das Gleiche tun. Studien zu erwachsenen Frauen und Männern, die den selben Risikosport wie zum Beispiel Klettern betreiben, zeigen, dass sie sich bei den Motiven und der konkreten Ausübung unterscheiden. Männer legen mehr Wert auf den Wunsch nach 'Abenteuer und Nervenkitzel' und darauf, auch mal 'schlecht abgesicherte Routen' zu klettern. Zudem klettern mehr Männer im Vorstieg bis zur Sturzgrenze oder auch mal ohne Sicherung (vgl. ROSE 1993, S. 71). Ähnliche Tendenzen sind beim Verhalten von Kindern auf dem Spielplatz zu erkennen. Zwar wird der Spielplatz gleichermaßen von Jungen und Mädchen frequentiert, aber sie nutzen die gebotenen Spielmöglichkeiten unterschiedlich. Schon hier zeigt sich, dass mehr Jungen als Mädchen die Spielgeräte nutzen, die Mut erfordern, wie z.B. Geräte zum Klettern und Hangeln, Mattensprunganlagen, und sportliche Spiele ausüben, in denen der Wettkampfgedanke eine Rolle spielt wie z.B. Fußball, Basketball oder Tischtennis (vgl. NISSEN 1998, S. 183).

*Risikoverhalten als Ausdruck von Männlichkeit?*

Aus den dargestellten Fakten lässt sich erkennen, dass sich das Risikoverhalten von Jungen und Mädchen unterscheidet. Mehr Jungen als Mädchen zeigen riskante Verhaltensweisen. Hier stellt sich die Frage, wieso das so ist. Hinweise kann die oben dargestellte Theorie zur Konstruktion von Geschlecht geben. Kinder und Jugendliche nutzen Risikopraktiken u.a. als Möglichkeit, verschiedene Formen der Geschlechtlichkeit herzustellen und

---

[9] Folgende Aktivitäten waren angegeben: 'mit geschlossenen Augen über eine stark befahrene Straßenkreuzung gehen', 'von einem Lastwagen abspringen, der mit ca. 50km/h fährt', 'Strommastklettern', 'an einer hohen Brücke klettern', 'S-/U-Bahn-surfen' (vgl. RAITHEL 2001, S. 238).

[10] Geschlechterdifferenzierte Zahlen zur Ausübung von Risikosportarten im Jugendalter existieren nicht.

auszuprobieren. Die Praktiken haben dabei vor allem eine soziale Funktion und einen Signalcharakter, d.h. zunächst einmal führen Jugendliche bestimmte Praktiken in erster Linie für andere aus und nicht für sich selbst (vgl. HELFFERICH 2001, S. 338). Dabei orientieren sie sich an Erwartungen, die an sie herangetragen werden und an Geschlechterstereotypen, die ihnen Hinweise auf das 'richtige' Verhalten bezogen auf ihr eigenes Geschlecht geben. Entsprechend probieren Jungen Praktiken aus, die mit Stärke, Aktivität, Leistungsstreben und Dominanz zu tun haben, so wie es ihnen durch die vorhandenen Männlichkeitsstereotype nahe gelegt wird (vgl. Kap. 4.1). Diese Aspekte treffen auf die dargestellten Risikoverhaltensweisen zu. So können Jungen durch Mutproben, die eine Gefährdung ihrer Gesundheit beinhalten, ihre eigene Stärke und Dominanz beweisen und ihre Männlichkeit unter Beweis stellen. Ebenso dient männlichen Jugendlichen exzessiver Alkoholkonsum zur Herstellung von Männlichkeit in der peer group.

Mittlerweile gibt es Studien, die nicht nur das biologische Geschlecht, sondern auch die jeweilige Geschlechtsrollenorientierung der Befragten berücksichtigen. Erfasst wird dabei, inwieweit sich Personen geschlechtstypische oder geschlechtsuntypische Merkmale selbst zuschreiben. So wird versucht, die Vielfalt geschlechtsbezogener Positionierungen (von ‚sehr männlich' bis ‚sehr weiblich') empirisch einzufangen. RAITHEL (2003) konnte zeigen, dass die oben dargestellten nach außen orientierten risikobezogenen Verhaltensweisen mit einer männlichen Geschlechtsrollenorientierung in positiver Beziehung und mit einer weiblichen Geschlechtsrollenorientierung in negativer Beziehung stehen. Das biologische Geschlecht hat dabei einen deutlich geringeren Einfluss auf die sozialen Praktiken als die Geschlechtsrollenorientierung. Risikopraktiken werden insbesondere von maskulinen Jungen zur Herstellung von Männlichkeit genutzt und auch maskuline Mädchen zeigen sich risikoaffin. Feminine Mädchen sind hingegen risikovermeidend und auch feminine Jungen sind deutlich weniger risikoaffin als die maskulinen Jungen (vgl. RAITHEL 2003). Von Mädchen gezeigte riskante Verhaltensweisen können "als Präsentation einer 'männlichen Weiblichkeit' den Wunsch symbolisieren, ebenfalls an der hegemonialen Männlichkeit (als anerkannter 'Kumpel') zu partizipieren [...] oder auch eine Verwirrung zwischen männlich und weiblich zu inszenieren" (HELFFERICH 2001, S. 340; s.a. KEHLENBECK 1997, S. 18).

Männliche Jugendliche nutzen Risikopraktiken, um ihre Männlichkeit darzustellen und auszuprobieren. In der Kindheit scheint Risikoverhalten ebenso ein Jungenphänomen zu sein, allerdings existieren hierzu nicht genügend Studien, um es zu belegen. Die Daten zu den Mutproben von Jungen und Mädchen deuten an, dass auch im Kindesalter Jungen sich riskanter verhalten als Mädchen. Berücksichtigt man zudem, dass dem Handeln von Kindern im Vorschulalter recht rigide Geschlechtsrollenorientierungen zugrunde liegen und Jungen auch später die Geschlechtergrenzen bei ihren sozialen Praktiken kaum überschreiten (vgl. Kap. 4.2), kann man vermuten, dass Risikopraktiken schon im Kindesalter eher von Jungen ausgeübt werden, da sie männlich konnotiert sind.

## 4.3 Zusammenfassung

Im Rahmen der komplexen und potentiell unfallrelevanten Wirkungszusammenhänge zwischen Person und Umwelt rückt dieses Kapitel die soziale Komponente der Geschlechterverhältnisse in den Mittelpunkt. Geschlecht wird hier als Handlungspraxis ins Blickfeld genommen, als eine Konfiguration von Praktiken, die in der Struktur der Zweigeschlechtlichkeit als zentraler sozialer Ordnung angesiedelt ist. Vor diesem Hintergrund erscheinen eine Vielzahl von Risikopraktiken – z.B. Auto-/Motorradfahren ohne Führerschein, überhöhte Geschwindigkeit, Verkehrsteilnahme trotz erhöhtem Alkoholkonsum – als *geschlechtssymbolisierende* Praktiken. Sie richten sich auf das eigene und an das andere Geschlecht und sind vor allem in der Adoleszenz von hoher identitätsstiftender Bedeutung.

Mädchen und Jungen und männliche und weibliche Jugendliche orientieren sich bewusst und unbewusst an Geschlechterstereotypen und den entsprechenden Geschlechterrollen. Während es für Mädchen und weibliche Jugendliche eher möglich ist, die Geschlechtergrenzen zu überschreiten – da eine Vielzahl von Männlichkeitsstereotypen positiver konnotiert sind –, ist dies umgekehrt für Jungen und männliche Jugendliche ein für ihre Identität eher prekäres Unterfangen. Sie konstruieren Männlichkeit insbesondere in der peer group und nutzen dazu soziale Praktiken, die männlich konnotiert sind, wie zum Beispiel exzessiven Alkoholkonsum oder Risikopraktiken. Hiermit kann Stärke, Dominanz und damit Männlichkeit gezeigt werden. Entsprechend können Risikopraktiken insbesondere bei männlichen Jugendlichen, aber auch bei weiblichen Jugendlichen mit einer maskulinen Geschlechtsrollenorientierung beobachtet werden. Auch riskantes Verkehrsverhalten trägt unter der Perspektive der sozialen Konstruktion von Geschlecht und der subjektiven Geschlechteridentifikation zur Erklärung bei.

Bei bestimmten Praktiken zur Herstellung von Männlichkeit kann ein relativ direkter Zusammenhang mit der höheren Unfallrate von Jungen festgestellt werden:

- Jungen konsumieren mehr Alkohol und haben häufiger Rauscherlebnisse als Mädchen. Diese Erkenntnis geht einher mit den Daten der Unfallstatistiken, denn mehr alkoholisierte Jungen als Mädchen verunglücken im Straßenverkehr.
- Mehr Jungen als Mädchen führen waghalsige Aktivitäten aus bzw. könnten sich vorstellen, sie auszuüben. Solche waghalsigen Aktivitäten oder Mutproben finden zum Teil auch im Straßenverkehr statt.

Andere (Risiko-) Verhaltensweisen haben dagegen keinen direkten Zusammenhang zum Unfallrisiko, können aber mittelbar wirksam sein wie z.B. die Tatsache, dass Jungen bei Risikosportarten waghalsiger sind als Mädchen, dass sie dazu neigen, ihre körperlichen Fähigkeiten zu überschätzen, dass sie Fortbewegungsmitteln auch die Bedeutung von Sportgeräten geben und entsprechend (risikoreich) nutzen.

## 5 Zusammenfassende Darstellung zur Erklärung geschlechtstypischen Verkehrsverhaltens

Im ersten Kapitel dieses Berichts wurde deutlich, dass Jungen häufiger im Straßenverkehr verunfallen als Mädchen. Die sich daran anschließenden Abschnitte haben versucht, Ursachen für die geschlechtsbezogenen Differenzen darzustellen und Erklärungen zu liefern. Es ist deutlich geworden, dass die Entstehungsbedingungen von Unfällen bzw. die Ursachen des damit zusammenhängenden Verhaltens in verschiedenen Bereichen zu suchen sind. Neben den personenbezogenen Faktoren spielen ebenso Bedingungen aus der Umwelt eine große Rolle. Dies betonen auch SCHLAG und RICHTER (2004, S. 140) in ihrer Aussage „Der Unfall im Kindes- und Jugendalter stellt sich (...) als Resultat vielfältiger personaler sowie situationaler Faktoren dar, die in Wechselbeziehung zueinander stehen.". Demnach muss unfallrelevantes Verhalten immer als Gesamtprodukt unterschiedlicher Faktoren aus unterschiedlichen Bereichen betrachtet werden. Am Unfallgeschehen sind neben dem psychischen und dem sozialen System auch das physiologische, das biomechanische und das biogenetische System einer Person beteiligt (vgl. Abb. 3). Die genannten Systeme sind wechselseitig miteinander verknüpft und beeinflussen gemeinsam über das Verhalten einer Person ihre Interaktion mit der physikalischen und sozialen Umwelt. Die Umweltbedingungen wiederum beeinflussen ihrerseits die personenbezogenen Bedingungen der unterschiedlichen zuvor genannten Systeme.

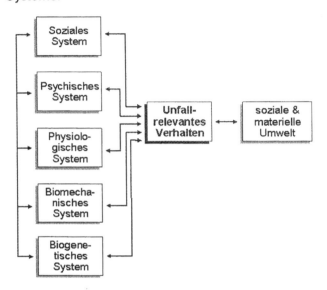

Abb. 3: *Unfallrelevantes Verhalten als Konsequenz personaler Systemwechselwirkungen und Bestimmungsfaktor von Umweltinteraktionen.*

Es ist wichtig zu berücksichtigen, dass einzelne, bisher im Text angesprochene Themen nicht streng nur einem System zugeordnet werden können, sondern sich in mehreren Bereichen wieder finden. Um Unfallverhalten und speziell in diesem Zusammenhang geschlechtsbezogene Unterschiede verstehen und erklären zu können, ist es daher notwendig, die relevanten einzelnen Themen und deren Zusammenspiel bereichsübergreifend zu betrachten. Dies soll im Folgenden für die Grundlagen und Rahmenbedingungen von Verhalten geschehen sowie für die Verhaltensbereiche, die sich bei der Literaturanalyse als einerseits zentral für das Unfallgeschehen herausgestellt haben und andererseits eine multidisziplinäre und systemübergreifende Diskussion nahe legen.

### 5.1 Grundlagen des Verhaltens

Als Grundlage des Verhaltens im Straßenverkehr wird in den beiden folgenden Abschnitten zusammenfassend auf die Wahrnehmung und Einschätzung von Situationen sowie auf die motorische Leistungsfähigkeit eingegangen. Zentral ist dabei eine zusammenführende Darstellung der bisherigen Aussagen im Text und deren ursächliche Beziehungen zum Unfallgeschehen.

### 5.1.1 Wahrnehmung und Einschätzung von Situationen

Die korrekte Wahrnehmung einer Situation und die weitere kognitive Verarbeitung der aufgenommenen Information ist besonders im Straßenverkehr ein wichtiger das Unfallverhalten beeinflussender Faktor. Bezüglich der unterschiedlichen behandelten Themen im Bereich der Wahrnehmung und Kognition lassen sich nicht durchgängig geschlechtsbezogene Unterschiede feststellen. Im Text wurde bisher deutlich, dass in vereinzelten Bedingungen aber durchaus Differenzen zwischen den Geschlechtern erkennbar sind. Der folgende Abschnitt versucht nun, die im Bereich der Wahrnehmung und Kognition relevanten Faktoren für das Unfallgeschehen bei Jungen und Mädchen übersichtlich zusammenzufassen und die bestehenden Beziehungen zu verdeutlichen.

Betrachtet man die *physiologischen* Bedingungen der visuellen und auditiven Wahrnehmungsentwicklung, so finden sich, bis auf das häufigere Auftreten der Farbsinnstörung bei Jungen, keine bedeutenden geschlechtsbezogenen Unterschiede (FISCHER & COHEN 1978, S. 43f). In dem Alter, in dem Jungen und Mädchen beginnen, aktiv am Straßenverkehr teilzunehmen, sind die Sinnesorgane des visuellen und auditiven Systems genügend entwickelt und funktionstüchtig, um den alltäglichen Anforderungen im Verkehr gerecht zu werden (FISCHER & COHEN 1978, S. 37). Dementsprechend scheinen die Ursachen des Unfallverhaltens von anderen Gegebenheiten abzuhängen.

Wichtig ist in diesem Zusammenhang neben der Berücksichtigung der biologischen Voraussetzungen des perzeptuellen Systems die Betrachtung der *psychologischen* Komponenten der Wahrnehmungsentwicklung und Informationsverarbeitung. Zu den Bereichen, die im Text behandelt wurden und relevant für die Teilnahme am Straßenverkehr sind, gehören das Entfernungs-, Tiefensehen und die Raumwahrnehmung sowie die Geschwindigkeitswahrnehmung, die Farb-, Form- und Zeichenerkennung und die Verarbeitungsgeschwindigkeit in komplexen Situationen. In den entsprechenden Abschnitten ist deutlich geworden, dass in den unterschiedlichen Bereichen nur vereinzelt geschlechtsbezogene Unterschiede sichtbar sind. So schätzen Mädchen Geschwindigkeiten beispielsweise *höher* ein als Jungen (COHEN & FISCHER, 1982). Weiterhin wurde belegt, dass Jungen die Geschwindigkeit von fahrenden Autos *genauer* einschätzten (SALVATORE 1974). Derartige Ergebnisse lassen sich nicht in Richtung höherer Risikofreudigkeit von Jungen interpretieren, da letztere eine genauere und somit angemessenere Einschätzung der Situation zeigen. Die Überschätzung von Fahrzeuggeschwindigkeiten kann bei Mädchen andererseits die Ursache von (über-)vorsichtigem Verhalten sein. Problematisch ist außerdem, dass Kinder die Schnelligkeit eines Fahrzeugs häufig mit dessen Art bzw. Funktion in Verbindung bringen, was zu Fehleinschätzungen führen kann (COHEN & FISCHER, 1982; SCHERER 1994).

Für das auditive System berichtet eine Studie nur in bestimmten Altstufen geschlechtsbezogene Unterschiede und dies teils zugunsten der Jungen und teils zugunsten der Mädchen (FISCHER und COHEN 1978, S. 172ff). Bei der Erkennung von symbolischen Verkehrszeichen weisen Jungen ab dem Kindergartenalter bessere Werte auf als Mädchen (KANY, FRITZ & LEPPERT 1996). Weiterhin scheinen Jungen im zweiten und dritten Schuljahr Vorteile bei der Differenzierung zwischen wichtigen und unwichtigen Reizen zu haben (FISCHER & COHEN 1978, S. 94f). Diese relevanzabhängige Reizauswahl ist besonders in komplexen (Verkehrs-) Situationen von Bedeutung (ELLINGHAUS & STEINBRECHER 1996, S. 44). Keine bedeutenden Unterschiede ergaben sich beim Entfernungssehen (MACCOBY & JACKLIN 1974, S. 27f). Hinzuzufügen ist, dass das Tiefensehen bei Jungen und Mädchen gleichermaßen erst ab dem 9. Lebensjahr voll entwickelt ist, was für jüngere Kinder eine Einschränkung des Entfernungsschätzens mit sich bringt (SCHERER 1994).

Es kann somit für die psychologischen Bedingungen der Informationsverarbeitung gesagt werden, dass einzelne Untersuchungen zwar teilweise für geschlechtsbezogene Differenzen in diesem Bereich sprechen, jedoch lassen sich diese Unterschiede nicht einheitlich zusammenfassen, sondern sind vom jeweiligen Untersuchungsbereich sowie von den gemachten Erfahrungen und somit auch vom Alter der Kinder abhängig. Keinesfalls zeigen sich jedoch Belege für eine höhere Unfallgefährdung von Jungen, da relevante Bedingungen bei Jungen eher besser ausgeprägt sind als bei Mädchen. Dieses Ergebnis könnte lediglich in einer Lesart mit höherer Unfallneigung bei Jungen in Verbindung stehen. So ist es denkbar, dass die von den Jungen selbst wahrgenommenen guten Fähigkeiten im Bereich der Wahrnehmung und Einschätzung einer Situation sie dazu führt, schwierigere und somit objektiv riskantere Situationen einzugehen.

Neben den geschilderten, direkt mit der Informationsverarbeitung zusammenhängenden Prozessen spielen auch weitere kognitive Faktoren im *psy-*

*chologischen* System einer Person für das Unfallverhalten eine Rolle. Die kognitive Entwicklung im Kindesalter verläuft in Stufen (MONTADA 1995), was auch für die Entwicklung des Gefahrenbewusstseins zutrifft (LIMBOURG 1995 S. 48f, 1997a, 1997b). Generell muss man davon ausgehen, dass besonders Kinder im Vorschulalter sich nur schwer in die Perspektive anderer hineinversetzen können, was eine Gefahr im Straßenverkehr darstellt (LIMBOURG 1995, S. 62; GÜNTHER & LIMBOURG 1976, S. 47f; BLENDERMANN 1987). In dieser Altersgruppe fällt auch auf, dass Mädchen und Jungen sich leicht ablenken lassen. Die Aufmerksamkeits- und Konzentrationsfähigkeit ist erst ungefähr ab dem 14. Lebensjahr mit den Leistungen eines Erwachsenen vergleichbar (LIMBOURG 1995, S. 60). Aufgrund der noch nicht vorhandenen Fähigkeit zum abstrakten Denken von Kindern im Grundschulalter muss auch die Verkehrserziehung dieses Alters im realen Verkehr stattfinden (LIMBOURG 1995, S. 67).

In der Literatur gibt es Hinweise auf geschlechtsbezogene Unterschiede in diesen Entwicklungsverläufen (vgl. BLOWS 2003; BISCHOF-KÖHLER 2002, S. 238; CULP & HESS 2001, S. 50; KASTEN 1986; ROST 1978). So fällt beispielsweise auf, dass Mädchen in bestimmten Altersstufen deutlich bessere Konzentrationsleistungen und verbale Fähigkeiten aufweisen als Jungen und sich im Kindergartenalter eher in die Lage eines anderen hineinversetzen können (höhere soziale Kognition). Demgegenüber sind Jungen Mädchen in den visuell-räumlichen Fähigkeiten und ca. ab dem 11. Lebensjahr im mathematisch-analytischen Denken überlegen. Außerdem scheinen sie im Grundschulalter im Vergleich zu Mädchen eher die Fähigkeit der rationalen Perspektivenübernahme zu besitzen. Es gilt also, dass in den Untersuchungen zu einzelnen kognitiven Fähigkeiten alters- und fähigkeitsspezifische Geschlechtsunterschiede festzustellen sind. Insbesondere die unterschiedliche Ausprägung des Faktors Konzentration könnte in Verbindung mit unterschiedlichen Unfallhäufigkeiten zwischen den Geschlechtern stehen. Verkehrssituationen erfordern aufgrund ihrer komplexen Struktur zumeist hohe Konzentrationsleistungen. So ist es demzufolge denkbar, dass Jungen zwar in einfachen kognitiven Testsituationen gut oder sogar besser abschneiden als Mädchen, dass jedoch andererseits bei komplexen Anforderungen und Mehrfahrhandlungen die bessere Konzentrationsleistung von Mädchen ein unfallprotektiver Faktor ist. Schließlich wirkt sich die bessere Konzentration auch in verkehrserzieherischen Programmen aus, in denen möglichweise Mädchen demzufolge bessere Lernerfolge aufweisen als Jungen (eine Vermutung, der bislang in keiner Untersuchung nachgegangen wurde).

Betrachtet man speziell die Ausbildung des Gefahrenbewusstseins, so scheint die Entwicklung vom jeweiligen Lebensbereich abhängig zu sein. Für den Straßenverkehr gilt, dass Kinder erst mit 9 bis 10 Jahren Gefahren vorausschauend erkennen und vorbeugende Maßnahmen planen und ergreifen können (LIMBOURG 1997a). Unterschiede zwischen den Geschlechtern werden diesbezüglich nicht einheitlich von empirischen Belegen gestützt. Im Text wurde darauf hingewiesen, dass allein die Fähigkeit, Gefahren erkennen und vorbeugende Maßnahmen ergreifen zu können, nicht bedeutet, dass eine Person das Wissen in konkretes Verhalten übersetzt (LIMBOURG, 1995, S. 56). Für den gesamten Abschnitt gilt, dass auftauchende Defizite häufig nicht nur für das eine oder das andere Geschlecht zutreffen.

Im Hinblick auf das *biogenetische* System einer Person finden sich in der Literatur Hinweise darauf, dass auch kognitive Kompetenzen vererbt werden. Dies scheint beispielsweise für den Umgang mit Umweltreizen und somit das Lernen zu gelten. Autoren wie PLOMIN (1999) gehen davon aus, dass der Erblichkeitsanteil kognitiver Kompetenzen im Verlauf der Entwicklung von 20% (frühe Kindheit) über 40% (Kindheit) bis auf 60% (späteres Alter) ansteigt. Zudem scheint der Einfluss der Erblichkeit bei Jungen größer als bei Mädchen zu sein, wobei die Ausprägung einzelner Gene jedoch kaum mehr als 1% der Varianz an kognitiven Kompetenzen erklären kann – eine Erkenntnis, die die Möglichkeiten dieses Erklärungsansatzes, auch in Hinsicht auf eine neurobiologische Fundierung von Unfallhäufigkeiten, stark limitiert.

Trotzdem kann davon ausgegangen werden, dass zumindest in gewissen Teilbereichen und Anteilen geschlechtsbezogene Verhaltensunterschiede mit unterschiedlichen Abläufen bestimmter Prozesse im Gehirn im Zusammenhang stehen, was beispielsweise für die Ansprechbarkeit des Belohnungssystems, für die Sensitivität bezüglich pharmakologischer Wirkstoffe und Suchtmittel oder für verschiedene Stoffwechselaktivitäten sowie für kognitive Problemlösestrategien gültig sein könnte (POGUN 2001; vgl. auch KIMURA, 1992b). Insbesondere hier, das heißt in der unterschiedlichen Arbeitsweise emotional-motivationaler Hirnzentren (z.B. limbisches System) könnten neurobiologische Fundamente unterschiedlicher Risikobereitschaft zwischen Jungen und Mädchen (vgl. hierzu auch den Abschnitt weiter unten) liegen. Derartige Überlegungen sind jedoch bislang nicht empirisch geprüft.

Die geschlechtsbezogenen Unterschiede der anatomischen Ausprägungen des Gehirns scheinen zum einen hormonell bedingt zu sein (vgl. KIMURA, 1992a), zum anderen gibt es möglicherweise aber auch direkte genetische Wirkungsprozesse (vgl. auch BEYER, KOLBINGER, FROEGLICH, PILGRIM & REISERT, 1992). Für eine grundsätzliche *biologische* Einflussnahme auf Geschlechtsunterschiede des Verhaltens sprechen die Befunde bezüglich der Lateralisation des Gehirns, die im Einklang mit den weiter oben angesprochenen Unterschieden zwischen Mädchen und Jungen im kognitiven Bereich stehen: Beim männlichen Geschlecht scheint die rechte Hemisphäre, verantwortlich für nicht verbale z.B. raumbezogene Fähigkeiten, stärker lateralisiert (BISCHOF-KÖHLER 2002, S. 240; BIRBAUMER & SCHMIDT 1991, S. 624f), was nach dem derzeitigen Stand der Literatur als gesichert gilt. Bereits bei männlichen Föten wurde eine stärkere morphologische Ausgestaltung der rechten Hemisphäre nachgewiesen (vgl. BISCHOF-KÖHLER 2002, S. 241f). Die linke Hälfte ist unter anderem für alle sprachgebundenen Leistungen verantwortlich (BIRBAUMER & SCHMIDT 1991, S. 624f). Beim weiblichen Geschlecht wirken beide Hemisphären bei der Steuerung unterschiedlicher Aktivitäten in der Regel zusammen (BISCHOF-KÖHLER 2002, S. 240). Gerade letzteres könnte im Sinne einer synergistischen Arbeitsweise beider Hirnhälften die besseren Konzentrationsleistungen von Mädchen aus neurobiologischer Sicht verständlich machen.

Insgesamt scheinen die angeführten biologischen Gegebenheiten einen mehr oder weniger großen Einfluss auf kognitive Kompetenzen zu haben, die wiederum mit dem Verkehrsverhalten in Verbindung stehen.

Zusammenfassend kann somit festgehalten werden, dass die in diesem Kapitel dokumentierten Unterschiede zwischen den Geschlechtern zwar grundsätzlich mit biologischen Bedingungen verknüpft sein können, dass jedoch biologische Faktoren höchstwahrscheinlich eher einen mittelbaren Effekt ausüben. Direktere Einflüsse auf das Wahrnehmungsverhalten im Verkehr sind nur durch vereinzelte psychologische Faktoren sowie durch Sozialisations-, Entwicklungs- und Lernprozesse zu erwarten:

1. Die biologische Entwicklung des visuellen und des auditiven Systems scheint für die erhöhte Unfallgefährdung von Jungen nicht verantwortlich zu sein.
2. Viele psychologische Faktoren der Wahrnehmung bzw. Informationsverarbeitung spielen im Unfallverhalten keine geschlechtsbezogene Rolle. Die angeführten Einschränkungen gelten vielmehr häufig für Jungen und Mädchen gleichermaßen.
3. Einige wenige kognitive Kompetenzbereiche zeigen jedoch geschlechtsbezogene Unterschiede. Im Rahmen einer erhöhten Unfallgefährdung bei Jungen muss hier insbesondere die schlechtere Konzentrationsfähigkeit genannt werden.
4. Für geschlechtsbezogene Unterschiede im kognitiven Bereich scheinen biologische bzw. biogenetische Faktoren nur in einem sehr geringen Ausmaß ausschlaggebend zu sein.
5. Sozialisationsbedingungen beeinflussen die Entwicklung der Wahrnehmung sowie die Ausbildung einzelner kognitiver Fähigkeiten.

Für die Unfallprävention und Verkehrserziehung gilt:

1. Besonders zu berücksichtigen sind unabhängig vom Geschlecht die gegebenen Grenzen der Wahrnehmung und der kognitiven Fähigkeiten die auf Jungen und Mädchen gleichermaßen zutreffen.
2. Die adäquate Einschätzungsfähigkeit der eigenen Kompetenzen ist für Jungen und Mädchen ein entscheidendes Lernziel im Bereich der kindlichen Verkehrserziehung.
3. Hinsichtlich geschlechtsbezogener Differenzen muss Verkehrserziehung insbesondere die grundsätzlich schlechteren Konzentrationsleistungen von Jungen berücksichtigen. Hierzu gehört insbesondere das Verkehrstraining für Jungen in langandauernden (Vigilanz) und komplexen Situationen.

### 5.1.2 Motorische Leistungsfähigkeit

Für die sichere Teilnahme am Straßenverkehr sind bestimmte motorische Fähigkeiten unerlässlich. In den vorangegangenen Kapiteln des Textes war erkennbar, dass es auch im Bereich der Motorik und des Bewegungsverhaltens geschlechtsbezogene Unterschiede gibt. Daher wird im Folgenden versucht, die themenrelevanten Inhalte übersichtlich zusammenzufassen und deren Beziehung zum Unfallverhalten darzustellen.

Im Zusammenhang mit dem Bewegungsverhalten müssen insbesondere das *biomechanische* und das *psychische* System einer Person und somit deren psychomotorische Fähigkeiten näher betrachtet werden. Es wurde beschrieben, dass Kinder beiderlei Geschlechts im Hinblick auf ihr motorisches Leistungsvermögen bereits im Vorschulalter fähig sind, am Straßenverkehr als Fußgänger/innen teilzunehmen (LIMBOURG 1995, S. 71). Für den Bereich des Fahrradfahrens gilt, dass schon Achtjährige ihr Fahrrad gut beherrschen können, obwohl diese Fähigkeit erst mit etwa 13 bis 14 Jahren vollständig entwickelt ist (LIMBOURG 1995, S. 71). Für die Erklärung von Unfallverhalten bedeutet das, dass sich Gefahren für Kinder im Straßenverkehr weniger aufgrund reifebedingter motorischer Mängel ergeben, sondern vielmehr aufgrund mangelnder Fahrpraxis oder aufgrund psychologischer Defizite im Bereich der Wahrnehmung oder der Konzentrationsfähigkeit (LIMBOURG 1995, S. 71). Dabei ist auch zu berücksichtigen, dass Jungen häufiger aufgrund von Bewegungs-, Wahrnehmungs- und Verhaltensauffälligkeiten in psychomotorischen Fördergruppen anzutreffen sind als Mädchen (NEUWIRTH 1996). Insbesondere das Krankheitsbild der Hyperaktivität, was oft im Zusammenhang mit erhöhter Unfallneigung genannt wird (HOLTE 2004), findet sich deutlich öfter bei Jungen (MÖLLER, LAUX, DEISTER 1996, S. 411).

Ein besonderes Problem stellt die geringe Körpergröße von Kindern dar, die den Verkehr aus einer ungünstigeren Perspektive erleben (BASNER & DE MARÉES 1993, S. 21; MÜLLER-LUEKEN, 1972). Die genannten Aspekte gelten für Jungen und Mädchen im Grundschulalter gleichermaßen und erklären somit nicht die höhere Unfallgefahr von Jungen. Geschlechtsunterschiede zeigen sich in der Motorik insofern, als Jungen bei solchen Leistungen besser abschneiden, bei denen Kraft eine Rolle spielt, wohingegen sich Unterschiede zugunsten der Mädchen bei Bewegungen zeigen, wo Rhythmus oder Bewegungsgenauigkeit wichtig sind (ARBINGER 1995; BÖS 1994). Es ist weiterhin davon auszugehen, dass Kinder ihre körperlichen Kompetenzen in starkem Ausmaß anhand einfach wahrzunehmender Kriterien (Kraft, Schnelligkeit) abschätzen, während komplexere Parameter (Koordination, Bewegungsgenauigkeit) schwerer einzuschätzen sind. Demzufolge ist es wahrscheinlich, dass Jungen ihre allgemeine Handlungskompetenz aufgrund der beschriebenen Bedingungen höher einschätzen als Mädchen, und hierbei unfallprotektive Fähigkeiten wie Bewegungsgenauigkeit und Bewegungskoordination nicht berücksichtigt werden. Erneut wird deutlich, dass weniger die einfache Negativ- oder Positivsymptomatik das Unfallverhalten beeinflusst, sondern die situationsabhängige Bewertung von Person- und Umweltbedingungen.

Aus einer physiologischen Perspektive heraus ist auch der Faktor Reaktionszeit ein Ansatzpunkt geschlechtsspezifischer Unfallhäufigkeiten: Generell gilt, dass die Reaktionsschnelligkeit sich mit steigendem Lebensalter verbessert und dass Personen schneller auf auditive als auf visuelle Signale reagieren (FISCHER & COHEN 1978, S. 194f). In einer Untersuchungssituation bei Kindern im Alter von 5 bis 12 Jahren ergaben sich hierbei Hinweise auf ein besseres Abschneiden der Jungen in einer Versuchsbedingung, in der die Probanden entweder auf ein auditives oder visuelles Signal eine Reaktion zeigen sollten (FISCHER & COHEN 1978, S. 194f). Jungen scheinen also in schlecht antizipierbaren Situationen – wie sie im Verkehr häufig auftreten – schneller reagieren zu können als Mädchen. Auch im weiteren Alter (ab 12 Jahre) zeigen Mädchen im Gegensatz zu Jungen eine etwas langsamere Reaktionszeit (KROMBHOLZ 1988, S. 60). Einschränkend sollte jedoch berücksichtigt werden, dass im Straßenverkehr nicht nur die Schnelligkeit, sondern auch die Angemessenheit einer Reaktion entscheidend ist.

Insgesamt gilt, dass sich bei der Beschreibung der Entwicklung der motorischen Fähigkeiten deutliche Unterschiede zwischen den Geschlechtern erst ab der Pubertät zeigen. Die Unterschiede im Grundschulalter scheinen zum großen Teil umwelt- und erfahrungsbedingt zu sein und weniger das Ergebnis körperlicher Reifung. Dementsprechend spielen hier auch das *soziale* System einer Person und die sonstigen Umweltgegebenheiten eine große Rolle. Das gilt teilweise auch für die in der Pubertät auftauchenden Differenzen, wobei hier neben Erfahrung und Lernen auch körperlichen Reifeprozessen ein entscheidender Einfluss zugeschrieben wird. Zur Erklärung von Unfallverhalten müssen demnach im Hinblick auf motorische Fähigkeiten auch das soziale System einer Person und insbesondere die hiermit verbundenen Lern- und Erfahrungsgelegenheiten berücksichtigt werden.

Zusammenfassend:

1. In einzelnen motorischen Bedingungen (Kraft, Bewegungsgenauigkeit) sind Unterschiede zwischen den Geschlechtern zu beobachten.

2. Die geschlechtsorientierten Unterschiede im Bereich motorischer Bedingungen sind kaum hinreichend zur Erklärung unterschiedlicher Unfallzahlen von Jungen und Mädchen. Sie erhalten ihre Bedeutsamkeit lediglich im Zusammenhang mit psychologischen Faktoren, insbesondere der Bewertung eigener Bewegungskompetenz sowie additiv wirksamen psychischen Kompetenzen (Wahrnehmung, Konzentration).

3. Mitentscheidend für die zuvor genannten Aspekte sind Lern- und Erfahrungsprozesse, die in starkem Ausmaß mit sozial geprägten Entwicklungsbedingungen korrelieren.

Für die Verkehrserziehung ist es notwendig, das Folgende zu berücksichtigen:

1. Trainieren und Üben motorischer Kompetenzen in den Zusammenhang mit der realistischen Eigenwahrnehmung und Einschätzungsfähigkeit von Kindern und Jugendlichen bringen.
2. Schwerpunkte motorisch orientierter Verkehrserziehung auf die komplexe Einbettung von Bewegungsübungen in einen konzentrations-, aufmerksamkeits- und wahrnehmungsbezogenen Kontext setzen (dies vor allem bei Jungen).
3. Sozial geprägte Entwicklungsbedingungen (Spielverhalten, Sport- und Bewegungsaktivität) thematisieren und in einem möglichen Rahmen mit beeinflussen.

## 5.2 Rahmenbedingungen des Verhaltens – Verkehrsmittel und Verkehrsräume

Die Mobilität von Kindern und Jugendlichen stellt bei der Betrachtung unfallrelevanter Faktoren Schwerpunkt der Unfallforschung dar. Zentral sind in diesem Bereich Themen wie die Nutzung von Außenräumen oder die Aneignung von Raum und die Wahl und Nutzungsbedingungen von Verkehrsmitteln. Wie der bisherige Text gezeigt hat, werden in einigen dieser Gebiete geschlechtsbezogene Unterschiede deutlich. Im Folgenden wird versucht, die in den bisherigen Kapiteln auftauchenden für die Mobilität wichtigen Aspekte zusammenzufassen und deren Beziehung zum Unfallgeschehen bei Jungen und Mädchen genauer zu betrachten.

Hinsichtlich der *Nutzung von Außenräumen* durch Kinder und Jugendliche in ihrer Freizeit variieren die zeitlichen Angaben in den unterschiedlichen Statistiken sehr stark, je nachdem, welche Aktivitäten und Wege berücksichtigt werden. Für bis 12-Jährige schwanken die Zahlen von durchschnittlich 80 Minuten bis 216 Minuten (Werktag) draußen verbrachter Zeit (vgl. KLEINE 2003, S. 56ff; BLINKERT 1997, S. 38f, 1993, S. 127). Geschlechtsbezogene Differenzen ergeben sich bezüglich der Art des Außenraumes. Jungen und Mädchen halten sich im privaten Außenraum (z. B. Garten) ungefähr gleich häufig auf, wobei einige Untersuchungen dafür sprechen, dass Jungen etwas mehr Zeit in diesem Bereich verbringen (vgl. KLEINE 2003, S. 54f; FUNK & FASSMANN 2002, S. 126; NISSEN 1992, S. 145f). Die häufigere Frequentierung der Jungen gilt auch für den Aufenthalt im Verkehrsraum sowie im öffentlichen (Spiel-) Raum (vgl. KLEINE 2003, S. 54f; FUNK & FASSMANN 2002, S. 126; NISSEN 1992, S. 145f). Jungen halten sich demnach insgesamt häufiger als Mädchen außerhalb des unmittelbaren Wohnraums auf, was auch unabhängig vom Wohnorttyp zu beobachten ist (vgl. KLEINE 2003, S. 80; FLADE & KUSTOR 1996, S. 26). Allein diese Beobachtung muss bei der Bewertung höherer Unfallzahlen von Jungen gegenüber Mädchen unbedingt Berücksichtigung finden, da eine höhere Aufenthaltswahrscheinlichkeit in kritischen Verkehrsräumen mit einer höheren Gefahrenexposition und hierdurch mit einer höheren Unfallgefährdung verbunden ist.

Im Hinblick auf die Alterstruktur gilt, dass sich die Aktivitäten von Kindern mit zunehmendem Alter insgesamt verlagern, weg vom privaten Außenraum und von den für Kinder vorgesehenen Spielplätzen in der Nähe des Elternhauses hin zum Verkehrsraum und in die Städte hinein sowie auf Sportplätze, die zumeist weiter von zu Hause entfernt liegen als die Kinderspielplätze (FUNK & FASSMANN 2002, S. 125). Hinsichtlich der nun vermehrt notwendigen Verkehrsmittelnutzung von Kindern und Jugendlichen zeigt sich, dass bei den Kindern das zu Fuß Gehen dominiert, wobei die Bedeutung des Fahrrads im Verlauf der Kindheit zunimmt (FUNK & FASSMANN 2002, S. 226). Mit zunehmendem Alter werden Kinder weniger im PKW mitgenommen; der öffentliche Verkehr wird insgesamt wenig genutzt. Im Vergleich der Geschlechter ist hier zu erkennen, dass Mädchen etwas mehr zu Fuß gehen als Jungen und Jungen häufiger Fahrrad fahren als Mädchen (vgl. KRAUSE 2003, S. 99; FUNK & FASSMANN 2002, S. 226; DÜRHOLT & PFEIFFER 1999, S. 35; KLEINE 1999, S. 113f; FLADE & KUSTOR 1996, S. 27f; HAUTZINGER et al. 1996, S. 21; LIPSKI 1996, S. 357; NISSEN 1992, S. 155; NISSEN & de RIJKE 1992, S. 38). Ferner nutzen Jungen das Fahrrad im Gegensatz zu Mädchen nicht nur als Fortbewegungsmittel, sondern auch als Sportgerät (vgl. NISSEN 1998, S. 187). Die Nutzung der Verkehrsmittel in der Kindheit setzt sich im Jugendalter fort. Später kommen allerdings noch motorisierte Zweiräder dazu, die, ähnlich wie das Fahrrad, eher von Jungen gefahren werden (vgl. FLADE et al. 2003, S. 128f; FUNK & FASSMANN 2002, S. 226; RABE et al. 2002, S. 151f; SCHOLL 2002, S. 194f; FLADE et al. 2000, S. 447; DÜRHOLT & PFEIFFER 1999, S. 35; HAUTZINGER et al. 1996, S. 21f; ZIPPEL 1990, S 102f). Auch die stärkere Nutzung des Fahrrades (und später des motorisierten Zweirades) sprechen für höhere Gefahrenexposition und hiermit für eine stärkere Unfallgefährdung des männlichen Geschlechts schon im Kindesalter. Gleichzeitig muss kritisch darauf hingewiesen werden, dass nicht die Gefahrenexposition als solche, sondern der Umgang und die Bewältigungskompetenz in Gefahrensituationen der eigentliche Unfallfaktor ist. So ist davon auszugehen, dass Jungen aufgrund höherer Übung bessere Kompetenzen beispielsweise im Umgang mit dem Fahrrad haben. Auch hier stellt sich also die Erklärung von Unfallverhalten als komplexes Produkt aus tatsächlicher Kompetenz, wahrgenommener Kompetenz und vorliegender umwelt- und aufgabeorientierter Gefahrenbedingung dar.

Weiterhin müssen die genannten Faktoren in einen entwicklungsorientierten Kontext eingebettet werden. Die Aneignung von Raum ist für die *soziale Entwicklung*, insbesondere die *Identitätsentwicklung*, von Kindern von hoher Bedeutung. Hier werden (teils erziehungsbedingte) Unterschiede zwischen Jungen und Mädchen ersichtlich. Jungen werden motorisch intensiver gefördert und zu raumgreifenden und explorativen Aktivitäten angeregt (vgl. BAUR 1989, S. 202; BILDEN 1991, S. 284). Mädchen dagegen sind häufiger in die Haushaltsarbeit einbezogen und haben so auch weniger Zeit, sich mit der außerhäuslichen Umwelt auseinander zu setzen (vgl. SCHÖN 1999, S. 63f; TILLMANN 1992, S. 44f; NOLTEERNSTING 1998, S. 67; MÜLLER-HEISRATH & KÜCKMANN-METSCHIES 1998, S. 61). Eine Einflussnahme auf Prozesse der Mobilität ist daher immer auch mit der Berücksichtigung derartiger sozialer und entwicklungsorientierter Faktoren verbunden.

Höhere Unfallraten lassen sich jedoch nicht monokausal auf Mobilitätsbedingungen zurückführen. So fällt auf, dass Jungen häufiger mit dem Fahrrad verunglücken, als es die höhere Fahrradnutzung durch die Jungen erwarten lässt. Noch deutlicher ist der Unterschied der Wahrscheinlichkeit eines Verkehrsunfalls, wenn man sich Unfälle als Fußgänger/innen betrachtet. Hier wird deutlich, dass die zuvor genannten Prozesse, vor allem aber auch die in den nächsten Abschnitten erörterten Abläufe von aggressivem, riskanten und unsicheren Verhalten in Zusammenhang mit unterschiedlichen Gefahrenexpositionen die eigentlichen Unfallgründe darstellen.

Wie komplex die Erklärungsgefüge sich darstellen können zeigt auch folgendes Beispiel: Ab einem Alter von ca. 13 Jahren sind mehr weibliche als männliche Jugendliche als Beifahrer/innen bei Unfällen beteiligt, und dies obwohl sich keine Geschlechterunterschiede bei der Anzahl der Mitfahrer/innen im PKW zeigen. Erklären könnte dies der höhere Anteil an jugendlichen Mädchen, die als PKW-Mitfahrerinnen mit jungen Fahranfängern fahren, welche nachweislich relativ häufig im Vergleich zu anderen Gruppen von PKW-Fahrern und -Fahrerinnen verunglücken. Möglich wäre andererseits jedoch auch der Effekt eines risikoassoziierten Imponiergehabes männlicher adoleszenter Fahranfänger im Beisein von Mädchen oder jungen Frauen. Auch hier wird erneut das Phänomen erst durch die Verbindung augenscheinlicher Gegebenheiten (Unerfahrenheit als Fahranfänger; eventueller Alkoholkonsum; nächtliches Fahren) mit psychologischen oder sozialen Faktoren (Geltungsbedürfnis, Imponiergehabe, Rollenverständnis) angemessen erklärbar.

Zusammenfassend:

1. Jungen halten sich häufiger in gefährdungsassoziierten Räumen auf und nutzen mit dem Fahrrad auch häufiger ein gefährdungsassoziiertes Verkehrsmittel. Diese Tatsache klärt jedoch die Varianz der Unfallbeteiligung von Jungen und Mädchen nicht auf.

2. Mobilität ist in erster Linie ein deskriptives Maß, welches seine Kausalität zum Unfallgeschehen erst in Verbindung mit motorischen (z.B. Fahrkompetenz), psychischen (Aggressivität, Einschätzungsfähigkeit) sowie sozialen Bedingungen (Rollenzuschreibung, Erziehung) erhält.

Für die Verkehrserziehung ist es notwendig, das Folgende zu berücksichtigen:

1. Verkehrserziehung muss sich an den vorliegenden Mobilitätsbedingungen orientieren. So sollten Schwerpunkte bei Jungen auf der Einschätzung kritischer Verkehrssituationen mit dem Fahrrad liegen.

2. Nachteile im Bereich der Erfahrung und Übung mit bestimmten Verkehrsmitteln und Verkehrsräumen (z.B. Mädchen: Fahrrad) sollten durch Verkehrserziehung in spezifischer Weise ausgeglichen werden.

3. Bedingungen des Vermittelns und Übens sollten, wo immer möglich, die Reflexion von Situationen aus der eigenen Perspektive zur Optimierung der Einschätzung der Gesamtsituation (Person – Umwelt) sein.

## 5.3 Ausprägungen des Verhaltens

Als zentral für das Unfallgeschehen haben sich bei der Literaturrecherche die Bereiche aggressives, riskantes und unsicheres Verhalten herausgestellt. Die drei Verhaltensausprägungen werden daher in den folgenden Abschnitten multidisziplinär und systemübergreifend diskutiert.

### 5.3.1 Aggressives Verhalten

Ein für das geschlechtsorientierte Unfallverhalten von Kindern und Jugendlichen relevanter Verhaltensbereich ist das Aggressivitätsverhalten. Verschiedene Autoren und Autorinnen verweisen darauf, dass aggressives Verhalten mit erhöhter Unfallgefahr in Verbindung steht (vgl. BIJUR, STEWART-BROWN & BUTLER 1986; MANHEIMER & MELLINGER 1967). Aggressivität ist somit verbunden mit spezifischen Verhaltenstendenzen, die die Wahrnehmung und Bewertung einer Situation so verändern, dass sie zu riskanteren Verhaltensweisen führt. Aus *psychologischer Sicht* ist aggressives Verhalten meist zweckgebunden und wird eingesetzt, um andere Personen direkt oder indirekt zu schädigen (PETERMANN, 1995). Auch dies kann in Verkehrsituationen dann zum tragen kommen, wenn andere Verkehrsteilnehmer/innen bewusst behindert oder gefährdet werden. Im Kindesalter ist jedoch von derartigen Zusammenhängen weniger auszugehen.

Aggression kann entweder ein relativ stabiles Merkmal einer Person sein und somit als habituelles Verhalten auftreten oder in hohem Maß durch die Situation beeinflusst werden. Die bestehenden Studien betrachten und erfassen Aggressivität eher als stabiles Merkmal, das heißt erfassen Aggressivität als Eigenschaft einer Person weitgehend ohne Berücksichtigung situativer Bedingungen. Studien, die die Geschlechterperspektive einnehmen, betonen, dass Jungen schon früh in der kindlichen Entwicklung häufiger als dominant oder aggressiv eingeschätzt werden als Mädchen (CULP & HESS, 2001; WARSCHBURGER & PETERMANN, 1994). Im Zusammenhang mit Unfällen schätzen betreuende Personen verunfallte Kinder zudem als aggressiver ein als nicht verunfallte – dies betrifft insbesondere verunfallte Jungen (MANHEIMER & MELLINGER 1967).

Die Ursachen für Unterschiede in der Ausprägung aggressiver Verhaltensweisen zwischen Jungen und Mädchen werden u.a. in *biogenetischen Bedingungen* gesucht. Vereinzelte Untersuchungen geben Hinweise auf eine genetische Disposition aggressiven Verhaltens. In der Darstellung von BRUNNER, NELEN, BREAKEFIELD, ROPERS und VAN OOST (1993) betrifft dies Aggressivität und inadäquates Verhalten in stressreichen Situationen. Dieses Ergebnis zeigt die Bedeutsamkeit der Variable Aggressivität insbesondere in kritischen und daher potenziell stressinduzierenden Verkehrssituationen.

Diese psycho-genetischen Zusammenhänge sind jedoch zumeist über eine genetisch bedingte Störung im Hormonhaushalt zu erklären. Daher scheint der *physiologische Faktor*, insbesondere der Hormonhaushalt, aus biologischer Sicht einen deutlichen Einfluss auf aggressives Verhalten zu haben (COLLAER & HINES 1995). In Tierforschungen konnte diesbezüglich häufig der Nachweis erbracht werden, dass die Gabe von Hormonen in den sensiblen Entwicklungsphasen des Gehirns zu aggressiveren Verhaltensweisen führt, was sich beispielsweise bei Drohhandlungen und im Raufverhalten zeigte (WILLIAMS & MECK 1991, COLLAER & HINES 1995). Umgekehrt kann die Gabe von bestimmten Hormonen aber auch aggressives Verhalten verringern und soziale Akzeptanz erhöhen (CHOLERIS, GUSTAFSSON, KORACH; MUGLIA, PFAFF, OGAWA 2003). Der Übertrag dieser Tierstudien auf den Menschen wird insgesamt eher vorsichtig diskutiert – wobei der hormonelle Einfluss auf aggressives Verhalten weitgehend unbestritten ist.

Einige Autoren verweisen auf die Auswirkung von Umweltgegebenheiten auf die Aggressionseffekte von Hormonen. Hier werden geschlechtsbezogene Unterschiede gesehen, wobei angenommen wird, dass bei Mädchen im Vergleich zu Jungen eine höhere Auswirkung von Umwelteinflüssen auf Hormoneffekte bestehen (HUZIAK, RUDIGER, NEALE, HEATH & TODD 2000; vgl. auch HUDZIAK, VAN BEIJSTERVELDT, BARTELS, RIETVELD, RETTEW, DERKS & BOOMSMA 2003). Diese Hinweise auf einen moderierenden Einfluss von Entwicklungs- und Umweltfaktoren auf hormonelle Effekte in Richtung Aggressivität deuten auf die Signifikanz des sozialen Systems hin, die in der Sozialisationsforschung bestätigt wird. Betrachtet man die Sozialisationsbedingungen einer Person, so spielen im Zusammenhang mit Aggression speziell die unterschiedlichen gesellschaftlichen Erwartungen, die an Jungen und Mädchen gestellt werden, eine große Rolle. Aggressive Handlungen werden bei Jungen eher geduldet als bei Mädchen (vgl. BILDEN 1991, S. 281f; RENDTORFF 1993, S. 72). Das bedeutet, dass die von der biologischen Seite ohnehin schon gegebene Tendenz zu aggressivem Verhalten bei Jungen von der Gesellschaft unterstützt und somit entsprechendes Verhalten eher gefördert wird. In jüngster Zeit deuten sogar Studien diese Interaktion zwischen biogenetischen (bzw. hormonellen) Faktoren und sozialen Einflüssen an. So diskutieren CASPI, MCCLAY, MOFFITT, MILL, MARTIN, CRAIG, TAYLOR und POULTON (2002) bestimmte Hormonaktivitäten als einen protektiven Faktor gegen die Ausbildung gewaltbereiter Verhaltenszüge unter ungünstigen Sozialbedingungen.

Zusammengefasst:

1. Aggressives Verhalten scheint mit einer höheren Unfallneigung zu korrespondieren. Die Kausalität dieser Verknüpfung kann jedoch aufgrund der vorliegenden Studien nicht eindeutig beschrieben werden.
2. Durch biogenetische insbesondere hormonelle Ausgangs- und Entwicklungslagen besteht bei Jungen bereits früh eine größere Neigung zu aggressivem Verhalten.
3. Biogenetische Auswirkungen auf Aggressivität werden sehr wahrscheinlich in wesentlicher Weise durch soziale Bedingungen und vermutlich auch durch äußere Faktoren der Situation (Stresspotenzial) moderiert. Hierbei spielt die Einflussgröße Umwelt bei Mädchen möglicherweise eine größere Rolle als bei Jungen.

In Hinsicht auf Bedingungen und Maßnahmen im Bereich der Unfallprävention lassen sich aus dieser Sachlage folgende Schlüsse ziehen:

1. In der Unfallprävention – insbesondere beim männlichen Geschlecht – muss mit dem Faktor Aggressivität gerechnet und umgegangen werden.
2. Aufgrund der teils hohen Stabilität aggressiver Verhaltensweisen sollte hierbei nicht allein die Verringerung aggressiven Verhaltens das Ziel sein, sondern das Erlernen im Umgang mit eigener und fremder Aggressivität im Vordergrund stehen.
3. Aggressionsorientierte Maßnahmen in der Unfallprävention sollten daher zwar geschlechtsorientiert und auch geschlechtsdifferenziert entwickelt werden – die Auseinandersetzung mit der (fehlenden) Aggressivität des anderen Geschlechts weist jedoch eher auf Vorteile koedukativer Organisationsformen hin.

### 5.3.2 Riskantes Verhalten

In den unterschiedlichen Abschnitten der verschiedenen Kapitel wurde deutlich, dass geschlechtsbezogene Unterschiede zwischen Jungen und Mädchen besonders beim Risikoverhalten erkennbar sind. Hierbei handelt es sich um einen Bereich, der mit der Entstehung von Unfällen eng zusammenhängt: Kinder und Jugendliche, die von ihren Eltern als hoch risikobereit beschrieben wurden, erleiden deutlich mehr Unfälle als Kinder mit einer geringeren Risikobereitschaft (SCHLAG & RICHTER 2002). Daher versucht der folgende Abschnitt zusammenfassend Risikoverhaltensweisen bei Kindern und Jugendlichen sowie die Entstehungsbedingungen riskanten Verhaltens und deren Zusammenspiel genauer zu betrachten.

Grundsätzlich wird Risikoverhalten im Straßenverkehr bei Jugendlichen häufiger untersucht als bei Kindern. Es zeigt sich beispielsweise, dass verkehrsdelinquentes Verhalten - und in diesem Zusammenhang speziell das Fahren ohne Fahrerlaubnis und das Fahren unter Alkoholeinfluss - ein großes Problem darstellt, insbesondere bei männlichen Jugendlichen (vgl. KRAMPE & SACHSE 2002, S. 138). Der Höhepunkt verschiedener Formen des Risikoverhaltens scheint die zweite Lebensdekade zu sein (RAITHEL 2001b). Riskantes Verkehrsverhalten im Jugendalter stellt ein jungentypisches Phänomen dar (vgl. Krampe/Sachse 2002, S. 140f; RAITHEL 2001b). Die geschlechtsbezogenen Unterschiede im riskanten Verhalten finden sich teilweise auch schon bei jüngeren Kindern, was Untersuchungsergebnisse im Bereiche der Mutproben von Jungen und Mädchen untermauern.

Im Text wurde beschrieben, dass sich das riskante Verhalten in drei verschiedene Bereiche aufteilen lässt (vgl. RAITHEL 2001a, S. 237f). Für die alltäglichen Risikoverhaltensweisen wie Alkohol- und Drogenkonsum, mit denen keine gesundheitsschädlichen Folgen verbunden werden, gilt, dass Alkohol von Jungen und Mädchen gleichermaßen probiert bzw. konsumiert wird, wobei aber Jungen über alle Altersstufen hinweg häufiger von Rauscherlebnissen berichten (vgl. BZgA 2001, S. 9f; MFJFG NRW 2002, S. 71f; KOLIP 1997, S. 176f). Bei Drogen zeigt sich nicht durchweg ein Unterschied zwischen Jungen und Mädchen, lediglich Cannabis wird häufiger von Jungen konsumiert (vgl. vgl. BZgA 2001, S. 46f; MFJFG NRW 2002, S. 73f; KOLIP 1997, S. 182f). Neben den alltäglichen Risikoverhaltensweisen wurden im Text explizit risikokonnotierte Aktivitäten erläutert, die sich in waghalsige Aktivitäten (z.B. riskante Mutproben wie S-Bahn-Surfen, Strommastklettern) und Risk-Fashion Aktivitäten (Erlebnis-/Risikosportarten wie Fallschirmspringen, Bungeejumping) untergliedern lassen (vgl. RAITHEL 2001a, S. 237f). Waghalsige Aktivitäten wie beispielsweise Mutproben sind bereits von einem Viertel bis einem Drittel der befragten Kinder und Jugendlichen durchgeführt worden (meist im Alter von 10-14 Jahren; vgl. LIMBOURG et al 2003, S. 81f). Hierbei überwiegt die Anzahl der Jungen deutlich gegenüber der der Mädchen. Betrachtet man die inhaltlichen Gefahren, die mit Mutproben in Verbindung stehen, so wurde im vorliegenden Text deutlich, dass Jungen mehr Mutproben machen, die körperliche Schäden anrichten können, wohingegen Mädchen häufiger Aktionen durchführen, die mit sozialen Ängsten, Scham oder Ekel sowie mit Angst vor Sanktionierung in Zusammenhang stehen (vgl. ebd., S. 84). Generell sind Jungen eher zur Ausübung waghalsiger Aktivitäten, die mit einem hohen gesundheitlichen Risiko verbunden sind, bereit (RAITHEL 2001a, S. 238). Hinsichtlich von Risk-Fashion Aktivitäten wie Erlebnis- und Risikosportarten gilt, dass diese eher wenig von Kindern und Jugendlichen ausgeübt werden. Hier wurde ersichtlich, dass je nach Sportart die Bereitschaft bei den männlichen Jugendlichen höher liegt (vgl. RAITHEL 2001a, S. 239). Auch wenn Jungen und Mädchen die gleiche Risikosportart ausüben, so unterscheiden sich dennoch häufig die Motive, aus denen heraus die Sportart betrieben wird. So zeigen Studien an Erwachsenen, dass Männer einen größeren Wunsch nach Abenteuer haben und daher z.B. beim Klettern auch eher schlecht abgesicherte Routen wählen (vgl. ROSE 1993, S. 71). Ein ähnliches Bild ergibt sich auch bei der Beobachtung von Kindern auf Spielplätzen, wo Jungen eher Spielgeräte nutzten, die Mut erfordern oder Spiele spielen, bei denen der Wettkampfgedanke wichtig ist (vgl. NISSEN 1998, S. 183). Insgesamt wird deutlich, dass mehr Jungen als Mädchen riskante Verhaltensweisen ausüben.

Die vorhergehende Darstellung untermauert zwar die Bedeutung des Risikoverhaltens im Rahmen der Unfallproblematik im Kindes- und Jugendalter, sie hilft allerdings wenig bei der *Erklärung* dieses Zusammenhangs. Ein Erklärungsansatz fußt auf der mit einer höheren Risikobereitschaft der Jungen verbundenen stärkeren Affinität mit gefahrenassoziierten Verkehrssituationen. Jungen würden demnach in einer bestehenden Unfallgefahr einen attraktiven situativen Bestandteil sehen, und demzufolge solche, unfallassoziierten Situationen stärker aufsuchen. Die beschriebenen Hinweise aus Studien in anderen Verhaltensbereichen (Sport, Alltag) könnten eine derartige Annahme stützen.

Bei der Suche ursächlicher Mechanismen für riskantes Verhalten im Straßenverkehr können soziale Einflüsse hilfreiche Erklärungsansätze bieten. Es wird davon ausgegangen, dass Risikopraktiken von Kindern und Jugendlichen als Möglichkeit genutzt werden, verschiedene Formen der Geschlechtlichkeit herzustellen und zu erproben (vgl. HELFFERICH 2001, S. 338). Durch riskantes Verhalten kann somit Stärke und Dominanz bewiesen werden, was besonders von maskulinen Jungen, aber auch von maskulinen Mädchen als *Instrument* genutzt wird (RAITHEL 2003; PS UND POTENZ 2004). Risikoverhalten hat somit Signalcharakter in der sozialen Umwelt (vgl. HELFFERICH 2001, S. 338). In diesem Sinne orientieren sich die Handlungen von Jungen und Mädchen an den wahrgenommenen *Erwartungen der Gesellschaft* und hängen somit auch eng mit der *Erziehung* von Mädchen und Jungen zusammen. Auch risikantes Verkehrsverhalten ist vor diesem Ansatz der Instrumentalität in Richtung Rollenfindung und subjektiver Geschlechteridentifikation erklärbar. Riskantes Verhalten im Verkehr muss demnach vor dem Hintergrund falsch verstandener Rollenanforderungen betrachtet und eingeschätzt werden. Verkehrsverhalten zu verändern heißt in dieser Lesart auch Rollenverständnis und hiermit Geschlechtsrollenverständnis zu verstehen und möglicherweise zu beeinflussen.

Neben diesen sozialen Aspekten besitzen auch die Vorstellungen der eigenen Person bzgl. der risikofreudigen Selbstdarstellung einen zentralen Stellenwert. Von *psychologischer* Seite her existieren unterschiedliche Auffassungen über den Zweck, den riskantes Verhalten erfüllt. Risikoverhaltensweisen sind vor allem bei Jugendlichen, aber auch bei Kindern, selbstverständlicher Bestandteil des Lebensalltags und werden häufig nicht als riskantes Verhalten wahrgenommen – letzteres unter anderem deshalb, weil unmittelbare gesundheitliche Folgen noch nicht zu spüren sind (RAITHEL 2001b). Die größere Neigung zu riskantem Verhalten beim männlichen Geschlecht hängt scheinbar nicht mit der unterschiedlichen Entwicklung des *Gefahrenbewusstseins* bei Jungen und Mädchen zusammen, da sich in diesbezüglichen Studien nicht durchgängig geschlechtsbezogene Entwicklungsdifferenzen zeigten. Das spricht dafür, dass Jungen und Mädchen in einem ähnlichen Alter zwar Gefahren erkennen können, Jungen aber generell eher bereit scheinen, diese auf sich zu nehmen. Dies bedeutet, dass weniger die rationale Einschätzung einer Situation, sondern der Aufforderungscharakter der riskanten Verkehrssituation zu dem nach außen hin problematischen Verhalten von Jungen führt (höhere *Risikobereitschaft*).

Weiterhin mitverantwortlich für riskantes Verhalten bei Jungen könnte das in der psychologischen Literatur beschriebene starke und nur schwer zu beeinflussende Selbstvertrauen von Jungen sein. Jungen neigen zur Überschätzung der eigenen Leistungsfähigkeit (BISCHOF-KÖHLER 2002, S. 271f) und setzen sich daher möglicherweise vermehrt riskanten Situationen aus. Die Überschätzung der eigenen Fähigkeiten könnte damit zusammenhängen, dass Jungen sich im Gegensatz zu Mädchen oft auch als stärker und reaktionsschneller erleben (vgl. Kap. 5.1.2 Motorische Leistungsfähigkeit). Dabei ist allerdings zu berücksichtigen, dass die teilweise höhere motorische Leistungsfähigkeit häufig erst ab der Pubertät deutlich ausgeprägt ist. Die hohe Selbstsicherheit des männlichen Geschlechts zeigt sich jedoch schon früher, beispielsweise im Neugierverhalten bzw. in der mutigeren Erforschung von Unbekanntem. Grundsätzlich üben unbekannte Objekte auf Jungen eine stärkere Faszination aus als auf Mädchen (BISCHOF-KÖHLER 2002, S. 284f).

Das übermäßige Selbstvertrauen von Jungen kommt auch dann zum Tragen, wenn sie in einer Gruppe auffallen und die Aufmerksamkeit anderer erregen wollen. Jungen und Mädchen setzen hier unterschiedliche Strategien ein. Beim männlichen Geschlecht zeigt sich die Selbstdarstellung häufig durch Lautstärke und Drohen, während Mädchen hier „ruhigere" Strategien einsetzen, wie z.B. Organisieren (HOLD-CAVELL & BORSUTZKY 1986). Gerade diese übermäßige Selbstdarstellung wird in Untersuchungen als typisch für verunfallte Kinder gesehen (vgl. MANHEIMER & MELLINGER 1967; KÖHLER 1993, zit. nach LIMBOURG 1995, S. 77f). Von verschiedenen Seiten wird vermutet, dass eine übermäßige Selbstdarstellung und eine somit stärker fluktuierende Aufmerksamkeit, die sich nicht nur auf den Straßenverkehr sondern auch verstärkt auf die soziale Gruppe richtet, Unfälle begünstigen kann. Demzufolge stehen die beschriebenen psychologischen Einflüsse auf riskantes Verhalten im Straßenverkehr sehr eng mit den bereits beschriebenen Bedingungen des *sozialen* Systems und insbesondere der hierauf bezogenen Wahrnehmung eines Kindes oder eines Jugendlichen im Zusammenhang.

Von der *biologischen* Seite her existieren vereinzelt Hinweise auf eine biogenetische bzw. physiologische Grundlage des riskanten Verhaltens. Insbesondere hormonelle Gegebenheiten scheinen in Zusammenhang mit der verstärkten Neigung zu riskantem Verhalten zu stehen. Sowohl tierexperimentelle Befunde als auch Beobachtungen beim Menschen zeigen, ähnlich wie beim aggressiven Verhalten, dass das Vorhandensein von Androgenen in bestimmten Phasen der vorgeburtlichen Entwicklung zu jungenspezifischem (Spiel-)Verhalten führt. So wiesen beispielsweise weibliche Rhesusaffen eine Vorliebe für wilde Spiele auf (vgl. BISCHOF-KOEHLER 2002, S. 201) und auch im Humanbereich ergaben Untersuchungen an Zwillingen, dass Mädchen, die von derartigen Hormoneinflüssen betroffen sind, ein höheres Ausmaß an Sensationslust zeigten (SLIJPER 1984). Auch evolutionsbiologische Erkenntnisse liefern Hinweise für eine genetische Grundlage der übermäßigen und „lauten" Selbstdarstellung des männlichen Geschlechts. Im Laufe der Entwicklung der Menschheit musste der Mann auffallen, um um seine Partnerin zu werben und um sich gegenüber Rivalen zu verteidigen und seinen Fortbestand zu sichern (BISCHOF-KÖHLER 2002, S. 118f; vgl. auch PS UND POTENZ 2004; HOLTE 2000, S. 207f).

Zusammengefasst:

1. Jungen verhalten sich in vielen Lebensbereichen riskanter – vereinzelt finden sich derartige Untersuchungsergebnisse auch im Bereich des Straßenverkehrs.

2. Übermäßige Selbstsicherheit, die Überschätzung der eigenen Leistungsfähigkeit und die übermäßige Selbstdarstellung kann zu riskantem Verhalten im Straßenverkehr führen.

3. Für die übermäßige Selbstdarstellung des männlichen Geschlechts scheinen biogenetische Bedingungen mitbestimmend zu sein.

4. Physiologische, insbesondere hormonelle Einflüsse auf eine geschlechtsspezifische Ausprägung riskanten Verhaltens können aufgrund vereinzelter Befunde angenommen werden, sie stehen jedoch vermutlich in hohem Maße zur hormonell geprägten höheren Aggressivität bei Jungen im Verhältnis zu Mädchen.

5. Psychologische und soziale Einflüsse auf das Risikoverhalten scheinen sich gegenseitig zu verstärken. Eine Schlüsselstellung könnte hierbei die individuelle Wahrnehmung und Bewertung gesellschaftlich geprägter Rollenerwartungen einnehmen.

6. Auch wenn die angeführten Mechanismen nur mittelbare Schlüsse auf das Unfallverhalten von Jungen und Mädchen zulassen, so sprechen die Befunde doch für einen Zusammenhang zwischen häufiger Unfallbeteiligung bei Jungen und der stärkeren Ausprägung riskanten Verhaltens beim männlichen Geschlecht.

Für die Unfallprävention lassen sich folgende Schlüsse ziehen:

1. Die Tendenz zu riskanten Verhaltensweisen muss bei Jungen in der Verkehrserziehung verstärkt berücksichtigt werden.

2. Ein Schwerpunkt muss dabei die Veränderung von Bewertungsmustern für das eigene riskante Verhalten und dessen Konsequenzen bilden.

3. Insbesondere sollte verdeutlicht werden, dass auch nicht riskantes Verhalten oder regelkonformes Verhalten positiv bewertet wird und das

Selbstwertgefühl sowie die soziale Rolle des Jungen stärken kann.

4. Übermäßige Selbstsicherheit und eine eventuelle Überschätzung der eigenen Leistungsfähigkeit muss als unfallrelevanter Faktor berücksichtigt werden.

5. Es sollte geschlechtsbezogen auf das Bedürfnis zur übermäßigen Selbstdarstellung eingegangen und für die damit verbundene Nichtbeachtung von Umweltgegebenheiten sensibilisiert werden.

### 5.3.3 Unsicheres Verhalten

Unsicheres Verhalten beim Menschen ist von Faktoren wie Ängstlichkeit, Selbsteinschätzung und Selbstsicherheit abhängig. Hierbei handelt es sich um Bereiche, in denen Unterschiede zwischen den Geschlechtern deutlich werden. Mädchen sind ängstlicher als Jungen und auch Unfallverhalten scheint mit Angst in Verbindung zu stehen. Jungen sind, wie im vorherigen Abschnitte bereits erwähnt, selbstsicherer als Mädchen und neigen im Gegensatz zum weiblichen Geschlecht zur Selbstüberschätzung. In diesem Zusammenhang muss davon ausgegangen werden, dass die adäquate Selbsteinschätzung einer Person im Straßenverkehr ausschlaggebend für deren sicheres Verhalten ist und Fehleinschätzungen zu unsicherem Verhalten führen können. Der folgende Abschnitt versucht die Inhalte der Literaturbesprechung zum Thema Unsicheres Verhalten zusammenzufassen, um so auch die bestehenden Beziehungen einzelner Befunde mit dem Unfallgeschehen zu verdeutlichen.

*Psychologische* Studien zeigen, dass Mädchen sich ängstlicher einschätzen als Jungen, wobei beim weiblichen Geschlecht ein besonders deutlicher Anstieg der Ängstlichkeit zwischen dem 11. und dem 16. Lebensjahr sichtbar wird (DÖPFNER, PLÜCK, BERNER, FEGERT, HUSS, LENZ, SCHMECK, LEHMKUHL, POUSTKA, & LEHMKUHL 1997). Auch in einer unbekannten Umgebung bewegen Mädchen sich vorsichtiger und langsamer, wohingegen Jungen sich gegenseitig eher antreiben (SCHMITZ 1995). Empirische Belege sprechen weiterhin dafür, dass verunfallte Kinder und Jugendliche eine höhere Ängstlichkeit, mehr Nervosität und innere Unruhe sowie emotionale Verletzbarkeit aufweisen als nicht Verunfallte (SCHLAG & RICHTER 2002). Tendenziell zeigten in einer Untersuchung von SCHLAG und RICHTER (2002) insbesondere die Mädchen derartige neurotische Merkmalsausprägungen. Ängstlichkeit als ein Kriterium neurotischer Tendenz scheint demnach mit einer erhöhten Unfallgefahr assoziiert zu sein, was wie folgt erklärt wird: Innere Spannungen und affektive Belastungen beeinträchtigen die Aufmerksamkeit der Kinder; durch die ständige Sorge ist die Wahrnehmung vom Verkehr abgelenkt; hierdurch ist die Unfallgefahr erhöht (KÖHLER 1993, zit. nach LIMBOURG 1995, S. 80). Folgt man ausschließlich dieser Argumentationskette, so müssten Mädchen im Straßenverkehr häufiger verunfallen als Jungen. Unsicherheit und Ängstlichkeit sind demnach weder hinreichende noch notwendige Faktoren. So ist beispielsweise denkbar, dass Ängstlichkeit unter bestimmten Bedingungen eine protektive Funktion ausübt. Während beispielsweise Mädchen aus Ängstlichkeit eine gefährliche Situation gar nicht erst aufsuchen, führt die höhere Risikoakzeptanz von Jungen genau zum gegenteiligen Effekt. Hierauf verwiesen bereits die genannten Befunde, dass Mädchen im Gegensatz zu Jungen eher ihre Fähigkeiten unterschätzen und in einigen Bereichen nur ein geringes Selbstvertrauen zeigen (BISCHOF-KÖHLER 2002, S. 271f). Wenn jedoch von ängstlichen Personen aufgrund bestimmter Bedingungen kritische Verkehrssituationen zu bewältigen sind, werden sich die Faktoren Angst und Unsicherheit nachteilig auf das Verkehrsverhalten auswirken.

Die Ursachen für die geschlechtsbezogenen Unterschiede im Bereich des Selbstvertrauens werden vielfach auch in der *sozialen* Umwelt gesehen. So beispielsweise in der mit den Kompetenzäußerungen der Jungen verbundenen gesellschaftliche Höherbewertung alles Männlichen (BISCHOF-KÖHLER 2002, S. 271f). Die positiven Leistungen von Mädchen werden von der Gesellschaft häufig selbstverständlich erwartet und hingenommen.

Die Unterschiede von Jungen und Mädchen im Bereich der Angst und Selbstsicherheit spiegeln sich auch in den unterschiedlichen Arten von Mutproben von Kindern wider. Die ausgeübten Mutproben sind stark vom *sozialen* System einer Person beeinflusst. Wie bereits im vorhergehenden Abschnitt angesprochen, werden die meisten Mutproben im Alter von 10 bis 14 Jahren gemacht, wobei die Anzahl der ausübenden Jungen höher liegt als der der Mädchen (vgl. LIMBOURG et al 2003, S. 81f). In Befragungen geben fast die Hälfte aller Kinder und Jugendlichen an, dass Mutproben mit Angst vor Verletzung und Schmerz verbunden sind, wobei auch hier der Jungenanteil höher liegt (vgl. ebd., S. 84). Mädchen scheinen demnach mehr Angst vor körperlichen Schäden zu haben, was sich möglicherweise auch auf das Verhalten im Straßenverkehr übertragen lässt.

Betrachtet man das Thema Angst von der *physiologischen* Seite her, so besteht die Vermutung, dass Geschlechtshormone (z.B. Östrogen) zur Erhöhung der Transkriptionsraten von Genen führen, die ihrerseits mit Angstreaktionen in Verbindung stehen (MONG, EASTON, KOW & PFAFF, 2003). So stützen tierexperimentelle Untersuchungen dies beispielsweise in Hinsicht auf das Enkephalin-Gen. Bei Forschungen an Mäusen zeigte sich, dass eine Enkephalin-Erhöhung zu Reduktion der Schmerz- und Angstreaktionen führt, welche bei der weiblichen Maus eine höhere Toleranz aversiver Reize durch das Männchen während des Paarungsvorganges mit sich bringt und so die Paarung aufrecht erhält (BODNAR, COMMONS & PFAFF, 2002). Dieser Erklärungsansatz, nach dem das weibliche Östrogen eher zur Herabsenkung der Angst- und Schmerzschwelle führt, steht jedoch konträr zu den psychologischen und sozialen Befunden, nach denen der Faktor Angst eher bei Mädchen eine stärkere Ausprägung und hiermit verkehrsbezogene Rolle spielt.

Zusammengefasst:

1. Neurotische Tendenzen, die mit Angst und Unsicherheit einhergehen, scheinen bei verunfallten Kindern und Jugendlichen eine Rolle zu spielen.

2. Angst und Unsicherheit scheinen dann problematisch zu sein, wenn hierdurch situativ gebunden die Aufmerksamkeit der Person vom Verkehrsgeschehen abgelenkt wird.

3. Grundsätzlich ist Angst jedoch auch als protektiver Faktor zu diskutieren, der Kinder und Jugendliche vor dem Eingehen zu hoher Risiken schützt.

4. Von der physiologischen Seite her könnten Östrogene mit der Reduktion von Ängsten einhergehen, was konträr zu psychologischen und soziologischen Befunden steht.

Im Hinblick auf die Unfallprävention bzw. für die Verkehrserziehung sind folgende Punkte zu berücksichtigen:

1. Übermäßige Ängstlichkeit und Unsicherheit sollten im Bereich der Verkehrserziehung insbesondere hinsichtlich des Wahlverhaltens von Verkehrsräumen, Verkehrsmitteln und spezifischen Verkehrssituationen berücksichtigt werden.

2. Angst sollte Kindern differenziert vermittelt werden: als Empfindung, die hilft, zu hohe Risiken zu vermeiden, und als Störung, die die Aktivierung und Wahrnehmung in einer Verkehrssituation fehlleitet.

3. Die unterschiedlichen Sichtweisen, Wahrnehmungen und Bewertungen der eigenen Angst sollte zwischen Jungen und Mädchen verglichen, besprochen und bearbeitet werden. Dies weist auf geschlechtsspezifische Maßnahmen in einem koedukativen Rahmen hin.

# 6 Interviews mit Expertinnen und Experten

## 6.1 Zielstellung

Eine wesentliche, häufig unterschätzte Informationsquelle zur Definition von grundlegenden Konzeptionen für Interventionsmaßnahmen ist die systematische Befragung von Experten und Expertinnen in der Praxis (vgl. CHRISTIANSEN, 1999). Im vorliegenden Forschungsansatz wurden daher - aufbauend auf den Ergebnissen der Literaturanalyse - Interviews mit Multiplikatoren und Multipliktorinnen der Verkehrserziehung durchgeführt. Das vorrangige Ziel dieser Befragung war die Erfassung der Sichtweisen und Erfahrungen bezüglich geschlechtsbezogener Unterschiede zwischen Jungen und Mädchen. Darüber hinaus wurden darauf aufbauende innovative Ansätze für den Bereich der Verkehrserziehung erfragt und um deren Bewertung gebeten. Die Ergebnisse der Interviewstudie sollen abschließend in Bezug auf die Konzeption von Interventionsmaßnahmen diskutiert werden.

## 6.2 Methodik

### 6.2.1 Planung der Interviews und Zielgruppenbestimmung

Um möglichst vielfältige Informationen zu erhalten, erfolgte eingangs eine Bestimmung der Bereiche, aus denen die Expertinnen und Experten stammen sollten. Aufgrund der Überlegungen des interdisziplinären Teams und einer umfassenden Internetrecherche im Hinblick auf für die Fragestellung geeignete Bereiche erschien eine Auswahl von ca. 25 Personen aus den Zielgruppen

a) Verkehrserzieher/innen,

b) Lehrer/innen und Erzieher/innen,

c) Eltern,

d) Anbietern von Freizeitangeboten und

e) Wissenschaftler/innen

als sinnvoll. Darüber hinaus sollten Interviews mit

f) Tierpflegerinnen/pflegern von Primaten

Einblicke in biogenetische Aspekte liefern.

*a) Verkehrserzieher/innen*

Insbesondere Erfahrungen und Sichtweisen von Verkehrspolizistinnen und -polizisten an verschiedenen Schulen und von Verkehrserzieherinnen und -erziehern bei Vereinen oder sonstigen Institutionen sollten vielfältige Erkenntnisse bringen. Auch wenn bisher angewandte Programme weniger geschlechtsbezogen ausgerichtet sind, kann man davon ausgehen, dass Personen aus diesem Bereich bei Jungen und Mädchen geschlechtsbezogen vorgehen oder unterschiedliche Aspekte in den Vordergrund rücken und gerade dadurch Erfolge erzielen.

*b) Lehrer/innen und Erzieher/innen*

Auch Grundschullehrer/innen und Erzieher/innen erleben die Kinder im Bereich der Verkehrserziehung, können aber zudem Beobachtungen aus Alltagssituationen schildern und insbesondere ihre positiven und negativen Erfahrungen bei der Vermittlung von Kenntnissen erläutern. Auch können sie Hinweise auf unterschiedliche Vorgehensweisen in der Wissensvermittlung bei Jungen und Mädchen und den daraus resultierenden Erfolgen geben.

*c) Eltern*

Jungen und Mädchen machen die ersten Erfahrungen im Straßenverkehr an der Seite ihrer Eltern, die dabei sowohl bewusst erzieherisch einwirken als auch mehr oder minder unbewusst Vorbilder darstellen. Die Befragung von Eltern sollte Hinweise auf unterschiedliche Erziehungsstile und der daraus resultierenden Beeinflussung der Kinder liefern. Des Weiteren bereiten Eltern ihre Kinder auch auf das sichere Verhalten im Straßenverkehr vor. Eventuell würden Einflüsse und Fehleinschätzungen der Eltern in Bezug auf kindliche Fähigkeiten deutlich, die wiederum zu unsicherem Verhalten der Kinder führen können. Hinzu kommt, dass Eltern ihre Kinder in Alltagssituationen kennen und deren Verhalten allein oder in Gruppen mit anderen Kindern erleben. Interessant ist auch der Vergleich der Aussagen von Eltern mit Einzel- und Geschwisterkindern und gleich- und gemischtgeschlechtlichem Nachwuchs.

*d) Anbieter von Freizeitangeboten bzw. Freizeitpädagoginnen und -pädagogen*

Kommerzielle Freizeiteinrichtungen und -angebote, wie etwa Kartanlagen oder Spieleanbieter, sind in den letzten Jahren für Kinder und Jugendliche zunehmend attraktiver geworden und werden besonders in Ballungsgebieten stark frequentiert. Entsprechende Anbieter verfügen somit über umfangreiche Erfahrungen, wie sich Jungen und Mädchen in sicherheitsrelevanten Situationen verhalten. Die Erfahrungen und Sichtweisen von Experten und Expertinnen auf diesen Gebieten könnten innovative und für die Kinder attraktive Strategien zur Erziehung oder Wissensvermittlung liefern, die bisher in der Verkehrserziehung noch nicht praktiziert werden, aber durchaus sinnvoll sind und übertragen werden können.

*e) Wissenschaftler/innen*

Um das Verhalten von Jungen und Mädchen auch von einer anderen eher theoretischen Position aus zu betrachten, sollte im Rahmen der Interviews auch die Perspektive eines Vertreters oder einer Vertreterin aus der Wissenschaft berücksichtigt werden. So könnten nicht nur die Ergebnisse der Literaturrecherche diskutiert, sondern auch Hinweise aus der aktuellen Forschung einbezogen werden. Hinzu kommt, dass die Bewertung neuer geschlechtsbezogener Ansätze durch diese Expertengruppe wichtige Anhaltspunkte für die konkrete Umsetzung liefern kann.

*f) Tierpfleger/innen von Primaten*

Mit der fortschreitenden erfolgreichen Bestimmung menschlichen Erbguts in den letzten Jahren ist auch deutlich geworden, dass das Erbgut von Primaten und Menschen eine hohe Übereinstimmung aufweist. In einigen Verhaltensbereichen, wie zum Beispiel der non-verbalen Kommunikation, insbesondere dem Ausdruck von Gefühlen, lassen sich deutliche Gemeinsamkeiten zwischen Primaten und Menschen beobachten. Auch im Bereich des Problemlösens und Lernens sind Ähnlichkeiten festzustellen. Es erscheint daher bei der vorliegenden Fragestellung nach geschlechtsspezifischen Unterschieden im Verhalten von Mädchen und Jungen durchaus innovativ und gewinnbringend, Tierpfleger/innen nach Verhaltensunterschieden ihrer Schützlinge zu befragen und zu bitten, Parallelen zum Verhalten von Mädchen und Jungen besonders im Hinblick auf Risikoverhalten zu ziehen.

## 6.2.2 Interviewpartner/innen

Die Namen möglicher Interviewpartnerinnen und -partner der oben beschriebenen Gruppen wurden einerseits über Internet recherchiert und andererseits aufgrund bereits bestehender Kontakte initiiert. Im Schneeballsystem wurden die zuerst Interviewten nach weiteren in Frage kommenden Expertinnen und Experten gefragt.

Die erste Kontaktaufnahme mit den Expertinnen und Experten erfolgte telefonisch. Damit die Erstinformationen für alle Interviewpartner/innen ähnlich waren, wurde eine Textvorlage erarbeitet. Der Inhalt zielte darauf ab, dass die Interviewpartner/innen zwar darüber informiert wurden, dass es sich um ein geschlechtsbezogenes Forschungsprojekt handelt, aber nicht erwähnt wurde, dass die erhöhte Unfallhäufigkeit der Jungen und die diesbezügliche Ursachenerforschung im Vordergrund stehen.

Nach der telefonischen Terminvereinbarung erhielten die Expertinnen und Experten eine schriftliche Terminbestätigung sowie einen Kurzfragebogen[11], der je nach Zielgruppe leicht variiert wurde. Letzterer diente der Erfassung demographischer Variablen sowie einiger zusätzlicher Informationen zum Aufgabengebiet in der Verkehrserziehung bzw. zur Tätigkeit der Befragten. Durch den Fragebogen konnten zeitökonomisch Inhalte erfasst werden, die keiner weiteren Erklärungen durch die Interviewpartner/innen bedurften, aber dennoch für die spätere Auswertung der Gespräche grundlegende strukturierende Informationen lieferten. Die Befragten sollten diesen Bogen bereits im Vorfeld ausfüllen und ihn zum Gespräch mitbringen.

Im Anschreiben selbst erhielten die Expertinnen und Experten neben der Bestätigung des Termins weitere kurze Informationen zum Projekt, die sich inhaltlich an den Vorgaben für die Textvorlage des telefonischen Erstkontakts orientierten. Zudem wurde erwähnt, dass die Interviews aufgezeichnet werden sollten, und es wurde noch einmal versichert, dass die Interviews anonym ausgewertet, die Daten vertraulich behandelt und eine Rückverfolgung einzelner Aussagen auf einzelne Personen nicht möglich ist.

Insgesamt wurden 26 Expertinnen und Experten in 25 Interviews befragt. Die nachstehende Tabelle 1 gibt einen Überblick über die Verteilung auf die unterschiedlichen Zielgruppen.

*Tab. 1: Übersicht über die Interviewpartner/innen.*

| Zielgruppe | | Frauen | Männer | gesamt |
|---|---|---|---|---|
| a) | Verkehrserzieher/innen | 1 | 6 | 7 |
| b) | Lehrer/innen und Erzieher/innen | 6 | 1 | 7 |
| c) | Eltern | 2 | 2 | 4 |
| d) | Anbieter von Freizeitangeboten bzw. Freizeitpädagoginnen und -pädagogen | 3 | 2 | 5 |
| e) | Wissenschaftler/innen | 1 | - | 1 |
| f) | Tierpfleger/innen | 1 | 1 | 2 |
| | gesamt | 14 | 12 | 26 |

Die meisten Interviewpartner/innen wurden aus dem Bereich praktischer Verkehrserziehung gewählt (Zielgruppen a) bis d)). In der Zielgruppe der Wissenschaftler/innen wurde eine Expertin ausgewählt, die aufgrund ihres weitgehenden und versierten Einblicks in die Forschungslandschaft exzellente Aussagekraft besitzt. Aus diesem Grund schien eine Berücksichtigung weiterer Vertreter/innen nicht notwendig. Die Befragung von Tierpfleger/innen stellt eine besondere Ergänzung der eigentlichen Befragungsgruppe das, weswegen ein exemplarischer Einblick durch zwei Vertreter/innen hierbei genügt.

## 6.2.3 Konzeption des Interviewleitfadens und Durchführung der Interviews

Grundlage der Gespräche war ein themenzentrierter Interviewleitfaden[12], der für jede Zielgruppe in einigen Teilen variiert und angepasst wurde. Es handelt sich um einen halbstandardisierten Leitfaden, wobei die abzufragenden Themen festgelegt waren, die genaue Formulierung der Fragen und deren Abfolge konnte je nach Interviewsituation variiert werden (MAYRING, 2003).

Die folgenden Inhalte wurden thematisiert:

- Beschreibung des Tätigkeitsfelds
  - Rahmenbedingungen der Verkehrserziehung, des Freizeitangebotes, etc.
- Beschreibung des Verhaltens der Kinder während der Maßnahmen, der Angebote, etc.
  - Schwierigkeiten, Angst, Spaß
  - Merkmale der Kinder und Verhalten

---

[11] Die Kurzfragebögen befinden sich im Anhang auf der CD-Rom.

[12] Alle Leitfäden befinden sich im Anhang auf der CD-Rom.

- Beobachtungen im Straßenverkehr
  - Geschlechtsbezogene Unterschiede
  - Mögliche Unfallursachen
- Beobachtungen im Alltag
  - Geschlechterunterschiede im Verhalten
  - Lernverhalten: Besonderheiten von Jungen und Mädchen
- Sonstiges, übergreifende Fragen (nur für bestimmte Personengruppen)
  - Geschlechtsbezogene Pädagogik
  - Wandel in der Verkehrserziehung
  - Wandel bei den Geschlechtsunterschieden

Die Anwendbarkeit des Leitfadens wurde im Rahmen von Probeinterviews getestet. So konnten sichtbar gewordene inhaltliche Schwächen überarbeitet und verbessert werden. Eine Interviewerschulung gewährleistete eine möglichst hohe Objektivierung der Durchführung und Auswertung der Interviews.

Die Mehrzahl der Interviews wurde an den Arbeits- bzw. Wohnorten der Befragten durchgeführt, einige Expertinnen und Experten kamen in die Räumlichkeiten der Sporthochschule. Die Interviews nahmen zwischen 40 und 90 Minuten in Anspruch.

Um die Interviews umfassend und möglichst objektiv auswerten zu können, wurden sie aufgezeichnet.

Es wurde auf eine offene Atmosphäre geachtet, so dass es den Befragten leicht fiel, eigene Vermutungen und persönliche Bewertungen zu äußern (MAYRING, 2003).

### 6.2.4 Auswertung der Interviews

Die Auswertung der Interviews erfolgte in mehreren Schritten. Zunächst wurden die Tonbandaufnahmen vollständig transkribiert und anschließend inhaltlich analysiert. Die inhaltliche Auswertung erfolgte über das Programm MAXQDA (2001), wobei hierfür zunächst die Erstellung eines Kategoriensystems notwendig war. Die Auswertungskategorien entstanden in Anlehnung an den Interviewleitfaden und wurden postexplorativ anhand des transkribierten Interviewmaterials fortlaufend ergänzt und modifiziert. Die einzelnen transkribierten Aussagen der Expertinnen und Experten wurden dabei den Kategorien zugeordnet, wodurch sich die Gesprächsinhalte sinnvoll ordnen und übersichtlich darstellen lassen.

## 6.3 Ergebnisse der Interviews

Die Darstellung der Interviewergebnisse erfolgt zunächst für die Zielgruppen a) bis d) unter Berücksichtigung der inhaltlichen Schwerpunkte

A. Geschlechterunterschiede,

B. Lehren / Lernen,

C. Straßenverkehr und

D. Verhaltensweisen der Kinder bei der Verkehrserziehung.

Die Ergebnisse der drei Interviews mit der Wissenschaftlerin und den Tierpflegerinnen und Tierpflegern werden im Anschluss dargestellt, wobei lediglich Besonderheiten Erwähnung finden.

### 6.3.1 Grundschullehrer/innen und Erzieherin

#### A. Geschlechterunterschiede

*Beobachtete Geschlechterunterschiede*

Bis auf eine Grundschullehrerin nannten alle anderen Befragten konkrete Beobachtungen von Jungen und Mädchen in verschiedenen Situationen, in denen Unterschiede zwischen den Geschlechtern deutlich wurden. In den Schilderungen von vier Grundschullehrern und -lehrerinnen wird ersichtlich, dass Jungen sich häufig nicht an Regeln halten, unabhängig davon, ob sie sich beobachtet fühlen oder nicht. Dieses regelwidrige Verhalten wird bei Mädchen nicht in dem Ausmaß beobachtet, worauf auch die Aussage eines Grundschullehrers hindeutet „meine Mädchen verhalten sich tadellos und konform und wissen, wie man sich den Regeln entsprechend verhält" (GL2, 75)[13]. Des Weiteren berichtet eine Grundschullehrerin davon, dass „Jungs impulsiver sind und eher auf ihr Recht im Straßenverkehr pochen" (GL4, 86), was besonders im dritten Schuljahr deutlich wurde. Dazu passt auch die Beobachtung, dass Jungs unbekümmerter und impulsiver sind und sich eher prügeln: „Also ich hab noch nie Mädels gesehen, die sich prügeln. Also das sind eigentlich immer die Jungs." (GL4, 135)

Ein weiterer Geschlechterunterschied, der sowohl von einer Grundschullehrerin, als auch von einer Erzieherin in konkreten Situationen beobachtet wurde, war die Konzentrationsfähigkeit bzw. die Auffassungsgabe. So wird bezüglich der Mädchen

---

[13] Die Buchstaben- und Zahlenkombination verweist auf die Zielgruppe, in diesem Fall Grundschullehrer/innen (GL), die Zahl hinter dem Komma gibt den Absatz des transkribierten Interviews an.

berichtet, „die hören zum Beispiel besser zu, wenn der Polizist was erklärt und versuchen das auch umzusetzen" (GL6, 52) oder „Mädchen nehmen wesentlich differenzierter wahr" (ER1, 137), bei den Jungs, „da fehlt die Konzentration, sich auf eine Sache, ja, zu fokussieren und dabei zu bleiben und aufmerksam zu sein" (ER1, 52). Hierzu passt, dass die Mädchen als „die besseren Leistungsträger in den Klassen" bezeichnet wurden (GL6, 370). Jungen wird aber, auch wenn der Unterschied heute nicht mehr als so deutlich bezeichnet wird, eine bessere Leistung bei sportlichen Leistungen zugeschrieben, was „bei den Bundesjugendspielen" (GL6, 145) deutlich wird.

Eine Lehrerin erwähnt, dass Mädchen aber auch in Gefahrensituationen geraten können, beispielsweise durch Träumereien, diese Mädchen wurden von ihr als „Träumersuse" bezeichnet (GL1, 33).

Zusammenfassend sprechen die beobachteten Unterschiede dafür, dass Jungen Probleme haben, sich in festen Strukturen zu bewegen und sich an Regeln zu halten. Des Weiteren scheinen die Beobachtungen zu belegen, dass Mädchen sich eher auf Dinge konzentrieren und Anweisungen aufnehmen können, aber auch durch „Träumereien" in Gefahrensituationen geraten können.

*Geschlechterstereotype*

Bei der Auswertung wird deutlich, dass alle befragten Pädagogen und Pädagoginnen Vorstellungen über typisch weibliches und typisch männliches Verhaltens haben. Von allen werden Mädchen als „einfach ängstlicher" (GL1, 53), „öfter ruhiger" (GL1, 86) oder „verhaltener und rücksichtsvoller" (GL2, 85) beschrieben. Mädchen „passen auf und sagen den Jungens eher, die sollen nicht so rumhampeln" (ER1, 57), sie „denken auch schon mal mehr nach und sind vorsichtiger" (GL3, 78). Demgegenüber werden Jungen von allen Grundschullehrerinnen und -lehrern und von der Erzieherin als „unruhiger als Mädchen" (GL3, 97) und „draufgängerisch und dränglerisch" (GL2, 85) bezeichnet. Viele Jungen seien „einfach riskanter" (GL6, 196), weil sie „vielleicht gar nicht mehr so darüber nachdenken (...) was passieren könnte" (GL4, 102), so die Aussagen zweier Lehrerinnen. Ein weiterer Unterschied der von allen Grundschullehrern und -lehrerinnen berichtet wurde, ist das „Imponiergehabe" (GL3, 78) bzw. das „Prollverhalten" (GL3, 99) von Jungen: „Die Jungen, die wollen ja nur rasen und zeigen, wie toll sie fahren können" (GL6, 46). Dementsprechend werden Jungen von zwei Lehrerinnen als eher „hart im Nehmen" (GL5, 243) bezeichnet, was sich auch in Aussagen wie „Jungen heulen nicht so richtig los" (GL5, 259) oder „die beißen die Zähne zusammen" (GL1, 108) wieder findet. Mädchen werden von drei Lehrerinnen als anhänglicher bezeichnet, „die heulen sofort und (...) wollen betüdelt werden und die Jungs eher, da muss ich halt durch jetzt" (GL5, 243).

Eine weitere Eigenschaft der Jungen, die diesen sowohl von einem Grundschullehrer als auch von zwei Lehrerinnen zugeschrieben wird, ist Geradlinigkeit. „Jungen, die zeigen (...) Abneigung oder auch Zuneigung deutlich, (...) sorgen für klare Verhältnisse von Anfang an" (GL6, 285). Im Zusammenhang damit steht auch die Auffassung einer Lehrerin, die davon ausgeht, dass „Mädchen mehr vom Gefühl her ansprechbar" (GL3, 101) sind und Jungen „vielleicht mehr von der Vernunft (...) gelenkt werden" (GL3, 105). Wobei letzteres aber nicht dahingehend gedeutet werden sollte, dass Jungen Gefahren besser einschätzen. Vielmehr werden Jungen von zwei Lehrerinnen als unbekümmerter, unbedachter und spontaner beschrieben. Während die Jungen Streitigkeiten oft direkt austragen und „eher zu Raufereien, Prügeleien, auch zu verbalen Injurien, verbalen Kraftakten greifen" (GL2, 101), betonen drei Grundschullehrer/innen, dass Mädchen „manchmal ein bisschen zickiger" (GL2, 101) sind und eher gegeneinander „intrigieren" (GL6, 275).

Unterschiede werden von einer Lehrerin auch bezüglich des Spielens berichtet, wonach Mädchen häufiger mit Puppen spielen oder malen und lesen, wohingegen Jungen eher als „Technikfreaks" (GL1, 86) bezeichnet werden. Eine andere Lehrerin betont, dass Jungen aus ihrer Erfahrung heraus Fehler nicht unbedingt so einsehen wie Mädchen.

Ein Unterschied zwischen den Geschlechtern, der von allen Befragten dieser Gruppe genannt wird, ist die Tatsache, dass Mädchen „mehr bemüht" sind, „grundsätzlich die Aufgaben zu erfüllen, also regelmäßig Hausaufgaben zu machen, regelmäßig auch sauberer zu arbeiten, regelmäßig ihre Sachen zu haben" (GL2, 111), „das schön machen" (GL3, 97) wollen. Dies spiegelt sich auch darin wider, dass Mädchen bei einer Aufgabe „sich eher auf diese Sache dann auch konzentrieren" (ER1, 138), „sich auch viel länger an einer Sache festhalten" (ER1, 50) und sich „vielleicht auch besser begeistern, einlassen auf Situationen, von daher auch ruhig zwei, drei Sachen auf einmal machen" (ER1, 152) können.

Insgesamt wird im Bereich der Weiblichkeits- bzw. Männlichkeitsstereotype deutlich, dass jede/r der Befragten Unterschiede zwischen Jungen und Mädchen festzustellen glaubt. Besonders die höhere Ängstlichkeit und die größere Zurückhaltung der Mädchen sowie die größere Aktivität und Impulsivität der Jungen spiegeln sich in den Aussagen aller wider. Ein weiterer Bereich, in dem offensichtlich deutliche Unterschiede vermutet wurden, war die Genauigkeit und Gewissenhaftigkeit beim Ausführen bestimmter Aufgaben sowie die bessere Fähigkeit, sich zu konzentrieren. Bereiche, in denen teilweise weitere Unterschiede gesehen wurden, waren das Verhalten im Streitfall, das Spielverhalten und der Umgang mit Fehlern.

*Wandel der Geschlechterunterschiede*

Bei der Frage danach, ob sich die Unterschiede zwischen den Geschlechtern im Lauf der Jahre verändert haben, wurde von den Grundschullehrern und -lehrerinnen und der Erzieherin keine einheitliche Aussage abgegeben. Immerhin drei der Grundschulehrerinnen sowie der Grundschullehrer und die Erzieherin sind der Überzeugung, dass der Unterschied „früher (...) schon noch stärker" (ER1, 97) war. Zwei der Lehrerinnen betonen, dass insbesondere „die Mädchen in den letzten Jahren eine positive Entwicklung mitbekommen" (GL1, 138) haben, „dass denen da halt auch viel mehr ermöglicht wird" (GL5, 389). Mädchen „dürfen auch die Bäume hochklettern" (GL1, 138), wohingegen es für die Jungen häufig immer noch heißt: ein „Indianer kennt keinen Schmerz". Demgegenüber betont aber eine Grundschullehrerin: „Also, heute ist es natürlich auch schon so, dass Jungen sich auch nicht genieren, wenn sie so anders, so Weicheier sind in Anführungszeichen. (...) Da gibt es selbstbewusste Jungen" (GL6, 396).

Lediglich zwei Lehrerinnen sehen keine große Änderung der Unterschiede. Eine jüngere Lehrerin sieht die Unterschiede zwischen den Geschlechtern sowohl früher, als auch heute nicht so groß und berichtet im Hinblick auf ihre eigene Kindheit "Also wir haben ja schon früher immer mit fast gleichen Spielzeugen gespielt" (GL4, 162). Die zweite Grundschullehrerin ist der Überzeugung, dass die Jungen früher im Unterricht „mehr anzusprechen oder eher anzusprechen waren" (GL3, 141), wobei sie hinzufügt, dass das aber auf alle Kinder zutrifft.

Es wird deutlich, dass zumindest fünf der sieben Pädagogen und Pädagoginnen durchaus Veränderungen der Unterschiede zwischen den Geschlechtern sehen. Sie stellen heraus, dass die Differenzen zwischen Jungen und Mädchen geringer geworden sind, was insbesondere für die Mädchen positiv gesehen wird.

*Gründe für Geschlechterunterschiede*

Befragt nach den Ursachen für die beobachteten und vermuteten Unterschiede zwischen den Geschlechtern sagen sechs der sieben Befragten, „Die Erziehung spielt eine Rolle" (ER1, 62). Daneben schreiben aber auch vier Grundschullehrer/innen den biologischen Gegebenheiten *einen* Einfluss zu, was sich z.B. in folgenden Aussagen zeigt: „(...) und das ist auch von der Natur her angelegt, eine Frau ist anders als ein Mann" (GL2, 140).

Als weiterer ausschlaggebender Faktor für unterschiedliches Rollenverhalten nennen vier der Befragten dieser Gruppe die vorherrschenden Gesellschaftsstrukturen, „das ist das Patriarchentum" (GL3, 107). Es wird angeführt, dass der Einfluss der Gesellschaft bzw. der jeweils vorherrschenden Kultur insbesondere bei einigen ausländischen Kindern deutlich werde, „die haben ein ganz klares Männerbild vor Augen" (ER1, 79).

Auch konkrete Vorbilder werden von einer Grundschullehrerin und der Erzieherin als ursächlich für die Geschlechterunterschiede gesehen, wobei die Kinder sowohl die Eltern, aber auch andere Spielgefährten „kopieren" (GL1, 92), „die bauen sich so auf, gegenseitig" (ER1, 55).

Zusammenfassend gilt, dass insbesondere der Erziehung, gefolgt von den biologischen Gegebenheiten und den Gesellschaftsstrukturen eine entscheidende Rolle für die Unterschiede zwischen den Geschlechtern zugewiesen wird. Ein weiterer zusätzlicher wenn auch nicht so häufig auftauchender Faktor scheinen Vorbilder zu sein.

*Gemeinsamkeiten der Geschlechter*

Auch wenn die Befragten dieser Gruppe Unterschiede zwischen Jungen und Mädchen berichtet haben, so nennen fünf der befragten Pädagogen und Pädagoginnen aber auch konkrete Bereiche, wo keine Geschlechtsunterschiede festzustellen sind. Zwei Grundschullehrerinnen sehen dies im Hinblick auf die Motivation zur Teilnahme am Sport: „Also im Sport würde ich sagen, dass da eigentlich Jungs und Mädchen genauso reagieren (...) da genauso mitlaufen und alles mitmachen" (GL4, 127). Ein anderer Bereich der genannt wird, ist der Kunstunterricht, wo eine Lehrerin berichtet „also, wenn ich was Handwerkliches mache, dann töpfere ich mit den Kindern und da stellt sich der Unterschied nicht so dar". (GL3, 132). Des Weiteren berichtet eine Grundschullehrerin, dass sowohl den weiblichen wie auch den männlichen Erstklässlern die Trennung von den Eltern und die Veränderung gleichermaßen schwer fällt. Genauso erwähnt eine andere Lehrerin, dass „die Problemfälle (...) hinterher am anhänglichsten" (GL6, 301) sind, unabhängig davon, ob Junge oder Mädchen.

Es wird insgesamt deutlich, dass neben den Unterschieden zwischen den Geschlechtern häufig Bereiche auffallen, in denen sich Jungen und Mädchen nicht unterscheiden.

*Umsetzungskonsequenzen*

Bei der Frage danach, ob die Grundschullehrer/innen und die Erzieherin aus den beobachteten Geschlechtsunterschieden konkrete Konsequenzen ziehen, werden von den Befragten auch konkrete Aussagen gemacht. Vier Pädagogen tendieren dazu „die Mädchen [zu] ermuntern" (GL2, 87). Zwei Lehrerinnen sagen aus, dass sie „sich mehr um die Jungen" (GL3, 86) kümmern, bzw. sie häufiger ermahnen. Wobei es als schwierig angesehen wird, für bestimmte Interventionen „die Klasse zu trennen in Jungs und Mädchen" (GL5, 217). Trotzdem wird von zwei Lehrerinnen vorgeschlagen, dass man die Jungen eher für gefährliche Situationen bzw. überhaupt im Bereich der Wahrnehmung sensibilisieren sollte, „dass die für so was (...) mehr Gespür entwickeln" (GL5, 365).

Als wichtig wird aber von der Erzieherin auch eine „Selbstreflexion" (ER1, 123) der Pädagogen / Pädagoginnen angesehen, damit der unterschiedliche Umgang mit Jungen und Mädchen auch bewusst wird.

Lediglich eine Grundschullehrerin berichtete, dass sie nicht geschlechtsspezifisch sondern eher „kindspezifisch" (GL1, 66) Konsequenzen zieht und Wahrnehmungsübungen oder Konzentrationsübungen als sinnvoll erachtet.

Es wird deutlich, dass die Mehrzahl der Befragten entweder bereits Konsequenzen aus den beobachteten Geschlechtsunterschieden gezogen hat oder es zumindest als sinnvoll einschätzt auf die typisch männlichen bzw. weiblichen problematischen Verhaltensweisen einzugehen.

## B. Lehren / Lernen

*Lerntypen*

Befragt man die Pädagogen / Pädagoginnen danach, ob Jungen oder Mädchen sich bestimmten Lerntypen zuordnen lassen, dann geben die drei vorliegenden Aussagen von Grundschullehrerinnen ein einheitliches Bild ab. Es wird betont, dass diese unterschiedlichen Lerntypen der Kinder zwar existieren, wobei „es das breite Spektrum bei beiden" (GL1, 122) Geschlechtern gibt.

*Geschlechtstypisches Lernverhalten*

Werden die Grundschullehrer/innen und die Erzieherin konkret nach Unterschieden im Lernverhalten befragt, so stellen sechs der Befragten deutliche Unterschiede heraus. Demnach sind Mädchen, wie bereits bei der Auswertung der Geschlechterunterschiede angedeutet, „eifriger und bemühter" (GL6, 281), arbeiten sauberer und sind bemühter, regelmäßig ihre Unterrichtsmaterialien zu haben, sowie Aufgaben zu erfüllen. Die Beobachtungen der Erzieherin sprechen dafür, dass Mädchen „sich eher auf diese Sache (...) konzentrieren" (ER1, 138). Zudem gilt, „die verstehen schneller, sind manchmal verständiger" (ER1, 138). Zusammenfassend haben sechs der Befragten Unterschiede im Lernverhalten feststellen können, lediglich eine der Grundschullehrerinnen sagt aus, dass sie bisher nicht beobachtet hat, dass Jungen und Mädchen auf eine unterschiedliche Art und Weise lernen.

*Förderunterricht*

Bei der Auswertung der Interviews im Hinblick auf Fördermaßnahmen fallen lediglich zwei Aussagen auf. Eine Grundschullehrerin berichtet, von „Motorikübungen für die, die halt noch da ein bisschen langsamer in der Entwicklung sind" (GL1, 70), was sich durchaus auch bewährt. In diesem Zusammenhang berichtet sie auch von Konzentrationsübungen oder Übungen, die das Selbstvertrauen stärken. Auch die Erzieherin berichtet, dass „Wahrnehmungsspiele, Sensibilisierung der Sinne" (ER1, 121) zur alltäglichen Arbeit dazu gehören.

Wenn Fördermaßnahmen ergriffen werden, dann scheinen diese auch Erfolg versprechend zu sein.

*Geschlechtsbezogenes Lehrverhalten*

Im Zusammenhang mit Geschlechtsunterschieden ist es auch von Bedeutung, ob die Pädagogen und Pädagoginnen ihr Lehrverhalten geschlechtsbezogen ausrichten. Eine Lehrerin betont, dass sie versucht mit Jungen und Mädchen gleich umzugehen, wohingegen eine weitere Lehrerin aussagt, unterschiedliches Verhalten gegenüber Jungen und Mädchen zu beobachten, „das kann man nicht ausschließen" (GL6, 324) und dass sie beispielsweise die Jungen „häufiger ermahnen musste" (GL6, 328). Eine dritte Grundschullehrerin erwähnt, dass man vielleicht aufgrund des Fehlverhaltens der Jungen eine Klasse häufiger ermahnt, wobei da aber Jungen und Mädchen gleichermaßen dabei sind und zuhören. Weitere Aussagen werden zu dieser Thematik nicht getroffen.

## C. Straßenverkehr

*Gründe für Unfallverhalten*

Bei der Frage danach, welche Ursachen die erhöhte Unfallgefahr von Jungen mitbedingen, äußern alle sieben befragten Pädagogen / Pädagoginnen Vermutungen, die in eine ähnliche Richtung gehen. Zwei Grundschullehrerinnen und eine Erzieherin schreiben den Jungen Angeberei und „Prollverhalten" (GL4, 99) zu, insofern „(...) dass die Jungs vielleicht in einem gewissen Alter meinen, sie müssten den anderen was beweisen" (GL5, 209). Zudem werden sie von sechs der Befragten als eher draufgängerisch, drängerisch und impulsiver beschrieben, nach dem Motto „riskier ich doch mal ein bisschen was" (ER1, 114), wobei diese Eigenschaft von der Erzieherin und einer Grundschullehrerin verstärkt im Jugendalter beobachtet wird. Eine Grundschullehrerin beschränkt sich mit ihren Beobachtungen diesbezüglich auf den Erwachsenenbereich und meint, „dass männliche Autofahrer schneller und leichtsinniger fahren als Frauen" (GL3, 76). Zum riskanteren Verhalten passend sehen zwei Lehrer/innen die mangelnde Einschätzungsfähigkeit von Gefahren bei Jungen, die manchmal davon ausgehen „das schaffe ich noch und sich selber überschätzen" (GL2, 85). Die geringere Unfallhäufigkeit der Mädchen wird von vier Grundschullehrer/innen in der ängstlicheren oder zurückhaltenderen Art gesehen, wonach Mädchen „einfach von sich aus immer verhaltener und rücksichtsvoller und eben überlegter, vielleicht auch zögerlicher" fahren (GL2, 85). Eine Grundschullehrerin geht zudem davon aus, dass Mädchen anders beobachten, oder wie eine andere bemerkt „vielleicht eher drüber nachdenken, oder auch vielleicht vom Elternhaus viel mehr das eingeschärft bekommen, pass auf an der Straße" (GL4, 103) und, wie eine Dritte aussagt, „Mädchen sich vielleicht doch regelbewusster dann auch im Straßenverkehr verhalten" (GL5, 211).

Zusammenfassend wird Angeberei und draufgängerisches Verhalten als Hauptursache der häufigeren Unfallgefährdung gesehen und zudem wird ein Einfluss der stärkeren Zurückhaltung der Mädchen zugeschrieben. Nur zwei Lehrer ergänzen, dass Jungen ihre eigenen Fähigkeiten leicht überschätzen und daher häufiger Unfälle erleiden. Vereinzelt wird noch die stärkere Behütung im Elternhaus und das generell regelbewusstere Verhalten und dessen möglicher Übertrag in den Straßenverkehr thematisiert.

*Jungen und Mädchen im Straßenverkehr*

Befragt nach den Unterschieden im Straßenverkehr gibt die Erzieherin zunächst an: „Ich pass dann auf alle Kinder auf, ich unterscheide da nicht wirklich, ob das jetzt ein Junge oder Mädchen ist, und sobald ich ein Kind seh', ist das für mich Alarm und ich fahr langsam."

Die weiteren Aussagen der Grundschullehrer/innen und der Erzieherin finden sich bereits im vorherigen Abschnitt wieder. Zwei Grundschullehrerinnen berichten noch von konkreten Beobachtungen, insofern, als Mädchen eher seltener auf der Straße bzw. mit dem Fahrrad gesehen wurden: „Mädchen im Grundschulalter sieht man hier im Dorf fast gar keine. Also die das Fahrrad jetzt so als Freizeitmobil dann irgendwie nehmen, das sind eher die Jungen." (GL6, 199).

### D. Verhaltensweisen der Kinder bei der Verkehrserziehung

*Probleme, Schwierigkeiten*

Im Hinblick auf Unfallverhalten bei Kindern sind insbesondere die Probleme und Schwierigkeiten, die bei der Verkehrserziehung gesehen werden, von großer Bedeutung. Zwei Grundschullehrerinnen berichten von konkreten Beobachtungen von Kindern außerhalb der Schulzeit, die die Schwierigkeit verdeutlichen, das Gelernte in den *Alltag zu übertragen*. Das zeigt sich in den Aussagen „(...) dann in der Schule fährt wie gesagt auch keiner ohne [Helm], aber für nachmittags reicht's dann halt immer noch nicht" (GL5, 227) oder in Bezug auf den Fahrradführerschein „Und die Bedeutung oder die Sinnhaftigkeit, die sah ich dann mittags, wenn ich nach Hause fuhr und kam an die Arenberger Straße, da von wegen Vorfahrt achten." (GL6, 40). In diesem Fall wurden beide beobachteten Regelverstöße von Jungen geleistet. Ein weiteres Problem scheint die Konzentrationsfähigkeit bzw. Unaufmerksamkeit, die von vier Pädagoginnen angesprochen werden. So die Beobachtung einer Grundschullehrerin, dass Kinder „einfach rauslaufen und nicht gucken oder so zwischen den Bussen" (GL6, 259). Dazu passend die Aussage einer weiteren Grundschullehrerin: „(...) die haben zwar [den Kopf] gedreht (...), aber du wusstest genau, die haben gar nicht geguckt, ob ein Auto kam." (GL4, 71).

Die Erzieherin sieht bei der mangelnden „*Konzentration* oder Unruhe (...) die Jungens" (ER1, 76) als auffallender. Dementsprechend betonen zwei Grundschullehrerinnen, dass Mädchen häufig durch Träumereien abgelenkt sind, wobei die eine aussagt, dass dies auch auf Jungen gleichermaßen zutrifft. Schwierig scheinen auch bestimmte *kognitive Anforderungen* zu sein, wovon drei Befragte dieser Gruppe berichten. Hier wird von einer Grundschullehrerin das Problem genannt, die anderen Verkehrsteilnehmer/innen nicht richtig einschätzen zu können. Des Weiteren sehen zwei Pädagogen aber auch den Mangel, die Fähigkeiten richtig einzuschätzen, als Schwierigkeit an. In diesem Zusammenhang wird auch von zwei Pädagoginnen erwähnt, dass Kinder häufig die Regeln noch nicht verinnerlicht haben, „also, dass denen absolut nicht klar war rechts vor links, oder die verschiedenen Verkehrsschilder (...) da mussten die erst mal überlegen" (GL4, 27). Damit zusammen steht auch die Aussage einer dritten Grundschullehrerin, die betont: „aber gerade bei Kindern im Grundschulalter ist ja sowieso schwer, Regeln die sie lernen, die eigentlich abstrakt sind, anzuwenden." (GL6, 243).

In der Verkehrserziehung schwierig zu unterrichtende Kinder sind nicht nur die, die die Regeln nicht verinnerlicht haben, sondern auch die, die sie nicht beherrschen wollen, worauf zwei der Befragten dieser Gruppe eingehen. Solche mit einem *Autoritätsproblem* (...) und Regeln halt eher da rein und da raus." (GL1, 27), wie eine Grundschullehrerin ihre Beobachtungen beschreibt oder wie auch von einer weiteren Lehrerin bemerkt, dass sie die Kinder als problematisch ansieht, die „Blödsinn gemacht" (GL5, 131) haben. Eine Lehrerin ist der Überzeugung, dass das Problemverhalten häufig aufgrund der Persönlichkeit auftritt und „'ne Charaktereigenschaft" ist „und die kannst du ja nicht ändern" (GL4, 113).

Vier der sechs Lehrer/innen sprechen auch die *Motorik* als Bereich an, in dem Probleme auftauchen können. Während zweimal auch in diesem Zusammenhang die Überschätzung der eigenen Leistungsfähigkeit angesprochen wird, scheint insbesondere (wie von drei Grundschulpädagoginnen genannt) die Kombination aus motorischer Anforderung und verkehrsgerechtem Verhalten schwierig zu sein. Besonders problematisch sei dies bei schlechten Radfahrern, weil die damit beschäftigt seien, „dass sie alles richtig machen: Sitzen verkrampft auf dem Fahrrad und dann sollen sie noch nach hinten gucken und sollen noch Zeichen geben und haben den Lenker ja noch mit beiden Händen fest und andere fahren freihändig daher" (GL6, 163).

Bei der Frage danach, ob die Probleme und Schwierigkeiten bei bestimmten Gruppen besonders stark auffallen, sind sich alle Befragten einig, dass es die Kinder sind, „die sonst im Unterricht halt auch schwierig sind" (GL4, 77). Drei Lehrer/innen betonen, dass die Schüler/innen, die im Sport unsicher seien oder auch sonst motorische Probleme hätten, auch beim Fahrradfahren auffielen, ähnlich wie eine Lehrerin aussagt: „teilweise natürlich die, die im kognitiven Bereich auch, ja, Schwierigkeiten haben" (GL4, 64). Drei der Pädagogen und Pädagoginnen fügen hinzu, dass auch ausländische Kinder bzw. Aussiedlerkinder darunter fallen, teilweise weil die Übungsmöglichkeiten zu Hause nicht gegeben sind. Ein Grundschullehrer berichtet, dass ausländische Mädchen in seiner Arbeit häufig aufgefallen sind. Auch im Hinblick auf die Altersstruktur scheinen Problemgruppen aufzutauchen, wie eine Befragte betont „die älteren Schüler die gehen halt einfach drüber, ohne sich irgendwie mal bemerkbar zu machen" (GL4, 94). Die Beobachtungen der Grundschullehrer/innen und Erzieherin zeigen teilweise auch eine geschlechtsspezifische Einteilung der Problemgruppen: "Ich würde sagen, dass sind die Jungen." (ER1, 46).

Bei der Frage danach, wie die einzelnen Pädagoginnen mit den auftretenden Problemen umgehen, erwidern zwei Befragte, dass spezielle Fördermaßnahmen im Sport oder sonst im Alltag unabhängig vom Verkehr stattfinden. Als weitere Möglichkeit wird es gesehen, die „Eltern dazu" (GL5, 134) zu bitten. Drei Grundschullehrer/innen gehen speziell auf die auffällige Gruppe „Jungen" ein. Ein Lehrer gibt an, dass es wichtig ist das Rollenverständnis anzusprechen „Die Jungen sollen lernen zu verstehen, welche Rolle spielt ein Mädchen, welche Rolle spiele ich" (GL2, 146). Die zweite Lehrerin bemerkt, dass man „den Jungen" vielleicht „noch abschreckendere Beispiele zeigen" müsste (GL4, 172).

Fasst man die Ergebnisse zusammen, so werden von jeweils vier Pädagoginnen motorische Probleme und mangelnde Konzentrationsfähigkeit beschrieben. Immerhin noch drei Befragte sprechen von sich aus die kognitiven Anforderungen und die notwendige Verinnerlichung von Regeln an. Autoritätsprobleme, Träumereien und Übertrag in den Alltag sprechen immerhin noch zwei Grundschullehrerinnen an.

Alle Befragten sehen die Kinder als Problemgruppe in der Verkehrserziehung, die auch sonst in irgendeiner Art im Unterricht auffallen. Drei der Pädagogen / Pädagoginnen sprechen in diesem Zusammenhang gezielt die Gruppe ausländischer Kinder bzw. Aussiedlerkinder an. Nur jeweils eine Pädagogin sieht ältere Schüler/innen als problematisch an. Dass Jungen häufiger auffallen als Mädchen wird von allen bejaht, wobei lediglich die Erzieherin diese Beobachtung ohne Nachfrage von sich aus und ohne Einschränkung erwähnt. Als Konsequenz der Auffälligkeiten sehen zwei Befragte spezielle Fördermaßnahmen unabhängig vom Bereich der Verkehrserziehung. Eine Lehrerin sieht als Möglichkeit, die Eltern konkret mit einzubeziehen. Drei Grundschullehrer/innen gehen speziell auf die auffällige Gruppe „Jungen" ein und können sich vorstellen, dieses Problem durch stärkere Sensibilisierung für Geschlechterrollen und für gefährliche Situationen anzugehen.

*Erleben / Emotion*

Bei der Frage danach, wie Kinder sich bei der Verkehrserziehung verhalten, geben alle sieben Pädagogen und Pädagoginnen an, dass die Kinder mit Interesse bei der Sache seien und Spaß daran hätten. Deutlich wird das in Aussagen wie „im Allgemeinen ist das Interesse groß, weil es was ganz anderes immer ist" (GL6, 109) oder „Aber grundsätzlich haben sie Spaß daran" (GL5, 126) auch weil „erst mal generell macht alles Spaß, was den Klassenraum verlässt" (GL1, 21).

Angst wird auch von sechs der Befragten beobachtet, wobei die allerdings sehr viel seltener beobachtet wird, „es ist eine Minderheit" (GL2, 43). Angst wird häufiger bei Mädchen beobachtet, wobei aber auch Jungen betroffen sein können. Ängstliches Verhalten wird häufig dann beobachtet, wenn die Erfahrung fehlt und Neues kommt. So beschreibt eine Grundschullehrerin ein Mädchen „die saß noch nie wahrscheinlich auf dem Fahrrad und (...) konnte überhaupt nicht fahren und bremsen schon gar nicht"(GL5, 131). Dementsprechend teilweise auch speziell bei jüngeren Kindern die Angst vor neuen Umgebungen, „wo sie gar nicht wussten, dass es sie überhaupt gibt" (ER1, 73) oder wie eine Grundschullehrerin eher bei Mädchen beobachtet, die Angst Fehler zu machen: „(...) hoffentlich mache ich jetzt keinen Fehler" (GL4, 91).

Weitere Verhaltensweisen, die nicht durchgängig von allen beobachtet wurden bzw. nur von einzelnen genannt werden, ist z.B. die mangelnde Disziplin der Kinder, „weil die halt nicht so lange so ruhig sind" (GL5, 125). Ebenso werden die Kinder von einer Grundschullehrerin als „Schwarm Hummeln" (GL4, 56) bezeichnet und als „nur schwer zu beruhigen" (GL4, 56) und als „also anfangs immer sehr aufgeregt" (GL4, 56) bezeichnet. Auch Frustration wird von einer Pädagogin als Verhalten von Kindern im Rahmen der Verkehrserziehung genannt. Speziell „bei Jungs ist es halt wirklich so, dass sie teilweise mit totalem Frust reagieren" (GL4, 90), „also Fahrrad in die Ecke knallen und (...), sich irgendwo hinsetzen und hinflätzen und dann gar nicht mehr auf irgendwas reagieren" (GL4, 56). In diesem Zusammenhang wird dann von einer weiteren Pädagogin auch Drängeln und aggressives Verhalten genannt, wenn es darum geht, „zu ertragen, der steht vor mir (...) und auch zu akzeptieren" (GL2, 49). Hinzu passt die Aussage einer Befragten die beobachtete „dass die Jungs impulsiver sind und eher auch auf ihr Recht im Straßenverkehr pochen, also da gab's dann teilweise harte Zusammenstöße" (GL4, 86). Letztlich äußerte eine Grundschullehrerin auch als beobachtetes Verhalten im Rahmen der Verkehrserziehung, dass Angeberei eine Rolle spielt: „manchmal wollen die Jungen auch angeben (...) dass sie eine Straßenbahn anfassen oder (...) solche Sachen." (GL3, 58 und 61).

Abschließend sind sich alle Befragten dieser Gruppe einig, dass Kinder Spaß und Interesse an der Verkehrserziehung haben. Ängstliche Mädchen und speziell ängstliche Jungen werden seltener beobachtet, scheinbar vor allem dann, wenn die Erfahrung fehlt. Vereinzelt werden bei den Kindern mangelnde Disziplin, Angeberei und Aufregung sowie Frust, Aggression, Impulsivität und Beharrlichkeit beobachtet.

*Vorerfahrung*

In den Interviews wurde durchgehend deutlich, dass auch die Vorerfahrung eine wichtige Rolle spielt. Sechs der befragten Pädagoginnen und Pädagogen sprechen die Vorerfahrung im Zusammenhang mit dem Fahrradfahren an: „(...) das ist halt einfach, die sind noch nicht so fit im Fahrrad fahren oder haben wahrscheinlich zu Hause andere Interessen, und dann klappt es halt nicht" (GL4, 68). So werden auch auftauchende Probleme oder Ängstlichkeit erklärt, z.B. von einer Lehrerin, die davon ausgeht „(...) wenn das Mädchen häufiger gefahren wäre oder überhaupt gefahren wäre, denke ich, hätte die auch nicht so Probleme" (GL5, 163). Die Erzieherin weist allerdings darauf hin, dass sich die Vorerfahrung auch bei Kindern als Fußgänger/innen bemerkbar macht. Eine Lehrerin sieht auch die Eltern in der Pflicht, Kinder schon zu trainieren: „(...) das ist auch Aufgabe der Eltern, (...), dass sie den Schulweg üben (...) besondere Gefahrenpunkte" (GL3, 64). Von einem Lehrer wird erwähnt, dass Eltern die Fähigkeiten ihrer Kinder häufig überschätzen und so vielleicht keinen Übungsbedarf sehen. Dementsprechend „werden Dinge gekauft, die die Eltern eigentlich nicht verantworten können. Also, das Fahrrad wird nicht nach der Zweckmäßigkeit gekauft (...), sondern nach den Gängen" (GL2, 25). „Erst wenn man spezielle Anforderungen an die [Kinder] stellt (...), dass die Kinder dann merken, wie unsicher sie sind und auch die Eltern plötzlich merken, wie unsicher" (GL2, 11) ihre Kinder sind.

Neben den motorischen Mängeln, die sich aufgrund nicht ausreichender Vorerfahrung in der Verkehrserziehung bemerkbar machen, berichten drei Grundschullehrerinnen davon, dass auch Unterschiede in den theoretischen Kenntnissen bzgl.

der Verkehrsregeln auffallen, „(...) dass einige schon Verkehrszeichen kennen, andere noch gar nicht und sich dementsprechend auch an die Regeln anders halten können." (GL1, 43).

Es wird deutlich, dass insbesondere beim Fahrradfahren die Wichtigkeit der Vorerfahrung gesehen wird und die Tatsache, dass sich diese konkret bemerkbar macht. Weniger Pädagoginnen sprechen mangelnde Vorerfahrung im Hinblick auf Verkehrsregeln und Regelwissen an.

*Wandel in der Verkehrserziehung*

Interessant für die Verkehrserziehung ist auch die Frage, wie sie sich bis heute entwickelt hat und welche Unterschiede zu früher auftauchen. Hierzu machen sechs der Befragten eine Aussage. Zwei der jüngeren Grundschullehrerinnen geben an, dass die Inhalte grundsätzlich gleich geblieben sind und auch das Vorgehen ähnlich. Lediglich einzelne Dinge seien neu hinzugekommen, z.B. „Helm war ja (...) auch noch gar nicht Pflicht" (GL5, 377). Eine der beiden betont aber schon, „dass man jetzt mehr versucht, (...) dass es für die Kinder interessanter ist" (GL5, 373). Letzteres ähnelt folgender Aussage der Erzieherin: „Früher, sagen wir mal vor 10 Jahren, vor 15 Jahren hat man bei der Verkehrserziehung (...) mehr geguckt, wen kann ich mir heranziehen? Das war dann der Verkehrskasper, das waren irgendwelche Ausmalblätter (...) viel übern Kopf, halt sehr kognitiv. Jetzt (...) ist die Richtung Gott sei Dank anders geworden, weil die Kinder lernen über eigene Erfahrungen, die müssen in Situationen rein, die müssen schlechte sowie gute Erfahrungen machen." (ER1, 142). Letzteres erfordert eine aktivere Auseinandersetzung der einzelnen Pädagogen und Pädagoginnen mit dem Thema, was auch ein Grundschullehrer bemerkt: „Früher haben wir auch viel mehr so Vorgaben [gehabt], die die Stadt uns gegeben hat (...), haben darauf gewartet, dass das Fahrzeug in die Schule kam, während wir jetzt aktiv Verkehrserziehung von uns aus machen" (GL2, 159), was dann jetzt schon „nicht mehr ins Belieben der Lehrer gestellt wird, sondern verpflichtend ist" (GL2, 159). Auch die Notwendigkeit, „aktiv am Verkehr" (GL2, 167) teilzunehmen, wird herausgestellt und nicht wie früher „(...) dann wurde mit Autos irgendwas über den Tageslichtprojektor gefahren und dann wurden Kreuzungssituationen dargestellt, da wurde die Vorfahrtsregel mehr oder weniger durchgekaut (...)." (GL2, 167). Letztlich gibt eine Lehrerin noch an, dass früher die Verkehrsschule kam und unterrichtete bzw. dass man dorthin gehen konnte, was heute, nach ihrer Beobachtung, nicht mehr der Fall ist. Eine weitere Lehrerin ist der Überzeugung, dass man insgesamt früher „noch viel unbekümmerter" (GL6, 84) war, während man heute stark auf die Sicherheitsausrüstung achtet.

Es wird zusammengefasst ersichtlich, dass insbesondere zwei jüngere Lehrerinnen allenfalls geringe Veränderungen sehen. Zwei weitere Befragte (Grundschullehrer und Erzieherin) betonen, dass sich insgesamt einiges, vor allem im Vorgehen geändert hat. Dazu gehört, dass man heute viel aktiver in dem Bereich arbeitet und dass die Vermittlung von Wissen viel praktischer geworden ist. Eine andere Lehrerin erinnert sich an Maßnahmen der Verkehrsschule, die ihrer Beobachtung nach heute vielen nicht mehr so präsent ist. Letztlich sieht eine weitere Lehrerin als stärkste Veränderung, dass mehr Sicherheitsvorschriften hinzugekommen sind.

*Geschlechtsbezogene Programme*

Einiges wurde bereits unter der Überschrift Konsequenzen abgehandelt. Hier fallen lediglich die Aussagen zweier Lehrerinnen auf. Eine lehnt es direkt ab, Jungen und Mädchen geschlechtsbezogen zu unterrichten. Die zweite sieht das Problem eher in den bisher existierenden Programmen: „Also, ich denke mal, an dem Programm kannst Du jetzt irgendwie nix verändern (...) das ist eigentlich so vorgeschrieben. Also wenn, dann kannst Du wirklich immer nur mit den Eltern darüber reden, dass sie ihre Kinder halt darüber aufklären sollen, was passieren kann." (GL4, 116).

*Erzieherinnen*

In einigen Interviews hat sich herauskristallisiert, dass sich auch die Pädagogen und Pädagoginnen gerade im Hinblick auf die Verkehrserziehung in einer bestimmten Rolle sehen. Drei Lehrerinnen sehen sich als Respektsperson, der die Kinder zuhören, wobei eine Lehrerin dem Polizisten und der Polizistin in Uniform noch mehr Einfluss auf die Kinder zuschreibt. Ein Lehrer spricht die Motivation der Erzieher an „was uns eigentlich motiviert (...), dass Kinder in der Woche enorm zulegen".

### 6.3.2 Verkehrserzieher/innen und Verkehrspolizisten und -polizistinnen

A. Geschlechterunterschiede

*Beobachtete Geschlechterunterschiede*

Konkrete Beobachtungen, ob sich Jungen und Mädchen in ihrem Verhalten unterscheiden, werden kaum geäußert und sie sind zudem nicht einheitlich. Ein Teil stellt heraus, dass Jungen draufgängerischer sind als Mädchen, dass sie "wild über die Gehwege, Straßen, Spielstraßen fahren, ohne groß immer zu gucken" (VP1, 59). Mädchen werden hingegen als ruhiger, konzentrierter und als die besseren Zuhörerinnen beschrieben. Es wird aber auch von einigen betont, dass dies nicht für alle zutrifft, bzw. dass sie selber keine großen Unterschiede zwischen den Geschlechtern feststellen.

*Geschlechterstereotype*

In den Aussagen der Befragten spiegeln sich sowohl Weiblichkeits- als auch Männlichkeitsstereotype wider, die sie in ihrem Wissen verankert haben. Zum Teil werden die Stereotype im Zusammenhang mit den geschilderten Situationen geäußert, zum Teil aber auch situationsunabhängig. Insgesamt werden Mädchen als ruhiger, konzentrierter, vorsichtiger, interessierter und zum Teil als ängstlicher beschrieben. "Frauen sind grundsätzlich vorsichtiger" (VE3, 106). Noch deutlicher als die Weiblichkeitsstereotype werden Stereotype über Jungen geäußert. Hier sind sich alle Befragten einig, dass Jungen draufgängerischer und risikobereiter sind und dass dies auch ganz natürlich ist. "Das liegt halt in der Natur der Sache. Der Junge ist halt von vorneherein ein Draufgänger" (VP 2, 100). Außerdem wird geäußert, dass Jungen aktiver, aggressiver und mutiger seien und dass sie einen höheren Bewegungsdrang hätten. Einige der Befragten führen einschränkend ein 'vielleicht' dazu oder sagen, dass dies nur für die Mehrheit aber nicht für alle gelte.

*Wandel der Geschlechterunterschiede*

Die Befragten sind sich nicht darin einig, ob sich die Geschlechterunterschiede im Laufe der Zeit gewandelt haben. Drei der sieben geben an, dass sich nichts geändert hat, eine Person sagt zwar, dass sich was geändert hat, aber konkretisiert dies nicht. Drei sehen einen Wandel und zwar zwei dahingehend, dass "sich die Mädels langsam aber sicher anpassen" (VE3, 158), also auch härter und auffälliger werden, während eine Person sagt, dass mehr Gleichstellung zwischen Mädchen und Jungen besteht.

*Gründe für Geschlechterunterschiede*

Die Befragten sind sich nicht darin einig, wodurch die Geschlechterunterschiede bedingt werden. Von vier der sieben Befragten wird die Natur in den Vordergrund gestellt, das Verhalten sei "genetisch bedingt" (VP4, 149). "Und insgesamt ist es ja auch biogenetisch so, dass tatsächlich Männer risikobereiter, von der Evolutionsgeschichte her, weil die ja früher auf Jagd gehen mussten und so oder Fortpflanzung und so der Stärkste" (VE2, 186). An zweiter Stelle der genannten Gründe steht die Erziehung, allerdings wird dies zumeist nicht sehr weit ausgeführt, sondern nur darauf hingewiesen, "dass Mädchen mehr behütet werden" (VE1, 164) und sie sich deshalb zu vorsichtigeren und weniger risikofreudigen Menschen entwickeln.

*Umsetzungskonsequenzen*

Die sechs der sieben Befragten, die sich zu Umsetzungskonsequenzen äußern, geben alle an, dass das Wissen über Geschlechterunterschiede nicht in die pädagogische Arbeit einfließt. Zum einen fehlt die Zeit und die Möglichkeit, die Gruppe zum Beispiel nach Geschlecht zu trennen, zum anderen geben sie an, dass sie individuell auf die Kinder eingehen unabhängig vom Geschlecht.

## B. Lehren / Lernen

*Lerntypen*

Hierzu hat sich nur eine Person geäußert. Ihrer Meinung nach stellen Jungen und Mädchen keine unterschiedlichen Lerntypen dar.

*Disziplin*

Eine/r der Verkehrspolizisten und -polizistinnen gibt an, dass es aufgrund der getragenen Uniform einfacher sei, das Interesse der Kinder zu wecken.

*Geschlechtstypisches Lernverhalten*

Fünf der sieben Befragten machen zumindest kurze Angaben dazu, ob sie bei Mädchen und Jungen ein unterschiedliches Lernverhalten beobachten. Zwei verneinen dieses, die anderen drei geben an, dass Mädchen bei den Übungen konzentrierter sind, Hinweise und Korrekturen eher annehmen als Jungen und dass sie sich mit Themen intensiver auseinandersetzen.

## C. Straßenverkehr

*Gründe für das geschlechtsbezogene Unfallverhalten*

Zwei der Befragten äußern sich gar nicht zu der Frage, warum auf den Straßen mehr Jungen als Mädchen verunglücken. Die anderen sind sich darin einig, dass dies eigentlich in der Natur der Sache liegt, da Jungen einen größeren Bewegungsdrang haben, risikobereiter sind, Wettrennen im Straßenverkehr veranstalten, "cool über eine rote Ampel" rennen (VP3, 126), "schnell das vergessen, was sie eigentlich gelernt haben" (VP1, 59), Situationen nicht richtig einschätzen und zudem häufiger mit Fahrrädern unterwegs sind. Von Seiten der Mädchen trägt zu ihrer geringeren Unfallgefährdung bei, dass sie vorsichtiger sind, realistischer und sich eher an Regeln halten. Zudem nutzen sie ein Auto oder Fahrrad eher als Fortbewegungsmittel und nicht wie die Jungen zum Angeben oder Vorzeigen. Einer der Befragten geht zwar eigentlich davon aus, dass Mädchen und Jungen sich im Straßenverkehr gleich verhalten, wenn sie vorher das gleiche Sicherheitstraining gehabt haben, aber differenziert im Endeffekt doch nach Geschlecht.

## D. Verhaltensweisen der Kinder während der Verkehrserziehung

### Vorerfahrungen

Die fünf Befragten, die etwas zu Vorerfahrungen von Kindern im Straßenverkehr sagen, geben an, dass es bemerkbar ist, welches Kind vor der Verkehrserziehung gar nicht oder nur wenig mit dem Straßenverkehr in Berührung gekommen ist und welches Kind von den Eltern schon gut vorbereitet wurde. Es gibt viele Kinder, die mit dem Auto zur Schule gebracht werden und solche, die auch ansonsten kaum als Fußgänger/innen unterwegs sind. Die haben es bei der Verkehrserziehung zunächst schwerer. Problematisch ist es auch bei Kindern, deren Eltern ein "Negativbeispiel" (VP2, 94) sind oder die sich nur wenig um die Sicherheit ihrer Kinder kümmern. Bei den Fahrradübungen fällt es besonders auf, wenn Kinder bis dahin nur wenig oder gar nicht auf dem Rad gesessen haben, bei denen die "Eltern übervorsichtig waren" (VP4, 104). Die sind dann häufig "total unsicher auch auf dem Fahrrad" (VP1, 49) und haben bei den Übungen mehr Probleme.

### Erleben, Emotionen

Die Befragten sind sich darin einig, dass die Verkehrserziehung den Kindern in erster Linie Spaß macht. Die meisten sind mit Interesse dabei und arbeiten konzentriert mit. Allerdings kann die Konzentration von den Kindern meistens nicht so lange aufrecht erhalten werden, was bei den Maßnahmen beachtet werden muss. Die im Folgenden dargestellten Emotionen und Erlebnisse werden jeweils von einigen Verkehrserziehern und -erzieherinnen und Verkehrspolizistinnen und -polizisten genannt. Gerade nach der Schule sind Kinder häufig unachtsam, gehen möglicherweise in der Gruppe nach Hause und achten oft nicht genügend auf den Verkehr. Zudem sind im Straßenverkehr auch andere Dinge interessant als der Verkehr an sich, so dass es dadurch zu Unachtsamkeit kommt. Ein Verkehrserzieher weist darauf hin, dass bei manchen Kindern Übungen erfolglos sind, weil sie imponieren wollen, zu schnell fahren und es dann nicht schaffen. Einige haben auch Probleme, weil sie Angst bei den Übungen haben. Vier Befragte geben an, dass ihnen dies insbesondere bei Mädchen aufgefallen ist.

### Probleme, Schwierigkeiten

Von den Befragten werden verschiedene Aspekte als Problembereiche bei der Verkehrserziehung identifiziert. Zunächst einmal ist es schwierig, dass die Konzentrationsspanne bei Kindern nicht so hoch ist: "halbe Stunde, dann muss aber Schluss sein, weil sonst passen sie nicht mehr auf" (VP1, 35). Ein weiteres Problem ist gerade beim Fahrradfahren die gleichzeitige motorische Anforderung - dies insbesondere bei denjenigen, die vorher gar nicht oder kaum Fahrrad gefahren sind und die kognitive Anforderung, das Einhalten von Regeln, das Wissen, wohin gefahren werden soll. "Radfahren ist halt eine wesentlich schwierigere Komponente im Straßenverkehr sich zu bewegen, weil da ja diese Mehrfachhandlungen verlangt sind. Ich muss Gleichgewicht halten, ich muss bremsen, ich muss ein Lenkrad festhalten, muss mich umgucken können, muss klingeln können" (VP2, 88). Das ist bei den Verkehrserziehungsmaßnahmen für manche Kinder zu viel auf einmal. Ein weiteres Problem ist die 'Langzeitwirkung' der Maßnahmen insbesondere im Hinblick auf die Einhaltung von Regeln. Zwar halten sich viele Kinder zunächst an die Verkehrsregeln, aber mit der Zeit verändert sich dies, "weil es uncool ist, jetzt stehen zu bleiben" (VP2, 90) an einer roten Ampel. Als Problemgruppen bei der Verkehrserziehung werden zum einen Kinder von Haupt- oder Sonderschulen benannt, Kinder von Schulen in sozial schwächeren Gegenden und auch Jungen, die häufiger als Mädchen „Blödsinn machen" und sich auffällig verhalten.

### Konsequenzen

Nur wenige sagen etwas dazu, wie sie mit Problemgruppen/-kindern umgehen. Eine Lösungsstrategie ist es, diejenigen Kinder, die sich auffällig verhalten, durch Extraaufgaben besonders einzubinden, so dass sie zu beschäftigt sind, um „Blödsinn zu machen".

### Geschlechtsbezogene Programme

Hierzu äußert sich nur eine Person und die stellt heraus, dass es gut wäre, auf die unterschiedlichen Voraussetzungen von Mädchen und Jungen eingehen zu können. Sie sieht aber keine Möglichkeit der Umsetzung, da dafür die Ressourcen fehlen.

*Wandel der Verkehrserziehung*

Es gibt nur wenige Aussagen dazu, ob sich die Verkehrserziehung gewandelt hat. In Bezug auf die Führerscheinausbildung hat sich einiges getan, sowohl von Gesetzesseite her als auch von der pädagogischen Herangehensweise. Über die Verkehrserziehung im Kindergarten und in der Schule erzählt nur eine Person ausführlicher und die stellt klar heraus, dass die Verkehrserziehung viel pädagogischer geworden ist als früher. "Man hat erkannt, [...] dass zum Beispiel die Arbeit draußen wichtig ist" (VP2, 160). Zudem gibt es sehr viel mehr Fortbildungen und auch eine wissenschaftliche Beschäftigung mit dem Thema.

### 6.3.3 Eltern

A. Geschlechterunterschiede

*Beobachtete Geschlechterunterschiede*

Alle vier befragten Eltern konnten konkret beobachtete Verhaltensunterschiede zwischen Jungen und Mädchen nennen. Zwei Väter betonen hier eher „das Interesse an haushaltlichen Dingen" (EL4, 176) und an der Versorgung jüngerer Geschwister bei den Mädchen im Gegensatz zu den Jungen. Die zwei Mütter berichten konkret davon, dass Mädchen „einfach vorsichtiger als die Jungen" (EL2, 39) sind, nicht so unkonzentriert und fahrlässig. So z.B.: „die hat schon eher auf Gefahrenquellen von vorne rein viel mehr aufgepasst" (EL2, 39) oder „das waren immer die Jungs, die nicht aufpassen" (EL3, 111). Konkret wurde auch von allen vier Eltern beobachtet, dass Mädchen strebsamer sind und, wie ein Vater berichtet, auch ordentlicher: „das muss in ihrem unmittelbaren Umkreis eben alles seine Ordnung (haben), alles in Ordnung sein." (EL4, 178). Eine Mutter berichtet letztlich noch davon, dass ihr mehrfach aufgefallen ist, dass Mädchen „verschiedene Dinge auf einmal regeln" (EL2, 192) können, wohingegen Jungen „sich beschränken" (EL2, 195). Es werden somit also in unterschiedlichen Bereichen konkrete Beobachtungen gemacht.

*Geschlechterstereotype*

Im Hinblick auf Stereotype sind sich alle Eltern einig, „dass Mädchen wesentlich besonnener sind und nicht so wild" (EL3, 93), einfach überlegter reagieren. So die Einschätzung einer Mutter: „aber ich denke schon, dass die [Mädchen] halt eher einen Sinn für Gefahr haben, also für Gefahrenquellen, die sehen eher, da ist jetzt ne spitze Kante oder da ist der Bordstein, da könnte ich jetzt drüber fallen." (EL3, 101). Dementsprechend sind Jungen „von sich her ein bisschen mutiger vielleicht mal in verschiedenen Sachen" (EL1, 248). Sie werden als „wagemutiger" (EL1, 282) oder „vielleicht auch unvernünftiger" (EL1, 282) und „etwas ungebremst" (EL4, 135) und deren Verhalten mit „Kamikaze-Stil" (EL4, 135) beschrieben. In diesem Zusammenhang berichtet eine Mutter, dass Mädchen auch „einfach empfindlicher" sind (EL3, 101).

Bezüglich des sozialen Drucks finden sich bei zwei Vätern Aussagen in den Interviews. Beide sind sich darin einig, dass Mädchen sich eher als die Jungen in einer sozialen Gruppe an die Regelvorschriften der Eltern halten und „sich da keinen Druck aufbauen lassen" (EL1, 274). Generell geht ein Vater davon aus, dass die Mädchen angepasster sind, wenn es darum geht, sich an Regeln zu halten, während der andere betont, dass Jungen eher dazu neigen, bei Regelverstößen in Gruppen mitzumachen. Zwei der Eltern berichten davon, dass Jungen aggressiver sind und auch eine wesentlich geringere Frustrationstoleranz haben und „dann mit Konfliktsituationen nicht so umgehen können" (EL3, 127). Eine der Mütter kommt immer wieder darauf zurück, dass Mädchen mehrspurig fahren können" (EL2, 169) wohingegen „Jungen wirklich nur einer Sache nachgehen können." (EL2, 167).

Letztlich wird von drei Eltern noch darauf hingewiesen, dass Mädchen strebsamer sind als Jungen und „einfach perfekt sein wollen" (EL2, 161).

Es wird deutlich, dass Mädchen von allen Eltern als vorsichtiger und überlegter, Jungen dagegen als wagemutiger eingeschätzt werden. Auch Anpassung in einer sozialen Gruppe, gleichzeitiges Ausüben mehrerer Tätigkeiten, Strebsamkeit und Aggression sind Themen, bei denen geschlechtsbezogene Unterschiede gesehen werden.

*Wandel der Geschlechterunterschiede*

Während lediglich ein Vater davon ausgeht, dass die Unterschiede zwischen den Geschlechtern „immer gleich [waren und] auch immer gleich bleiben." (EL1, 390), sind sich alle anderen drei Befragten dieser Gruppe einig, dass die Differenzen früher „ausgeprägter" waren (EL2, 229), teilweise, weil sich heute jeder bemüht „Jungen und Mädchen ziemlich gleich zu halten" (EL2, 229) und weil die Unterschiede früher „von den Eltern stärker gefördert" wurden (EL4, 231).

*Gründe für Geschlechterunterschiede*

Die befragten Eltern sind sich nicht einig, welche Ursachen den Geschlechterunterschieden zugrunde liegen. Drei der Eltern gehen davon aus, dass es nicht nur einen beeinflussenden Faktor gibt. Die Erziehung sehen zwei der vier Eltern als stark beeinflussende Bedingung an: „Jungs werden halt anders erzogen, unbewusst vielleicht anders erzogen" (EL1, 286). Ein Vater und einer Mutter räumen der Erziehung eine eher untergeordnete Rolle in dieser Hinsicht ein. Wie eine Mutter betont: „Ich glaube nicht, dass es ein Erziehungsfakt ist" (EL2, 151). Die Erziehung spielt nach ihrer Meinung nur bis zum 3. oder 4. Lebensjahr ein Rolle. Drei der Befragten sehen als Ursache, insbesondere auch biologisch verankerte Grundlagen: „Es liegt einmal in der Natur der Sache" (EL2, 209). Die gleichen drei Elternteile sehen aber auch im Umfeld und in Vorbildern eine deutliche Quelle für Unterschiede.

*Gemeinsamkeiten der Geschlechter*

Hierzu gibt es lediglich die Aussage eines Vaters, wonach Jungen oder Mädchen irgendwann mit zunehmendem Alter bzw. im Erwachsenenalter „gleich unvernünftig oder vernünftig" (EL1, 284) werden.

*Umsetzungskonsequenzen*

Ein Vater sieht als Konsequenz der Geschlechterunterschiede: „Mit Jungs musst du häufiger ins Gericht ziehen" (EL1, 303).

## B. Lernen / Lehren

*Geschlechtstypisches Lernverhalten*

„Mädchen lernen gewissenhafter" (EL1, 352), sind strebsamer, ordentlicher und lernen manchmal schneller. Dessen sind sich alle Eltern einig. So gibt es Einschätzungen, dass für Mädchen die Noten wichtiger seien, wohingegen Jungen eher oberflächlich lernten. Ein Vater betont, „die Jungen muss man gepackt kriegen und wenn sie gepackt sind, dann sind sie Feuer und Flamme" (EL4, 194). Eine Mutter geht davon aus, „dass Mädchen eher in kleineren Schritten lernen und sagen, ich mach das jetzt in kleineren Lernschritten und Jungs halt eher das Bedürfnis haben, den Gesamtkomplex schneller begreifen zu wollen." (EL3, 137).

*Geschlechtsbezogenes Lehrverhalten*

Zwei der Eltern, die auch selber im pädagogischen Bereich tätig sind, erwähnen, dass sie mit Jungen und Mädchen auch anders umgehen, „man bringt, wenn man mit Jungs lernt, andere Beispiele" (EL3, 153). „Die Mädchen brauchen (...) häufig eine sanftere Ansprache" (EL4, 220) und bei den Jungen sei „der Ton [manchmal] etwas rauer" (EL4, 218).

## C. Straßenverkehr

*Gründe für Unfallverhalten*

Alle vier befragten Eltern nennen Gründe, die ihrer Meinung nach für die häufigere Unfallgefährdung der Jungen verantwortlich sind. Die beiden Mütter sehen als Hauptproblem der Jungen die „Unachtsamkeit, vielleicht auch diese Unkonzentriertheit" (EL3, 111). Dabei stellt eine Mutter wieder in den Vordergrund, dass Jungen sich häufig nur auf eine Sache konzentrieren können, oftmals nur auf das Spiel und sich unachtsam im Straßenverkehr verhalten. Einer der Väter sieht besonders bei Jugendlichen, aber auch schon im Kindesalter als typisch männliches Problem, „dass die halt aggressiver fahren" (EL1, 255). Der andere Vater ist der Überzeugung, dass bei Jungen „dieser sportliche Ehrgeiz oder was immer die noch haben, häufig die Vorsicht überwiegt" (EL4, 148). Mangelndes Regelwissen im Gegensatz zu den Mädchen wird nicht vermutet, eher Charaktereigenschaften werden somit als Problem eingeschätzt.

## D. Verhaltensweisen der Kinder während der Verkehrserziehung

*Probleme, Schwierigkeiten*

Bei der Frage danach, welche Situationen Kindern Probleme bereiten oder welche Schwierigkeiten generell im Straßenverkehr auffallen, führen drei Eltern die leichte Ablenkbarkeit von Kindern, z.B. durch andere Freunde, Tiere, etc. an. „Sie gucken sich halt sehr viel um und (...) die Sache Verkehrsregeln, Verkehrsordnung oder das, was man gelernt hat, kommt dann ein bisschen in den Hintergrund, weil der Spaß eher vorne steht." (EL1, 62). In dieser Bemerkung wird auch die Schwierigkeit, Gelerntes in den Alltag zu übertragen, deutlich, wovon drei Eltern berichten. So erzählt eine Mutter z.B. die Erfahrungen bei ihrem Sohn bzgl. des Tragen eines Helms: „und es stört halt, dann ist es warm und dann kommen die ja auch mit elf, zwölf in ein Alter, wo sie ihre Frisur nicht zerstören möchten." (EL3, 73). Ein Vater weist darauf hin, dass es ja gerade im Alltag auch wieder Situationen gibt, die vorher nicht geübt werden können oder in denen man die erlernten Regel gerade nicht anwenden kann. Er betont auch die Schwierigkeit, mit mehreren Kindern gleichzeitig mit dem Fahrrad unterwegs zu sein, und spricht beispielsweise folgendes Problem an: „dann (...) fährt die Mutter oder der Vater bei grün rüber und das Kind fährt hinterher (...) obwohl es schon rot ist." (EL4, 71). Dazu passend sind alle Eltern davon überzeugt, dass die Regeln häufig noch nicht verstanden oder verinnerlicht sind und es daher z.B. in Spielsituationen immer wieder dazu kommen kann, dass diese überschritten werden. Deutlich wird das in Aussagen wie: „Er kommt in eine andere Situation rein, wo das Wettbewerbsdenken und mit Freunden zusammenkommt und dann kann es sein, dass die anders reagieren, als man es eigentlich normalerweise erlebt hat." (EL4, 168). Des Weiteren sehen alle Eltern ein zusätzliches Problem in der mangelnden Fähigkeit der Kinder, andere Autofahrer oder gefährliche Situationen korrekt einschätzen zu können. „Was Kinder auf keinen Fall richtig einschätzen, sind Geschwindigkeiten" (EL1, 119). Lediglich eine Mutter verweist auf körperliche Einschränkungen der Kinder: „Kinder sehen das ja aus einer ganz anderen Höhe. (...) Die haben wirklich den Überblick nicht so wie ein Erwachsener jetzt." (EL2, 251-252).

Es wird deutlich, dass die mangelnde Konzentrationsfähigkeit, der Transfer in den Alltag sowie die Verinnerlichung der Regeln und die kognitive Einschätzung von Situationen im Straßenverkehr von den Eltern als besonders problematisch gesehen wird. Körperlich bedingte Faktoren werden nur vereinzelt als Schwierigkeit erlebt.

*Erleben / Emotion*

Auch die Gruppe der Eltern wurde danach befragt, wie sich ihre Kinder in Übungssituationen im Straßenverkehr verhalten und wie sie die Teilnahme am Verkehr erleben. Worin sich alle Eltern einig sind, ist, dass die Kinder schon mit Spaß und Interesse am Straßenverkehr teilnehmen. Ein Vater bemerkt: „Ja, das macht denen schon Spaß, die merken schon dann halt, wenn eine Fußgängerampel grün wird und die Autos bleiben stehen, dann (...) denken [die Kinder], 'Oh, jetzt sind wird dran, oh, jetzt können wir gehen' " (EL1, 135). Eine Mutter betont: „Für die ist es auf jeden Fall ein Erfolgserlebnis (...) genauso (...) wie Fahrradfahren oder dass sie nachher nicht nur auf dem Fahrradweg, sondern auch ein bisschen Straße Fahren dürfen" (EL2, 105). Deutlich wird auch bei allen Befragten, dass die Kinder stolz sind, „die Kinder fühlen sich dann in ihrer Sache so gestärkt und (...) haben das Gefühl: Toll, das klappt und die haben mir das jetzt beigebracht. Also für die Kinder ist das einfach Spitze" (EL2, 130). Deutlich wird das auch, wenn eine Mutter berichtet: „(...) da hatte er z.B. Verkehrserziehung, da sagte der: 'Ich bin jetzt ein staatlich geprüfter Fußgänger.'" (EL2, 128). Ein Vater betont, dass seine Kinder durchaus motiviert an die Verkehrserziehung rangehen und auf die Anweisungen der Eltern hören: „Ja, im Bezug auf Straßenverkehr sind sie ja eigentlich sehr offen, weil sie wissen, dass das eine richtig gefährliche Sache sein kann." (EL4, 53). Alle Eltern berichten, dass es zwar eher selten sei, aber auch Situationen gäbe, in denen die Kinder ängstlich seien. Die beiden Mütter haben Angst bei ihren Kindern dort beobachtet, „wo unheimlich viel Verkehr ist" (EL2, 107) oder wo „noch mal ein bisschen wüster gefahren" (EL3, 56) wird. Ein Vater betont: „Ängstlich sind sie eigentlich nur in Situationen, wo sie mal negative Erfahrungen gemacht haben" (EL1, 143). Der andere Vater bemerkt, dass sich Angst einstellt, „wenn Autos oder andere Verkehrsteilnehmer (...) unvorhersehbar reagieren" (EL4, 100). Es wird deutlich, dass Angst nach Meinung der Eltern immer dann auftaucht, wenn Kinder nicht wissen, wie sie sich verhalten sollen oder sich zuvor in vergleichbaren Situationen schon mal falsch verhalten haben. Bezüglich des Verhaltens und Erlebens der Kinder im Straßenverkehr bzw. im Rahmen der Verkehrserziehung durch die Eltern nennen die beiden Mütter auch die Unachtsamkeit der Kinder. Eine Mutter betont, dass Kinder sich bis zu einem gewissen Alter doch leicht ablenken lassen und unachtsam sind.

Zusammenfassend kann als Ergebnis festgehalten werden, dass alle Eltern berichten, ihre Kinder hätten Spaß und Interesse bei der Teilnahme am Straßenverkehr. Kinder sind stolz, wenn sie Gelerntes anwenden können. Angst beobachten die Eltern nur selten. Sie zeigt sich nach Meinung der Befragten in Extremsituationen oder ungewohnten Situationen, für die Kinder keine Routinen entwickeln konnten. Lediglich die Hälfte der Eltern hat vereinzelt Unachtsamkeit bei ihren Kindern beobachtet.

*Vorerfahrung*

Lediglich die beiden Väter weisen auf den Einfluss der Vorerfahrung hin. Ein Vater betont, dass „ab einem gewissen Alter und einer gewissen Fahrzeit (...) alle auf dem gleichen Level" (EL1, 95) sind. Demnach ist Übung wichtig, Defizite aufgrund mangelnder Vorerfahrung können aber auch ausgeglichen werden. Der zweite Vater betont die Wichtigkeit, eigene Erfahrungen zu sammeln: „Es gibt Kinder im Kindergarten sozusagen, die werden also immer nur mit dem Auto gebracht. Die haben nie die Chance eigentlich, wirklich am Verkehr teilzunehmen und da (...) sind natürlich dann Defizite (...) häufig da". (EL4, 125).

*Wandel in der Verkehrserziehung*

Drei der befragten Eltern sind sich darin einig, dass es früher weniger Verkehrserziehung gab und dass „sich schon sehr viel getan" (EL2, 235) hat bzw. dass viele Dinge heute sensibler und bewusster gemacht werden, auch von den Eltern her. Selbst wenn es die Möglichkeiten früher teilweise auch schon gab, so seien sie doch eher nicht genutzt worden. Dagegen berichtet ein Vater, dass schon in seiner Kindheit „viel Wert darauf gelegt [wurde], den Schulweg zu gestalten" (EL4, 233), und dass auch die Nutzung einer Verkehrsschule möglich war. Dennoch räumt auch er ein, dass die Altersstruktur sich schon eher verschoben hat und das Kinder beispielsweise heute viel früher Fahrradfahren können als früher.

*Geschlechtsbezogene Programme*

Die Möglichkeit, Verkehrserziehung geschlechtsbezogen zu gestalten, sehen drei der Befragten als sinnvoll an: „Ich denke schon, man könnte vielleicht oft darauf eingehen oder eher drauf eingehen" (EL2, 173). Auch wenn konkrete Umsetzungsideen nicht unbedingt vorliegen. Ein Vater ist der Überzeugung, dass es nichts bringt, Verkehrserziehung geschlechtsbezogen zu gestalten: „Nee, das kriegst du in den zwei Stunden Verkehrserziehung, sag' ich mal, in der Schule oder so kriegst du das nicht raus" (EL1, 293). Er sieht da eher die Eltern in der Pflicht, Jungen und Mädchen gleiche Grenzen zu setzen und somit auf geschlechtsbezogene Probleme einzugehen.

*Erzieherinnen*

Im Hinblick auf Eigenschaften der Erzieher/innen gab es nur wenige unterschiedliche Aussagen der Eltern. Eine Mutter erwähnt, dass die schulische Verkehrserziehung und dort die Lehrer/in oder auch der Verkehrspolizist oder die Verkehrspolizistin die Eltern positiv unterstützen: „Wenn das oft durch andere noch mal gesagt wird, das ist natürlich so, sag ich jetzt mal psychologisch für die Kinder ein ganz anderer Effekt (...), als wenn ich das mache als Elternteil" (EL2, 122). Ein Vater verweist auf die Wichtigkeit der Eltern, sich an Regeln zu halten, als Vorbild zu fungieren, so z.B. beim Tragen des Helms. Von einer Mutter gibt es die Aussage, dass sie selber merkt, dass sie Jungen und Mädchen unterschiedlich einschätzt, was auch problematisch sein kann.

## 6.3.4 Freizeitpädagoginnen und -pädagogen

A. Geschlechterunterschiede

*Beobachtete Geschlechterunterschiede*

Drei der vier befragten Freizeiterzieher/innen beschreiben konkrete Situationen, bei denen ihnen Unterschiede zwischen Mädchen und Jungen aufgefallen sind. Zusammenfassen kann man diese dahingehend, dass Jungen sich ihrer Meinung nach eher als Raufbolde darstellen, "immer sehr auf die Kacke hauen" (FP4, 104), häufig "sehr überstürzt an Sachen" rangehen (FP4, 203) und nicht vorher über die Aufgaben nachdenken. Mädchen hingegen werden als ruhig und überlegend beschrieben. Sie seien "sehr vorsichtig im Umgang miteinander" (FP1, 82). In Bezug auf die Lösung von Aufgaben können die Geschlechterunterschiede folgendermaßen auf den Punkt gebracht werden: "Mädchen überlegen meistens vorher und die Jungen probieren einfach" (FP1, 82).

*Geschlechterstereotype*

In den Aussagen der Befragten spiegeln sich sowohl Weiblichkeits- als auch Männlichkeitsstereotype wider, die sie in ihrem Wissen verankert haben. Zum Teil werden die Stereotype im Zusammenhang mit den geschilderten Situationen geäußert, zum Teil aber auch situationsunabhängig. Insgesamt werden Mädchen als "eher ruhig, im Grundschulalter sind die einfach lieber" (FP2, 100), als konzentrierter, "regelgebundener" (FP2, 69) und "wesentlich bedachter" (FP4, 104) beschrieben. Für Jungen werden hingegen Attribute genutzt wie "deutlich aktiver" (FP2, 69), "hektischer" (FP2, 85) und "vielleicht risikofreudiger" (FP3, 280). Zudem sind sich die Befragten darin einig: "Jungen stürzen ganz oft, ganz Hals über Kopf rein und fangen danach an zu denken" (FP4, 240). Die meisten führen einschränkend aber an, dass diese Aussagen sehr pauschalisiert sind und es immer auch andere Mädchen und Jungen gibt.

*Gründe für Geschlechterunterschiede*

Die Meinungen dazu, wieso Geschlechterunterschiede vorhanden sind, gehen bei den Befragten auseinander. Alle sehen mehr oder weniger stark die Erziehung der Kinder als Hauptgrund. Zwei der Befragten stellen klar heraus, "dass das anerzogen ist (...), nicht geschlechtsspezifisch angeboren" (FP2, 116). Die anderen beiden messen der Biologie allerdings auch einen nicht geringen Stellenwert bei. Ihrer Meinung nach "liegt das in der Natur des Menschen" (FP3, 77). Eine Freizeitpädagogin äußert deutlich, dass die existierenden Rollenbilder ein wichtiger Grund dafür seien, dass Mädchen und Jungen sich unterschiedlich entwickelten. Männer und Frauen, die sich nicht entsprechend dieser Bilder verhielten, könnten nach Meinung der Expertin zur Veränderung der Rollenbilder beitragen und Mädchen und Jungen als nicht-stereotype Vorbilder dienen.

*Gemeinsamkeiten der Geschlechter*

Die Befragten stellen nicht nur Geschlechterunterschiede heraus, sondern sie betonen auch, dass Mädchen und Jungen sich in gewissen Dingen nicht unterscheiden. Beispielsweise werden keine Unterschiede in der Motorik von Grundschülerinnen und -schülern festgestellt und Risiko- und Experimentierfreude bei Aktionen im Zirkus werden beiden Geschlechtern zugeschrieben. Gerade Mädchen, die sozial benachteiligt sind, werden als mutig, durchsetzungsstark und zum Teil gewalttätig beschrieben, was darauf zurückgeführt wird, dass sie darauf angewiesen seien, sich zu wehren. Insgesamt weisen mehrere Befragte darauf hin, dass zum Teil nicht Unterschiede aufgrund des Geschlechts auftreten, sondern eher der jeweilige Entwicklungsstand, die körperlichen Voraussetzungen und auch die soziale Schicht entscheidend sind.

*Umsetzungskonsequenzen*

Zwei der vier Befragten setzen ihr Wissen über Geschlechterunterschiede und -gemeinsamkeiten bewusst in ihrer Arbeit um. Beiden ist es ein Anliegen, Jungen und Mädchen die gleichen Möglichkeiten zu bieten und "Vorurteile abzubauen" (FP2, 169) und den Kindern zu zeigen, dass "diese gängigen Rollenbilder, dass das nicht alles ist, was möglich ist" (FP2, 170). Die Ansätze dafür sind unterschiedlich. Der eine versucht, in der durchgehend koedukativen Arbeit Jungen und Mädchen gleichermaßen zu berücksichtigen und an allem gleich zu beteiligen. Vorsicht lässt er walten, wenn es um Aktivitäten geht, die "einen Hauch von Anzüglichkeit haben" (FP2, 80), dann lässt er Jungen dieses vormachen.

Die andere Pädagogin verfolgt eher den Ansatz, der in der Institution verankert ist, bei sensiblen Themen wie z.B. Körperbewusstsein die Gruppen zunächst nach Geschlechtern zu trennen und später wieder zusammenzuführen. Sie reflektiert zudem ihr eigenes Geschlecht und merkt an, dass sie als Frau "ein ganz anderes Verhältnis zu Jungs hat" als ihre männlichen Kollegen (FP4, 206). Einig sind sich alle vier Befragten darin, dass sie zu Jungen teilweise strenger sind und dass es sinnvoll ist, für sie klare Regeln aufzustellen und ihnen beizubringen, ihre eigenen Grenzen zu erfahren.

## B. Lehren / Lernen

*Disziplin*

Drei der vier Befragten betonen, dass es wichtig sei, Regeln für die Aktivitäten aufzustellen. Dies sei in erster Linie dafür notwendig, die Sicherheit und den Spaß dabei zu gewährleisten. Deshalb gilt auch das Motto: "je riskanter es ist, umso klarere Regeln müssen eingehalten werden, aufgestellt werden erst einmal und eingehalten werden und um so rigider ist auch der Führungsstil, kann man sagen" (FP2, 48).

*Geschlechtstypisches Lernverhalten*

In den Aussagen dazu, ob Jungen und Mädchen ein unterschiedliches Lernverhalten zeigen, spiegeln sich die oben dargelegten Geschlechterstereotype wider. Drei der Befragten machen Aussagen zum Lernverhalten und sie sind sich einig darin, dass Mädchen zunächst zuhören und die Aufgaben ganz genau verstehen wollen, ehe sie sie ausführen, während Jungen "sich nicht so viel sagen lassen wollen" (FP4, 272) und "eher übers Machen" (FP2, 149) lernen. Mädchen werden als geduldiger und konzentrierter beschrieben. Es wird aber auch darauf hingewiesen, dass der individuelle Unterschied zwischen den Kindern viel größer ist als der zwischen Jungen und Mädchen und dass immer auf das individuelle Kind eingegangen werden muss.

*Geschlechtsbezogenes Lehrverhalten*

Es gibt nur wenige Aussagen dazu, ob die Freizeiterzieher/innen mit Jungen und Mädchen unterschiedlich umgehen. Einer der Experten betont, dass er darauf achte, beide Geschlechtergruppen gleichermaßen im Unterricht zu berücksichtigen. Eine andere gibt an, dass nicht nur das Geschlecht relevant ist für ihr Lehrverhalten, sondern auch das Alter und die Persönlichkeit.

## C. Straßenverkehrsunfälle

*Gründe für das geschlechtesbezogene Unfallverhalten*

Alle vier Befragten führen die höhere Unfallrate bei den Jungen darauf zurück, dass "Jungs ein bisschen unreflektierter in dem, was sie tun", sind (FP1, 115), sich erst mal in etwas hineinstürzen, ohne direkt an die Folgen zu denken, und dass sie dieses Verhalten auch im Straßenverkehr zeigen. Mädchen sind ihrer Meinung nach dagegen viel ruhiger und überlegter. Sie "hören auch mehr auf das, was die Regeln sagen" (FP2, 126), bleiben eher bei Rot stehen.

### 6.3.5 Wissenschaftler/innen

Die bisherige Auswertung der Interviews fokussierte die Experten und Expertinnen, die insbesondere praktische Erfahrungen aus ihrer Arbeit und ihrem Alltag schildern konnten. Zudem ist es für die vorliegende Arbeit zentral, eine Einschätzung verschiedener Themen auch aus wissenschaftlicher Sicht zu erhalten. Im Folgenden werden daher die Inhalte des Gesprächs mit einer Wissenschaftlerin vorgestellt. Die Expertin ist bereits seit vielen Jahren im Bereich der Verkehrs- und Mobilitätserziehung tätig und derzeit unter anderem Mitglied in der AG Mobilität und Verkehr der Uni Essen. Das Arbeitsgebiet ist weit gefächert und es werden unterschiedliche Themen in allen Altersstufen bearbeitet (z.B. Projekt „Mutproben im Jugendalter" oder „Sicherheit und Gesundheit für Kinder in der Grundschule"). Ihr eigenes Vorgehen bei ihrer Arbeit beschreibt sie folgendermaßen: „erst mal (...) warum verhalten sich Leute in einer bestimmten Art und Weise (...) und dann, was kann man tun, damit sie ihr Verhalten vielleicht verändern." (WS1, 16).

*Geschlechterunterschiede und Unfallverhalten*

Bei der Befragung der Wissenschaftlerin wurde die Relevanz der Forschungen in diesem Bereich untermauert: „also, Jungs verunglücken in allen Lebensbereichen sehr viel häufiger als Mädchen, nur im 1. Lebensjahr (...), da gibt es gleich viele Unfälle" (WS1, 22).

Wie bereits von den anderen Interviewpartnern und -partnerinnen benannt, so gilt auch im vorliegenden Gespräch die Auffassung, dass unterschiedliche Ursachen dafür verantwortlich sind. Als ein wichtiger Aspekt sah die Interviewpartnerin das verstärkte Explorationsverhalten der Jungen an, ein geschlechtsbezogener Unterschied der bereits in der „Babyforschung" (WS1, 26) auftaucht. Weitere Forschungsergebnisse, die im Rahmen des Interviews angeführt werden, sind die Befunde aus den Studien zu Mutproben im Jugendalter. Es wird in Einklang mit den bereits im Literaturteil des Berichts angeführten Inhalten auf die Tatsache verwiesen, dass Jungen die „spektakulären Mutproben" (WS1, 38) machen, die „ein Risiko für Leib und Leben sind" (WS1, 38). Hinzu passt die Aussage der Expertin, dass Jungen waghalsiger und risikofreudiger sind als Mädchen, eine Auffassung, die auch viele andere Experten und Expertinnen teilten und die sich auch im Literaturteil der vorliegenden Arbeit klar wieder findet. Hinzu passt auch der Hinweis der Expertin auf Untersuchungsergebnisse, die belegen, dass Jungen generell schneller fahren als Mädchen.

Bei der Motorik herrscht die Meinung vor, dass Mädchen in den motorischen Leistungen im Grundschulalter grundsätzlich mit den Jungen durchaus vergleichbar sind (vgl. Aussagen im Literaturteil), dass Jungen aber durch besseres Training mehr Gelegenheit hatten, die Anforderungen zu beherrschen. Deutlich wird somit die Rolle der Vorerfahrung im Hinblick auf motorische Leistungen: „Wenn man jetzt das gleiche Training voraussetzt, dann sind Mädchen und Jungs genauso gut. Wenn die Jungs aber das Fahrrad schon ein paar Jahre früher bekommen haben, dann können sie es dann besser." (WS1, 56). Dies bestätigen auch die Ergebnisse einer Studie der Interviewpartnerin. Entsprechend sollte man Mädchen und Jungen nur dann vergleichen, wenn sie die gleiche Vorerfahrung haben. Jedoch wird auch die Aussage gemacht, dass „alle motorischen Handlungen (...) bei Jungs einfach kräftiger und schneller" sind (WS1, 63). Im Literaturteil dieses Berichts stellte sich heraus, dass dies vor allem ab der Pubertät gilt.

Entsprechend der Aussagen anderer Interviewpartner und -partnerinnen und den Aussagen in den ersten Kapiteln der vorliegenden Arbeit wird auch von der Wissenschaftlerin noch mal darauf hingewiesen, dass Jungen das Fahrrad eher als Spielgerät ansehen und Mädchen es eher zielgerichtet einsetzen. Ein weiterer damit zusammenhängender im Gespräch thematisierter wichtiger Unterschied sind die verschiedenen Interessen von Jungen und Mädchen, die auch im Literaturteil des vorliegenden Berichts bereits angesprochen wurden. Es werden unterschiedliche Sportarten bevorzugt und auch in diesem Zusammenhang wird im Interview erwähnt, dass sich Jungen im Alltag mehr im Bereich des Straßenverkehrs aufhalten als Mädchen. Von der Expertin wird zudem angesprochen, dass die Eltern den Jungen häufig früher mehr zutrauen. Dies zeigte sich ebenso in einer ihrer Studien, in der die Eltern befragt wurden, in welchem Alter ihre Kinder z.B. bestimmte Wege alleine zurücklegen durften. „Da sind die Jungs immer etwas früher dann (...) man hat immer gedacht, die können das schon. Während man den Mädchen oft eher nicht zugetraut hat, dass sie das schon schaffen" (WS1, 67).

Im vorliegenden Interview wird aber ebenso angeführt, dass auch Mädchen im Straßenverkehr unaufmerksam sind und sich nicht konzentrieren. Jungen und Mädchen werden von der Expertin beide gleichermaßen als unverhofft und spontan im Straßenverkehr beschrieben. Sie geht davon aus, dass Jungen und Mädchen sich durch Reize aus der Umwelt genauso ablenken lassen. Die Idee, dass Mädchen häufiger zögerlicher oder ängstlicher im Straßenverkehr sind, wird dementsprechend von der Interviewpartnerin nicht unterstützt. Ihrer Meinung nach sind Mädchen im Straßenverkehr „genauso selbstbewusst wie die Jungs" (WS1, 144). Dennoch bezeichnet sie das Interaktionsverhalten als anders. „Die Jungs, die sprechen nicht so viel miteinander, sondern die agieren miteinander" (WS1, 72). Eingebracht wird zudem die Tatsache, „dass die Jungs immer in Bewegung sind" (WS1, 71) mehr im Straßenverkehr rennen und auch mal schneller sind. Zudem führt die Interviewpartnerin an, dass Jungen eher dazu neigen, sich im Hinblick auf ihre Fähigkeiten, z.B. beim Autofahren, zu überschätzen, ein Befund, der auch in Fragebogenuntersuchungen auftaucht.

Bei dem Thema Gefahrenkenntnis wird von der Expertin betont, dass sowohl Mädchen als auch Jungen Gefahren gleichermaßen erkennen können, ein Befund der sich bei ihren eigenen Untersuchungen von Kindern und Jugendlichen im Alter zwischen 2 und 15 Jahren gezeigt hat. Der Unterschied wird aber, wie auch bereits in den Arbeiten der Wissenschaftlerin im Literaturteil angeführt, darin gesehen, dass Jungen die Gefahren im Zusammenhang mit ihrer Leistungsfähigkeit anders einschätzen, anders damit umgehen und sich selbst als nicht gefährdet sehen.

Die Gründe für die Unterschiede zwischen den Geschlechtern werden entsprechend den bisherigen Ergebnissen aus den vorliegenden Interviews und der Literaturrecherche auch von der Wissenschaftlerin als vielfältig angesehen. Neben biologischen Ursachen und den Erwartungen der Gesellschaft und speziell auch der Peergroup und der Eltern wird insbesondere die Erziehung als entscheidender Faktor wahrgenommen. Mädchen lernen schneller und reagieren schneller auf die Zuwendung der Bezugsperson, weshalb Mütter mit Mädchen ganz anders umgehen. Entsprechend verläuft die Erziehung anders und häufig so ab, dass Jungen mehr zugetraut wird als Mädchen, was auch zu den Unterschieden zwischen den Geschlechtern beiträgt. Eine Tatsache, die nach den Aussagen der Expertin nicht zum tatsächlichen Verhalten von Jungen und Mädchen passt. Dem gemäß wäre es folgerichtiger, wenn die Eltern den Mädchen mehr zutrauen würden, „weil die nicht so risikobereit sind und sich vernünftiger verhalten" (WS1, 69). Insgesamt gilt, dass auch die Expertin vielfältige Ursachen für die auftauchenden Geschlechterunterschiede sieht.

Fasst man die Ursachen zusammen, die die Wissenschaftlerin im Interview für die erhöhte Unfallgefahr verantwortlich macht, so scheinen diese in unterschiedlichen Bereichen zu liegen. Zunächst darin, dass Jungen generell und schon von Geburt an explorativer sind. Auch die erhöhte Risikobereitschaft und Waghalsigkeit wird als ursächlich betrachtet. Problematisch scheint in dieser Hinsicht ebenfalls zu sein, dass an die Jungen eine ganz andere Erwartung herangetragen wird, als an die Mädchen, „die Erwartung, dass Jungs ja bestimmte Sachen halt können sollten" (WS1, 28). Hauptsächlich wird aber der Tatsache, dass Jungen sich stärker im Straßenraum aufhalten als Mädchen, die größte Bedeutung beigemessen.

*Hinweise für die Verkehrserziehung*

Bei der Frage danach, ob es sinnvoll ist, aus den beobachteten Geschlechtsunterschieden konkrete Konsequenzen vor allem im Bereich der Verkehrserziehung zu ziehen, weist die Expertin darauf hin, dass die nach Geschlechtern differenzierte Arbeit im Kinderbereich eher selten vorkommt und schwierig in der Organisation ist. Von der Expertin wird klar die Meinung vertreten, dass Mädchen zwar unter Umständen weniger Information oder weniger Hinweise bräuchten als Jungen, dass aber grundsätzlich gilt, es „schadet den Mädchen nicht, wenn sie das mehr üben als notwendig" (WS1, 81). Entsprechend wird die Auffassung deutlich, man kann Jungen und Mädchen gleichzeitig schulen, wichtig ist aber immer die Orientierung an den Schwächeren.

Bezüglich der Eltern wird in diesem Zusammenhang auch Handlungsbedarf gesehen. Hier sei es häufig notwendig, dass die Mädchen mehr Freiheit zum Handeln bekommen. Insbesondere die Tatsache, dass man die Jungen eher alleine in den Straßenverkehr lässt, weil man der Überzeugung ist, diese würden sich sicherer verhalten, sollte man entgegenwirken. Da dies auf einer Fehleinschätzung der Eltern beruht, könnte man beispielsweise die vorliegenden Unfallzahlen präsentieren und so zum Nachdenken anregen.

Problematisch wird die Verkehrserziehung in der Sekundarstufe II angesehen, die häufig zu kurz komme. Angeführt wird, dass es beispielsweise in NRW ein aufbauendes Fahrradtraining für fünfte und sechste Klassen gäbe, was aber im weiteren Verlauf oft fehle, sei das motorisierte Fahren in der Sekundarstufe. Entsprechend gäbe es Lücken und speziell dort sollte etwas unternommen werden. In diesem „Bereich bietet sich natürlich dann schon an, nach Geschlechtern differenziert zu arbeiten oder auch einfach mit beiden Geschlechtern gemeinsam zu arbeiten" (WS1, 101). Letzteres z.B. dann, wenn „die Jungs (...) immer meinen, den Mädchen würde es imponieren, dass sie schnell fahren" (WS1, 101). Das Einfühlungsvermögen in das andere Geschlecht wird als zentral gesehen.

Im Rahmen des Interviews wurde zudem angesprochen, dass man in der heutigen Verkehrserziehung im Jugendalter durchaus schon versucht hat, geschlechtsbezogen zu arbeiten. Dies wurde auch bereits in einigen vorherigen Interviews mit den Verkehrserziehern thematisiert. Der Schwerpunkt in einem von der Wissenschaftlerin angeführten Beispiel für eine solche Intervention liegt auf dem Thema „Diskounfälle" und darauf, dass man das Selbstbewusstsein der weiblichen Jugendlichen im Umgang mit den männlichen Jugendlichen als Fahrer stärken sollte.

Während insgesamt der Jugendbereich in diesem Zusammenhang als Möglichkeit gesehen wird, geschlechtsspezifisch zu arbeiten, wird das im Kinderbereich als schwierig angesehen. Grundsätzlich wird geschlechtsbezogene Arbeit dennoch als sinnvoll erachtet und es wurde als wichtig hervorgehoben, sich im Rahmen der „Mobilitätserziehung an denjenigen [zu] orientieren, die (...) gefährdeter sind" (WS1, 160) und damit unter Umständen eher etwas mehr für die zu machen, für die es nicht unbedingt erforderlich wäre.

Es wird allgemein darauf hingewiesen, dass es notwendig ist, schon im Grundschulalter anzufangen, Normen und Werte zu festigen, die die Kinder dann in die Pubertät übernehmen: „im Grundschulalter muss sich so was festigen" (WS1, 115).

Ein Problem im Bereich der Verkehrserziehung wird in der mangelnden Motivation der Kinder gesehen. Oft halten sich Kinder einfach aus Protest nicht an bestimmte Dinge. Eine Möglichkeit, dem entgegenzuwirken, sieht die Expertin auch darin, dass den Kindern bestimmte Einstellungen vermittelt werden müssen, die diese verinnerlichen. Wichtig können in diesem Zusammenhang auch Vorbilder der Kinder und Jugendlichen sein, die bestimmte Einstellungen weitergeben.

Schwierigkeiten werden auch beim Übertrag in den Alltag gesehen und entsprechend wird geraten, auch die Eltern zu informieren und mit einzubeziehen, sowohl in der Primarstufe als auch in der Sekundarstufe. Wobei es gerade in der Sekundarstufe wichtig erscheint, auf die eigene Einsicht der Kinder zu bauen.

Mit dem Übertrag in den Alltag hängt auch die Tatsache zusammen, dass die Inhalte der Verkehrserziehung (z.B. Schärfung der Wahrnehmung) auch für andere Lebensbereiche wichtig sind. Das wurde ebenfalls im vorliegenden Interview thematisiert. Die Expertin vertrat die Meinung, dass sich die Arbeit in der Verkehrserziehung auch in anderen Settings zeigt, was den umfassenden Ansatz, der der vorliegenden Arbeit zugrunde liegt, untermauert. Betrachtet man den Übertrag in den Alltag und die Arbeit der Eltern zu Hause, so wird auch die Rolle der Vorerfahrung deutlich. Bei der Vorerfahrung werden die Eltern als zentral angesehen, die entscheiden müssen, wo sie ihre Kinder beispielsweise mit dem Fahrrad fahren lassen. Entsprechend der Vorerfahrung kann es in der Verkehrserziehung auch sinnvoll sein, Untergruppen zu bilden, nicht unbedingt abhängig vom Geschlecht, wie die Expertin betont.

Der Wandel in der Verkehrserziehung war ein weiteres Thema im vorliegenden Interview. Die Expertin führt an, wie vereinzelt auch schon in den Gesprächen mit den anderen Experten und Expertinnen deutlich wurde, dass neue Aspekte und Themen hinzugekommen sind, so z.B. das Thema Bus und Bahn. Mit Hinweis auf die KMK-Empfehlungen von 1994 gelangen auch Umwelt-, Gesundheits- und Sozialthemen nach Aussagen der Expertin stärker in den Vordergrund. Man spricht von Mobilitätserziehung und eröffnet damit „breitere Tore, da Mobilität ja sehr viel mehr als Verkehr" (WS1, 133) ist. So ergibt sich auch beispielsweise eine stärkere Integration der Sportlehrer/innen, da Mobilität viel mit Bewegung zu tun hat und entsprechend in der Schule dann eine breitere Fächerbasis möglich ist. Dies bedeutet auch für das weitere Vorgehen in der vorliegenden Arbeit, dass die Themen Sport und Bewegung hinreichend berücksichtigt werden müssen.

Die Expertin weist letztlich darauf hin, dass früher „die Anpassung der Kinder an den Straßenverkehr" (WS1, 135) zentral war, heute hingegen lernen die Kinder, den Verkehr zu beeinflussen, bzw. die Umweltgegebenheiten werden teilweise an die Kinder angepasst. Viel läuft nach den Aussagen der Wissenschaftlerin über Projekte von Stadtverwaltungen, über Presse, über Aufdecken von Missständen. „Dieses Ziel, den Straßenverkehr humaner zu gestalten und kinderfreundlicher, das sollen natürlich die Schüler auch frühzeitig lernen und erkennen, dass man da was tun kann." (WS1, 135). Entsprechend der Überlegungen im aktuellen Absatz wird deutlich, dass man mit der Kenntnis dessen, was Kinder leisten können und was nicht, klare Hinweise für weitere Handlungen hat. Wenn man weiß, „was die Kinder (...) lernen können und was nicht" (WS1, 20), dann ist die Konsequenz, dass man nicht nur an den Kindern, sondern an den Umgebungsbedingungen ansetzen muss (z.B. Tempo-30-Zone).

#### 6.3.6 Tierpfleger/innen

Unter den Expertinnen und Experten stellen die Tierpfleger/innen unter der gegebenen Fragestellung eine eher ungewöhnliche Zielgruppe dar. Dennoch ist zu prüfen, ob sich aus den Erfahrungen der Befragten interessante Hinweise und kreative Ideen für eine geschlechterbezogene Verkehrserziehung ergeben.

*Geschlechterunterschiede*

Insgesamt werden die männlichen Primaten als deutlich aggressiver und dominanter geschildert. „Denn er ist ein gesunder kleiner Junge mit all der Dominanz, die er bereits jetzt entwickelt" (TP1, 78). „Denn ein Affenjunge ist von Anfang an vielfach dreister, nix ist heile, er droht, er war geboren und hat gedroht, das macht ein Affenmädchen nicht." (TP1, 143).

Interessant ist eine Beobachtung im Hinblick auf das *Lern- und Risikoverhalten* der Tiere. Während die männlichen Jungtiere „relativ forsch sind und relativ neugierig sind und alles ausprobieren" (TP2, 69), „sind die Weibchen wesentlich einfacher zu trainieren [als die] (...) Männchen" (TP2, 75). In Bezug auf das Risikoverhalten stellt die befragte Tierpflegerin heraus, das Affenmännchen risikofreudiger sind und sich selber durch waghalsige Sprünge sogar in Todesgefahr bringen. „Also er springt zur Zeit, deswegen hat er auch ein Goldkettchen an mit einer kleinen Leine, einfach so ein Bändchen und zwar nicht, damit er nicht abhaut, das will der gar nicht, sondern damit er nicht kopfüber in den Tod springt. Der ist mir jetzt vom Schreibtisch gesprungen, kopfüber. Da war nichts zum Draufhüpfen, der ist patsch! nach unten und hat sich an der Leine festgehalten. Hat ihn nicht gestört. Und das macht eher ein Junge als ein Mädchen. Also man würde es mutig nennen, aber ich nenn das auch sehr kopflos. Denn es ist mit die häufigste Todesart in dem Alter bei dieser Affenart." (TP1, 143). Die Expertin (zugleich Biologin und Heilpädagogin) stellt aber auch fest, dass mit Affenmädchen anders umgegangen wird, „Die begleitet man eher, [dass] man [die] so auf ein Bäumchen setzt oder in ein Körbchen reinsetzt und dann bleiben sie auch eher mal sitzen." (TP1, 186). Obwohl die Affenmädchen vorsichtiger scheinen, werden sie dennoch stärker behütet. „Ein Mädchen würde ich im Grunde gar nicht so sehr wagen, abzusetzen." (TP1, 198). „Ein Mädchen würde so schnell nicht auf einen anderen Stuhl klettern." (TP1, 198).

Im Hinblick auf die *Vermittlung von Lerninhalten* stellte der Tierpfleger fest: „Kinder verstehen relativ schnell, was man von ihnen will, aber wenn sie keine Lust haben, machen sie es halt auch nicht. Und das ist dasselbe bei jungen Affen mit dem Trainieren." (TP2, 107).

Weiterhin beeinflussen die Gruppendynamik und die Gruppenmitglieder den Lernprozess. „Das Lernen ist natürlich von der Gruppendynamik abhängig und man sieht's auch teilweise bei jungen Affen, die gucken sich wirklich viel von ihren Geschwistern oder von ihren Eltern ab und machen das halt auch nach. Unbewusst teilweise, solche Handlungen." (TP2, 109).

*Impulse für die Verkehrserziehung von Mädchen und Jungen*

Zwei Aspekte scheinen im Hinblick auf die Konzeption geschlechterbezogene Programme verfolgenswert. So würde es sich erstens lohnen, bei Mädchen und Jungen geschlechterbezogene Unterschiede im impliziten Lernen zu untersuchen. Dabei scheint es besonders interessant, auf die Umstände des beobachtenden Lernens näher einzugehen. Forschungsfragen könnten sein, in welchem Ausmaß Mädchen und Jungen von welcher Person in ihrer Umgebung verkehrsbezogenes Verhalten erlernen. Diese Vorbilder könnten eventuell in die Verkehrserziehung eingebunden bzw. gezielt akzeptierte Vorbilder zur Vermittlung eingesetzt werden.

Weiterhin erscheint es aufschlussreich, die Verhaltensweisen von Eltern und Verkehrserzieherinnen und -erziehern gegenüber Mädchen und Jungen näher zu beleuchten, um zu untersuchen, ob Mädchen evt. in verkehrsrelevanten Situationen stärker behütet bzw. zu mehr Vorsicht als Jungen angehalten werden.

### 6.4 Zusammenfassende Interpretation der Ergebnisse

#### 6.4.1 Geschlechtsbezogenes Verhalten

In den Interviews wird deutlich, dass ein Großteil der Befragten klare Geschlechterstereotype in ihrem kognitiven Wissen verankert hat. Mädchen werden übereinstimmend als ängstlicher, ruhiger, rücksichtsvoller, konzentrierter und auch mal "zickig" beschrieben. Zudem wird über sie gesagt, dass sie mehr über Dinge und Aufgaben nachdenken, Aufgaben sorgfältiger erledigen, sich zumeist an Regeln halten sowie gerne mit Puppen spielen, lesen und malen. Jungen werden dagegen folgende Eigenschaften zugeschrieben: unruhiger, draufgängerischer, riskanter, mutiger, spontaner, unbekümmerter und aggressiver. Außerdem denken Jungen nach Meinung der Befragten nicht immer über die Konsequenzen ihres Handelns nach, tragen Streitigkeiten direkt aus, raufen sich, beschäftigen sich gerne mit Technik, legen häufig Imponiergehabe an den Tag und geben einem Gruppendruck eher nach als Mädchen. Diese Geschlechterstereotype spiegeln sich in den Beobachtungen der Befragten wider.

Zusammenfassend kann gesagt werden, dass Jungen als diejenigen beschrieben werden, die eher Probleme haben, sich in festen Strukturen zu bewegen und sich an Regeln zu halten, während Mädchen sich nach Meinung der Befragten eher auf Dinge konzentrieren und Anweisungen aufnehmen.

Die Gründe, die die Befragten für diese Geschlechterunterschiede sehen, stellen sich vielfältig dar. Die meisten Äußerungen beziehen sich zum einen auf biologische Unterschiede zwischen Mädchen und Jungen und zum anderen auf die unterschiedliche Erziehung von Mädchen und Jungen. Daneben sehen einige die gesellschaftlichen Strukturen und Werte und die damit verknüpften Rollenbilder für Mädchen und Jungen als Gründe für die hervortretenden Geschlechterunterschiede.

Neben den Geschlechterunterschieden wird allerdings auch über Gemeinsamkeiten von Jungen und Mädchen berichtet. Gerade die Grundschullehrer/innen berichten, dass Mädchen und Jungen gleichermaßen motiviert an den Sportunterricht herangehen und auch im Kunstunterricht beide Geschlechter viel Spaß haben. Die Freizeitpädagoginnen und -pädagogen weisen darauf hin, dass gerade im Grundschulalter keine motorischen Unterschiede zwischen Mädchen und Jungen zu beobachten sind und auch die Risiko- und Experimentierfreude bei Mädchen und Jungen bei Freizeitaktivitäten gleich ist.

Trotz der von fast allen geäußerten vorhandenen Geschlechterunterschiede geben nur wenige der Befragten an, dass dieses Wissen Umsetzungskonsequenzen für ihren Unterricht hat. Die Verkehrserzieher/innen geben an, dass das Wissen nicht in ihren Unterricht einfließt, da zum einen die Zeit und die Möglichkeit der Geschlechterdifferenzierung fehlt, zum anderen versuchen sie bereits, soweit es geht, auf jedes Kind einzeln einzugehen. Ansonsten setzen die Befragten an den klassischen Geschlechterstereotypen an und versuchen, die Mädchen zu ermuntern und die Jungen zu bremsen und sie für gefährliche Situationen zu sensibilisieren. Dabei wird der Selbstreflexion der Lehrerin bzw. des Lehrers eine wichtige Rolle zugeschrieben. Am meisten hat sich geschlechtsbezogene Arbeit bei den Freizeitpädagogen und -pädagoginnen durchgesetzt. Sie haben zum Teil das Ziel, Vorurteile, die an Geschlechterstereotypen anschließen, abzubauen und mögliche Verhaltensweisen aufzuzeigen, die nicht den traditionellen Rollenbildern entsprechen. Dabei unterrichten sie sowohl koedukativ als auch in geschlechtergetrennten Gruppen.

Ein weiteres Thema der Interviews war die Frage, ob Mädchen und Jungen auf unterschiedliche Art und Weise lernen. In den Antworten spiegeln sich die zuvor dargestellten Geschlechterstereotype wider. Die Befragten sind sich darin einig, dass Mädchen beim Unterricht zuhören und eine Aufgabe erst verstehen wollen, ehe sie diese umsetzen, während Jungen dagegen eher über direktes Tun und Ausprobieren lernen. Das Lernen der Mädchen wird von einigen als gewissenhafter, strebsamer und eifriger beschrieben, während über die Jungen gesagt wird, dass sie eher oberflächlich lernen.

Die Gründe dafür, warum mehr Jungen als Mädchen im Straßenverkehr verunglücken, werden ebenfalls in den dargestellten Geschlechterunterschieden gesucht. So wird gesagt, dass sich Jungen auch im Straßenverkehr draufgängerischer, impulsiver, dränglerischer verhalten und durch Angeberei Gefahrensituationen auslösen. Zudem wird ihnen eine mangelnde Einschätzungsfähigkeit von Gefahren nachgesagt. Da sich Mädchen nach Meinung der Befragten ängstlicher, regelbewusster, vorsichtiger und überlegter im Straßenverkehr verhalten, passiert ihnen nicht so schnell etwas. Zudem wird ihnen von den Eltern eher eingeschärft, wie sie sich im Straßenverkehr zu verhalten haben.

### 6.4.2 Verkehrserziehung

Nach Meinung der Befragten zeigt sich in der Verkehrserziehung deutlich, welche Kinder schon Erfahrungen mit dem Straßenverkehr haben und von den Eltern vorbereitet wurden und welche nicht. Dies bezieht sich auf das Verhalten der Kinder als Fußgänger/innen und als Radfahrer/innen. Hier kommt zusätzlich noch das Problem der motorischen Anforderung hinzu. Manche Kinder müssen zunächst das Radfahren richtig lernen.

Probleme und Schwierigkeiten, die bei der Verkehrserziehung auftauchen und von den Befragten berichtet werden, bestehen zum einen in kognitiven Anforderungen. Den Kindern fällt es zum Teil schwer, andere Verkehrsteilnehmer/innen richtig einzuschätzen (z.B. die Geschwindigkeit von herannahenden Autos). Zudem ist die Übertragung des Gelernten in den Alltag nicht immer leicht zu bewältigen; zum Beispiel können sie zwar Verkehrsregeln verbal wiedergeben, aber handeln nicht entsprechend im Straßenverkehr. Die Konzentrationsdauer von Kindern ist relativ gering, d.h. die Zeit, in der etwas gelernt werden soll, muss stark begrenzt werden. Zum anderen tauchen insbesondere beim Radfahren motorische Probleme auf. Gerade Jungen überschätzen ihre eigene Leistungsfähigkeit und insgesamt haben Kinder häufig Schwierigkeiten dabei, die Kombination Motorik und Regeln auf einmal zu bewältigen, d.h. die Mehrfachaufgabe bereitet ihnen Probleme. Als Problemgruppen bezeichnen die Befragten diejenigen Kinder, die auch im anderen Unterricht oder in anderen Zusammenhängen als schwierig auffallen. Häufig haben Kinder, die nicht so sportlich sind, motorische Probleme bei der Bewältigung von Aufgaben. Außerdem geben die Befragten an, dass Kinder aus sozial schwächeren Gegenden sowie ausländische Kinder und Aussiedler/innen schwieriger zu unterrichten sind. Tendenziell sind es zudem eher Jungen, die Probleme im Unterricht bereiten.

Der Verkehrserziehungsunterricht bereitet den meisten Kindern nach Meinung der Befragten viel Spaß und Freude und die Kinder beteiligen sich rege. Mangelnde Disziplin führen die Befragten in erster Linie auf Konzentrationsschwierigkeiten zurück, die zum Teil durch zu lange dauernden Unterricht zu Tage treten. Gerade Jungen sind teilweise frustriert und zeigen dies, wenn ihnen bestimmte Übungen mit dem Fahrrad nicht gelingen. Einige Kinder sind auch ängstlich. Dies ist insbesondere dann der Fall, wenn ihnen Erfahrungen fehlen. Tendenziell nehmen die Befragten eher Mädchen als Jungen als ängstlich wahr. Jungen hingegen geben zum Teil mit ihrem Können an.

Die Befragten haben keine einheitliche Meinung gegenüber geschlechtsbezogenen Programmen. Die Verkehrserzieher/innen geben an, dass solche Programme gut wären, aber aufgrund fehlender zeitlicher und monetärer Ressourcen nicht durchführbar seien. Einige lehnen geschlechtsbezogene Programme ganz ab, da sie meinen, die vorhandenen Programme sind gut und Mädchen und Jungen lernen dabei gleichermaßen etwas.

Der Großteil der Befragten ist der Meinung, dass sich die Verkehrserziehung im Laufe der Zeit gewandelt hat. Früher wurde viel kognitiv gearbeitet und der Unterricht beschränkte sich räumlich auf den Klassenraum. Mittlerweile geht es in der Verkehrserziehung darum, dass die Kinder anhand eigener Erfahrungen lernen und dies am besten nicht nur in einem Schonraum wie dem Klassenzimmer oder dem Schulhof sondern auch im realen Straßenverkehr.

## 6.5 Konsequenzen für Interventionsmaßnahmen

Die Ergebnisse der Interviewstudie führen zur Kennzeichnung mehrerer Aspekte, die bei der Konzeption der Interventionsmaßnahmen berücksichtigt werden.

*1. Reflektion internalisierter Geschlechterbilder*

Die Interviews haben gezeigt, dass vor allem die *Verkehrserzieher/innen und Grundschullehrer/innen* bestimmte Vorstellungen von Jungen und Mädchen verinnerlicht haben. Es ist davon auszugehen, dass sie dieses implizite Wissen unbewusst in ihren Unterricht einbauen. Solange die Erzieher/innen und Lehrer/innen ihre Geschlechterbilder nicht reflektiert haben und sich nicht bewusst damit auseinandergesetzt haben, dass Kinder sich an Geschlechterstereotypen und den damit verknüpften Verhaltenserwartungen orientieren und selber schon Geschlecht in ihren Interaktionen konstruieren, besteht die Gefahr, dass sie Geschlecht und damit verbundenes Verhalten in ihrem Unterricht immer wieder reproduzieren. Es ist nicht auszuschließen, dass diese Geschlechterkonstruktionen in ungünstige Verhaltensweisen münden, indem beispielsweise Mädchen eher bevormundet und überhütet werden, sich so unterschätzen und ängstlich werden oder Jungen beispielsweise zu mehr Eigeninitiative und Risikofreude ermuntert werden, was zu Risikosuche und Selbstüberschätzung führen kann. Es ist also eine Sensibilisierung der Verkehrserzieher/innen und Lehrer/innen für die Geschlechterthematik notwendig.

*2. Rahmenbedingungen der Verkehrserziehung*

Um ein Lernen zu ermöglichen, das weniger abhängig von geschlechtsbezogenen Erwartungen ist, und um zielgerichtet mit einer Geschlechtergruppe bestimmte Themen zu bearbeiten, ist es notwendig, Mädchen und Jungen teilweise getrennt zu unterrichten. Dafür müssen zeitliche und finanzielle sowie organisatorische Rahmenbedingungen geschaffen werden.

*3. Konsequenzen für die Konzeption von Interventionsmaßnahmen*

Konkrete Inhalte für die Konzeption der Interventionsmaßnahmen lassen sich auf zwei Ebenen formulieren. Die erste Ebene enthält Hinweise für die Verkehrserziehung der Kinder, wie sie sich aus den Ausführungen der Expertinnen und Experten herausfiltern lassen. Die zweite Ebene umfasst Hinweise, die der Interpretation der erhobenen Meinungen und Einstellungen der Expertinnen und Experten entspringen.

*4. Hinweise für die Verkehrserziehung der Kinder*

Die konkreten Inhalte der Interventionsmaßnahmen sollen sich an dem Können, den Bedürfnissen und an dem Verhalten der Kinder orientieren. Neben den bewährten Inhalten der Verkehrserziehung erscheinen nach Maßgabe der Expertinnen und Experten folgende Themen sinnvoll:

- Auseinandersetzung mit dem eigenen Geschlecht, mit Geschlechterstereotypen und damit verknüpften Erwartungen
- Bewältigung von Mehrfachaufgaben (Bezug zum Fahrradfahren)
- Konzentrationstraining

Folgende Themen sollten insbesondere bei der Arbeit mit *Jungen* beachtet werden:

- Einschätzung der eigenen Leistungsfähigkeit
- Konzentrationsübungen und Übungen zur Spannungsregulation
- Vermittlung effektiver Problemlösestrategien
- Gefahreneinschätzung und Reflexion von Risikoverhalten
- Unterrichtsmethoden vielfältig gestalten

Folgende Themen sollten insbesondere bei der Arbeit mit *Mädchen* beachtet werden:

- Umgang mit Angst
- Verhalten in riskanten Situationen
- Schulung der motorischen Fähigkeiten wie Fahrradfahren, Gleichgewichtsübungen (insbesondere bei ausländischen Mädchen)
- Unterrichtsmethoden vielfältig gestalten

*5. Hinweise für eine Schulung der Verkehrserzieherinnen und -erzieher sowie der Eltern*

- Sensibilisierung für geschlechtsbezogenes Verhalten und resultierende Erziehungsstile
- Reflektion des eigenen Verhaltens in riskanten Verkehrssituationen und der Vorbildfunktion für Mädchen und Jungen

# 7 Entwicklung einer Grobkonzeption für Interventionsansätze

Die Ergebnisse der Literaturanalyse (Kapitel 1 bis 4) beziehungsweise die anschließende Zusammenfassung (Kapitel 5) führen, ergänzt durch die Erfahrungen aus den Experten- und Expertinneninterviews (Kapitel 6), zu einer Reihe von Schlussfolgerungen für die Konzeption von Interventionsansätzen im Bereich des Risikomanagements von Kindern und Jugendlichen im Straßenverkehr. Zur Verdeutlichung der einzelnen Arbeitsschritte bei der Entwicklung dieser Konzeption wird zunächst das Vorgehen und der konzeptionelle Hintergrund erläutert. Es folgt die Darstellung von anzustrebenden Zielen und allgemeinen Interventionsprinzipien sowie die Definition der Zielgruppe. Schließlich werden allgemeine Hinweise zu den Möglichkeiten der Umsetzung und Implementierung gegeben.

## 7.1 Vorgehen bei der Entwicklung

Basierend auf der Literaturrecherche und den Befragungen von Experten und Expertinnen orientiert sich die inhaltliche und didaktische Entwicklung neuer Ansätze eng am Titel des Projekts „Interdisziplinäre Entwicklung und Evaluation geschlechtsspezifischer Maßnahmen zur Optimierung des individuellen Risiko- und Sicherheitsmanagements im Straßenverkehr". Im Mittelpunkt der Modellkonzeption steht eine geschlechtsbezogene Herangehensweise an das Thema. Außerdem wird berücksichtigt, welche Faktoren im Rahmen einer Maßnahme geändert werden können und welche Bedingungen manifest (z.B. anlagebedingt) sind und sich somit einer Beeinflussung über Verkehrserziehung entziehen.

Vor diesem Hintergrund wurden die konzeptionellen Grundlagen der Intervention erarbeitet und darauf aufbauend die anzustrebenden Ziele und weitere formale und inhaltliche Bedingungen der Maßnahme formuliert. Es erfolgte die Entwicklung von Ideen zur Umsetzung des Vorhabens, indem zunächst grundsätzliche Prinzipien und allgemeine Rahmenbedingungen festgelegt und anschließend exemplarisch eine konkrete Umsetzungsmöglichkeit ausgearbeitet wurde.

Nach der Erarbeitung dieser Grundlagen fand eine erste Evaluation der Modellentwicklung im Rahmen eines Experten-Hearings statt. Teilnehmer/innen des Hearings waren acht Experten und Expertinnen, die entweder in der Theorie oder Praxis der Verkehrserziehung tätig oder durch ihre Arbeit mit Unfällen, Unfallursachen und aktuellen Unfallzahlen vertraut waren. Zudem nahmen ein Mitarbeiter des Projektträgers und sechs Projektmitarbeiter/innen an der Expertendiskussion teil. Bereits im Vorfeld erhielten die Expertinnen und Experten ein Arbeitspapier[14] mit Hintergrundinformationen zu den bisherigen Projektergebnissen und zu den geplanten Interventionsansätzen. Die Veranstaltung erstreckte sich über einen halben Tag, wobei zunächst die Ausgangsbasis und Ziele der entwickelten Interventionsansätze präsentiert wurden, bevor exemplarische Möglichkeiten zur konkreten Umsetzung der Idee vorgestellt wurden. Aufbauend auf den präsentierten Informationen diskutierten die Teilnehmer/innen über Verbesserungsmöglichkeiten und gaben wertvolle inhaltliche und konzeptionelle Anregungen. Die Hinweise der Experten und Expertinnen flossen in die weitere Arbeit ein, wobei im folgenden Text lediglich das Endergebnis beschrieben wird.

## 7.2 Konzeptioneller Hintergrund

Möchte man eine effiziente Verkehrserziehung zur Verringerung des Unfallrisikos durchführen, so müssen Interventionsmaßnahmen mehrperspektivisch konzipiert sein, d.h. kognitive, emotionale, motivationale und soziale Ansätze berücksichtigen.

### 7.2.1 Entstehung von riskanten Situationen

Die Beeinflussung des Verhaltens in riskanten Situationen und damit verbunden die Berücksichtigung des Risiko- und Sicherheitsmanagements stellen ein wichtiges Arbeitsfeld für präventive Ansätze dar. Um Ansatzpunkte für eine wirkungsvolle vorbeugende Intervention zu finden, muss zunächst die Entstehung einer riskanten Situation näher betrachtet werden. Die folgende Abbildung zeigt die beiden Faktoren, die einer riskanten Situation zugrunde liegen können und im Anschluss erläutert werden.

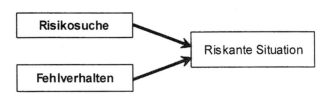

Abb. 4: Entstehung einer riskanten Situation

Sowohl die beabsichtigte Risikosuche als auch nicht intendiertes Fehlverhalten können dazu führen, dass eine riskante Situation entsteht. Im ersten Fall existiert ein Bedürfnis nach Risiko, das zu einer bewussten Konfrontation mit einer Gefahr führt. Im Gegensatz dazu gilt im zweiten Fall, dass die riskante Situation nicht bewusst angestrebt wurde, sondern durch fehlerhaftes Verhalten entstanden ist. Der folgende Abschnitt beschäftigt sich detailliert mit den beiden Bereichen und gibt Hinweise für die Verkehrserziehung.

### 7.2.2 Riskante Situation als Folge von Risikosuche

Die aktive Suche nach einem Risiko resultiert aus einem Bedürfnis, sich riskant zu verhalten, um damit bestimmte Ziele zu erreichen (Risikointention). Demnach erfüllt das Risikoverhalten eine Funktion für die betreffende Person. Nach REESE und SILBEREISEN (2001, S. 145) kann ein und dasselbe Risikoverhalten multifunktional sein und umgekehrt können verschiedene Risikoverhaltensweisen dem gleichen Ziel dienen. Die Erfüllung des Risikobedürfnisses an sich kann bereits ausreichende Ursache der Suche nach Risiken sein. Häufig stehen aber weitere Absichten dahinter, wie beispielsweise die Bewältigung von Emotionen, das Erlangen sozialer Anerkennung, der Ausdruck von Stärke und Potenz oder die Darstellung der eigenen Geschlechterrolle (vgl. Kap. 4.2.4 und Kap. 5.3.2). Die meisten dieser Ziele spielen insbesondere für Jungen und männliche Jugendliche eine große Rolle. Dementsprechend ist davon auszugehen, dass das männliche Geschlecht eine Risikogruppe darstellt, die gezielt das Risiko sucht und zweckdienlich einsetzt.

Es gibt Risiko- und Protektivfaktoren, die die Auftretenswahrscheinlichkeit verschiedener Risikoverhaltensweisen beeinflussen (REESE & SILBEREISEN 2001, S. 155). Demnach fördern oder hemmen verschiedene Bedingungen das Auftreten riskanten Verhaltens. Nach RAITHEL (1999, S. 225) müssen bei der Präventionsarbeit zur Veränderung riskanten Verhaltens „die empirischen Befunde zu der Wirkung von Freundschaftsbeziehungen bei

---

[14] Das Arbeitspapier befindet sich im Anhang auf der CD-Rom.

Jungen und die der personalen Ressourcen (Selbstwirksamkeit und Selbstwertschätzung)" berücksichtigt werden. In positivem Zusammenhang mit Risikoverhaltensweisen stehen Freundschaftsbeziehungen und Selbstwirksamkeit und erhöhen somit deren Auftretenswahrscheinlichkeit (vgl. auch JESSOR, VAN DEN BOSS, VANDERRYN, COSTA & TURBIN 1995). Das Selbstwertgefühl wirkt kompensierend gegenüber dem Unfallrisiko im Straßenverkehr (RAITHEL 1999, S. 225).

Grundsätzlich gilt, dass bei der Risikosuche intra- und interindividuelle Unterschiede sichtbar werden, was sich durch die individuelle Wahrnehmung und Bewertung einer Situation ergibt. Dabei ist eine realistische Einschätzung der eigenen Kompetenzen und damit verbunden die Erwartung wichtig, die Situation kontrollieren zu können. Des Weiteren ist maßgeblich, wie hoch eine Person die Wahrscheinlichkeit einschätzt, mit nicht kontrollierbaren Situationsbedingungen konfrontiert zu werden. Ein Problem dieser beiden kognitiven Bewertungsprozesse ist, dass Kinder und Jugendliche, die bewusst Risiken aufsuchen, sich häufig überschätzen und davon ausgehen, dass die vorhandenen Gefahren sie selbst nicht betreffen (optimistischer Fehlschluss).

Insgesamt wird deutlich, dass der Bereich der Risikosuche und damit verbunden die unterschiedlichen Wahrnehmungen und Bewertungen einer riskanten Situation in einer geschlechtsbezogenen Maßnahme berücksichtigt werden müssen.

### 7.2.3 Riskante Situation als Folge von Fehlverhalten

Riskante Situationen werden nicht immer beabsichtigt und zielgerichtet herbeigeführt. Ist eine solche Situation entstanden, kann die dafür verantwortliche Person sich entweder des Risikos bewusst werden oder nicht bemerken, dass sie sich in einer Gefahrensituation befindet.

Grundsätzlich ist davon auszugehen, dass situative Fehleinschätzungen zu Fehlverhalten führen und Risikosituationen nach sich ziehen können. Die zugrunde liegenden Defizite in der Bewertung einer Situation lassen sich auf unterschiedliche Ursachen zurückführen. Faktoren wie mangelnde Konzentrationsfähigkeit, schlechte Gleichgewichtsstabilisierung oder emotionale Beeinträchtigungen können ausschlaggebend sein. Entsprechend sind mangelnde Kompetenzen und das Vorhandensein von Defiziten für die Entstehung riskanter Situationen verantwortlich. Einige dieser Faktoren (z.B. die mangelnde Fähigkeit jüngerer Kinder, Gefahren vorausschauend erkennen und vorbeugende Maßnahmen planen und ergreifen zu können oder die Einschränkung des Entfernungsschätzens aufgrund der unvollständigen Entwicklung des Tiefensehens bei Kindern unter neun Jahren) treffen auf Jungen und Mädchen gleichermaßen zu. Wieder andere Faktoren (z.B. schlechte Konzentrationsfähigkeit) sind bei Jungen stärker ausgeprägt, während beispielsweise Ängstlichkeit eher bei Mädchen festgestellt wurde. Daraus ist abzuleiten, dass Interventionen geschlechtersensibel auszurichten sind.

## 7.3 Ziele des Risiko- und Sicherheitsmanagements

Ziel der vorliegenden Arbeit ist es, verantwortliches Handeln im Straßenverkehr und partnerschaftliche Verkehrsteilnahme zu entwickeln, um so das Unfallrisiko zu beeinflussen. Bei der Durchführung von Präventionsmaßnahmen zur Verringerung des Unfallrisikos ist das Erlernen eines verantwortungsvollen Umgangs mit Risikosituationen entscheidend. Hier geht es darum, die im Verlauf der individuellen Entwicklung auftauchenden Risikoverhaltensweisen nicht gänzlich abzubauen, sondern sie „auf ein entwicklungsverträgliches Maß zurückzuschrauben" (ENGEL & HURRELMANN 1993, S. 276). Im Mittelpunkt steht für die Kinder und Jugendlichen nicht die vollständige Vermeidung von Risiken, da Erfahrungen in Risikosituationen wichtig sind. Vielmehr gilt es, einen angemessenen Umgang mit Risikosituationen im Straßenverkehr und der Risikobereitschaft zu erlernen.

In den beiden folgenden Abschnitten wird zunächst auf die Resultate der Literaturrecherche und der Expertenbefragung eingegangen, die eine Bewertung der unfallrelevanten Faktoren ermöglichen. Letztere ist grundlegend für die Herleitung der Programmziele der Intervention, die anschließend dargestellt werden. Die anzustrebenden Ziele fokussieren die Bereiche „Risikosuche" und „Fehlverhalten" auf der Grundlage der Bewertung unfallrelevanter Faktoren.

### 7.3.1 Festlegung der Programmziele

In der Literaturanalyse wurde ersichtlich, dass die Unfallgefährdung von vielfältigen Faktoren abhängig ist. In diesem Zusammenhang sind einerseits die Wahrnehmungsfähigkeit und damit verbunden die Informationsverarbeitung sowie die motorischen und kognitiven Fähigkeiten zu berücksichtigen. Andererseits scheinen Emotionen wie „aggressiv", „unsicher" und „riskant" eine entscheidende Rolle zu spielen. Bei diesen unfallrelevanten Faktoren ergaben sich in der Literaturrecherche und der Interviewstudie Unterschiede zwischen den Geschlechtern, die auch für die erhöhte Unfallgefahr von Jungen und männlichen Jugendlichen mitverantwortlich zu sein scheinen. Die Erörterung der Geschlechterunterschiede bei den genannten Bedingungen dient zur weiteren Fokussierung der Ansatzpunkte für die Präventionsarbeit.

Da sich für die Wahrnehmungsfähigkeit und Informationsverarbeitung nur vereinzelt geschlechtsbezogene Unterschiede ergeben haben, liefern diese unfallrelevanten Faktoren keine ausreichende Erklärung der erhöhten Unfallgefährdung von Jungen und sind daher nicht Gegenstand der geplanten Intervention. Hinsichtlich der motorischen Leistungsfähigkeit ist nicht das objektivierbare Können entscheidend, sondern vielmehr die subjektive Einschätzung der eigenen Bewegungskompetenz durch Kinder und Jugendliche. Da für die Bewegungskompetenz geschlechtsbezogene Unterschiede bestehen (Jungen neigen zur Überschätzung und Mädchen zur Unterschätzung), wird insbesondere eine realistische Kompetenzeinschätzung bei der Entwicklung von Präventionsmaßnahmen berücksichtigt. Bei den kognitiven Fähigkeiten ist vor allem die Konzentrationsfähigkeit zu nennen, die bei Jungen größere Defizite aufweist als bei Mädchen. Da mangelnde Konzentrationsfähigkeit zu fehlerhaftem Verhalten und zur Entstehung von Risikosituationen führen kann, sollte die Verbesserung der Konzentrationsfähigkeit ein wichtiger Bestandteil der Intervention sein. Betrachtet man die drei Verhaltensausprägungen „aggressiv", „unsicher" und „riskant", gilt, dass aggressives Verhalten mit Unfallverhalten in Verbindung steht und sich in der Ausprägung bei den Geschlechtern unterscheidet. Aggressives Verhalten muss nicht, kann aber zu riskanten Situationen führen und im Umgang mit anderen Personen ein Problem darstellen. Für das geplante Interventionsprogramm spielt nicht die Aggression an sich, sondern das Erlernen sozialer Kompetenzen im Umgang mit anderen Personen eine wichtige Rolle. So sollten beispielsweise bei Auseinandersetzungen oder Unstimmigkeiten im Freundeskreis, die den Straßenverkehr betreffen und riskantes Verkehrsverhalten nach sich ziehen können, alternative Handlungsstrategien oder Lösungsmöglichkeiten aufgezeigt werden. Für unsicheres Verhalten gilt, dass Unsicherheit und Ängstlichkeit weder hinreichende noch notwendige Faktoren zur Erklärung von Unfallverhalten sind (vgl. Kapitel 6). Dennoch ist ein Zusammenhang nicht ausgeschlossen, so dass Unsicherheit im Kontext mit mangelndem Selbstvertrauen im Interventionsansatz zu thematisieren ist. Betrachtet man riskantes Verhalten bei Kindern und Jugendlichen, ergeben sich deutliche Unterschiede zwischen den Geschlechtern. Zudem ist riskantes Verhalten speziell ab dem 10. Lebensjahr ein zentrales Thema und häufig Bestandteil des Alltags für Jungen und männliche Jugendliche. Aufgrund dieser Überlegungen steht riskantes Verhalten im Mittelpunkt der Entwicklung von Interventionsmaßnahmen. Schließlich muss berücksichtigt werden, dass es keinen unfallrelevanten Faktor gibt, der ausschließlich durch biogenetische Einflüsse bestimmt wird. Dementsprechend ist es nicht möglich, einen der oben angeführten unfallrelevanten Faktoren für die Intervention auszuschließen. Zudem spielen Anlagebedingungen bei den genannten Faktoren oft nur eine untergeordnete Rolle. Vor diesem Hintergrund halten wir es im Rahmen der Verkehrserziehung für sinnvoll, die Zielgruppe (vgl. Abschnitt 7.5) über biologische und anlagebedingte Aspekte des Unfallverhaltens zu informieren.

### 7.3.2 Übersicht über die Programmziele

Um die grundlegenden Zielsetzungen zu erreichen, sollen zwei übergreifende Inhalte verfolgt werden, die „Veränderung der Kompetenzeinschätzung" und die „Sicherung und Erweiterung von Kompetenzen" (vgl. Abb. 4). Die beiden übergreifenden Ziele beinhalten jeweils zwei weitere Zielbereiche, die entweder die Risikointention einer Person oder das Fehlverhalten betreffen.

*(A) Veränderung der Kompetenzeinschätzung*

Dieser Zielbereich bezieht sich auf die schon vorhandenen Kompetenzen einer Person. Im Vordergrund steht das Erlernen einer realistischen Einschätzung der Fähigkeiten und Fertigkeiten, das sich auf das Selbstvertrauen einer Person und auf die Risikointention bezieht.

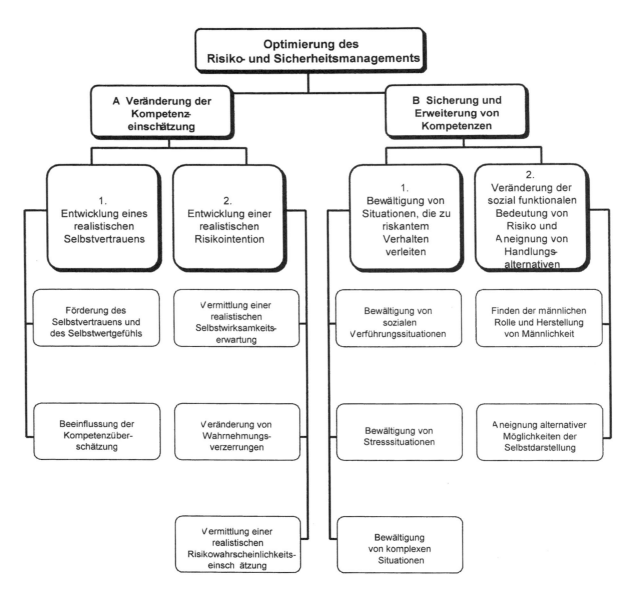

Abb. 5: Ziele des Risiko- und Sicherheitsmanagements.

1. *Entwicklung eines realistischen Selbstvertrauens.* Die Entwicklung eines realistischen Selbstvertrauens fokussiert nicht gewollte, durch Fehler entstandene Risiken und somit hauptsächlich den Bereich des Fehlverhaltens. Es werden zwei bedeutsame Ziele unterschieden. Einerseits die Förderung des Selbstvertrauens und des Selbstwertgefühls, um unsicheres Verkehrsverhalten zu verändern. Daher steht die realistische Einschätzung eigener Kompetenzen im Vordergrund sowie die Reflexion der Entstehung unsicheren Verhaltens. Andererseits ist die Überschätzung des individuellen Könnens Gegenstand der Interventionsmaßnahme, um riskantes Verhalten im Straßenverkehr zu reduzieren.

2. *Entwicklung einer realistischen Risikointention.* Bei der Entwicklung einer realistischen Risikointention geht es um die intendierte Risikosuche. Wichtig sind die Vermittlung einer realistischen Selbstwirksamkeitserwartung und die Veränderung von Wahrnehmungsverzerrungen. Ausgehend von der Tatsache, dass Kinder und Jugendliche sich oft als nicht verwundbar ansehen und davon überzeugt sind, dass riskantes Verhalten für sie selbst nicht gefährlich ist (optimistischer Fehlschluss), soll ein realistisches Risikobewusstsein ausgebildet werden. Letztlich gehört zur Entwicklung einer realistischen Risikointention die *Vermittlung* einer realistischen Risikowahrscheinlichkeitseinschätzung, die über die Reflexion der Entstehung riskanten Verhaltens erreicht werden soll.

*(B) Sicherung und Erweiterung von Kompetenzen*

Der zweite Zielbereich betrifft sowohl die vorhandenen Kompetenzen einer Person als auch die Entwicklung neuer Kompetenzen. In diesem Zusammenhang sollen zwei Zielbereiche bearbeitet werden: die Bewältigung von Situationen, die zu riskantem Verhalten verleiten, und die Veränderung der sozial funktionalen Bedeutung von Risiko durch die Aneignung von Handlungsalternativen.

1. *Bewältigung von Situationen, die zu riskantem Verhalten verleiten.* Problematisch im Rahmen der Unfallentstehung sind situative Anforderungen, die eine Person zu Fehlverhalten und somit zu riskantem Verhalten veranlassen können. Entsprechend fokussiert dieser Zielbereich nicht gewollte Risiken. Dies können z.B. soziale Verführungssituationen der Peergroup sein. In diesem Fall sollte ein Interventionsprogramm sozial orientierte Kompetenzen und ein angemessenes Selbstbewusstsein vermitteln, um sich gegenüber anderen behaupten zu können. Weiterhin ist notwendig, Bewältigungsstrategien für Stresssituationen zu erlernen. Die Stressoren, die mit Unfallverhalten in Verbindung stehen, können dabei recht unterschiedlich sein. Beispielsweise entstehen riskante Situationen durch Zeitdruck, Ärger oder Ermüdung. Im Interventionsprogramm muss dieser Zusammenhang bewusst gemacht und der Umgang mit Stresssituationen verbessert werden. Neben sozialen Druck- und Stresssituationen, die isoliert simuliert werden können, müssen auch komplexere Situationen - wie z.B. Mehrfachanforderungen im Straßenverkehr (wie Konzentration auf die Beherrschung eines Fahrzeugs und Einhaltung von Regeln im Straßenverkehr) -, die eine hohe Herausforderung für den Handelnden darstellen und bei Nichtbewältigung zu fehlerhaftem Verhalten führen, im Interventionsprogramm bearbeitet werden.

2. *Veränderung der sozial funktionalen Bedeutung von Risiko und Aneignung von Handlungsalternativen.* Dieser Zielbereich bezieht sich auf die intendierte Risikosuche. Im Mittelpunkt steht die soziale Funktion des Risikos insbesondere für das männliche Geschlecht. Speziell das Finden der männlichen Rolle und die Herstellung von Männlichkeit müssen thematisiert und reflektiert werden. Zudem sollen, alternative Möglichkeiten der Selbstdarstellung durch das Aufzeigen von Handlungsalternativen und deren Reflexion vermittelt werden.

## 7.4 Allgemeine Interventionsprinzipien und didaktische Rahmenkonzeption

Die bis jetzt erfolgten Ausführungen geben einen Überblick über den konzeptionellen Hintergrund einer Maßnahme und verdeutlichen die Schritte in der Entwicklung der Interventionsmaßnahme. Der nächste Abschnitt befasst sich mit den grundlegenden Prinzipien zur Umsetzung der Intervention.

Generell gilt, dass unsicheres und riskantes Verkehrsverhalten zur Gefährdung der Gesundheit führt. Entsprechend kann die Verkehrserziehung als Teil der Gesundheitserziehung gesehen werden, wobei Kinder und Jugendliche befähigt werden sollen, „ihr bestehendes Verhaltensrepertoire um gesundheitsfördernde Verhaltensweisen" zu erweitern (RAITHEL, 1999, S. 224ff.; 2004, S. 164). Dies findet sich auch in den Empfehlungen der Kultusministerkonferenz von 1994, in der die Verkehrserziehung als Sicherheits-, Sozial-, Gesundheits- und Umwelterziehung definiert wird (vgl. KULTUSMINISTERKONFERENZ 1995; JACKEL 1997).

Um die Planung konkret umsetzen zu können, werden im Folgenden fünf Prinzipien vorgestellt, die die Basis für die Arbeit mit Kindern und Jugendlichen bilden sollen.

*1. Bewegung und Sport als Darstellungsmedium nutzen*

Es kann davon ausgegangen werden, dass eine erlebnis- und sportorientierte Risikoprävention vielfältige Erfahrungen auf der körperlichen, geistigen und psychosozialen Ebene bietet (vgl. RAITHEL 1999, S. 231ff.). Bewegung und Sport ermöglichen die für den Verkehr notwendigen körperlichen Fähigkeiten und Voraussetzungen zu trainieren, wie motorische Fähigkeiten oder Wahrnehmungsleistungen. Darüber hinaus können im Zusammenspiel mit anderen Kindern und Jugendlichen soziale Kompetenzen erweitert und das eigene Selbstvertrauen durch erfolgreiche Erlebnisse gestärkt werden.

Bei Sport- und Bewegungsaktivitäten lassen sich einerseits deutliche geschlechtsbezogene Unterschiede feststellen (vgl. Kap 4.3.2), denn Sport ist besonders für männliche Jugendliche ein zentraler Bestandteil ihres Lebens. Andererseits nutzen sowohl männliche als auch weibliche Jugendliche den Körper als Darstellungsmedium in Sport und Freizeit (vgl. Kap. 5.2).

*2. Abenteuer- und Erlebnissport als Raum für kontrollierte Risikoerfahrungen*

Für Mädchen und Jungen bzw. weibliche und männliche Jugendliche ist es wichtig, ihre Kompetenzen und Fähigkeiten in realen Risikosituationen erfahren zu können. Nur in kontrollierten Risikosituationen können Grenzen ausgetestet, Fehler bearbeitet und Fertigkeiten trainiert werden. Die Notwendigkeit, Erfahrungen zu sammeln, um dadurch zu lernen, wurde an den verschiedensten Stellen im vorliegenden Bericht bereits deutlich. Einen geeigneten Raum dafür bietet der Abenteuer- und Erlebnissport. Nach RAITHEL (2004, S. 165) ist für geschlechtsbezogene Angebote maßgeblich, „Mädchen wie Jungen aus den üblichen Interaktionen herauszunehmen und sie somit von einem Inszenierungsdruck" zu entlasten, „um so eine Reflektion des eigenen Parts aus der Distanz und das Ausprobieren neuer Formen zu ermöglichen" (RAITHEL 2004, S. 165).

*3. Die Lebenswelt der Jugendlichen als Ansatzpunkt für Präventionsmaßnahmen wählen*

Um das Verhalten von Kindern und Jugendlichen nachhaltig beeinflussen zu können, müssen präventive Ansätze in verschiedenen Lebensbereichen greifen. Daher ist es notwendig, gesundheitsfördernde Maßnahmen sowohl in der Schule als auch in der Freizeit anzusetzen (RAITHEL 1999, S. 239; 2004, S. 166). Interventionsmaßnahmen werden am ehesten akzeptiert, wenn sie in der Lebenswelt der Jugendlichen stattfinden. „Das Anknüpfen an den täglichen Handlungsmustern von Jugendlichen, an ihren Erlebnissen und Erfahrungen, ist eine notwendige Voraussetzung für die Gestaltung von Maßnahmen mit einer langfristig wirksamen Vermittlung von gesundheitsrelevantem, risikovermeidendem Verhalten." (RAITHEL 1999, S. 226).

*4. Kognitive und emotionale Prozesse als unverzichtbare Programminhalte konzipieren*

Neben der kognitiven Vermittlung von Inhalten ist das konkrete Erleben von riskanten Situationen und die damit verbundene direkte Wahrnehmung bestimmter Emotionen (wie beispielsweise Freude, Angst, Stolz oder Ärger) sowie die Auswirkungen dieser auf das Verhalten zentral. Das konkrete Erleben und die Reflexion des Erlebten stellen unverzichtbare Programminhalte dar, da eine dauerhafte Verhaltensänderung nicht durch reine Wissensvermittlung erreicht werden kann. Unerlässlich ist daher die Verbindung mehrerer Beeinflussungsdimensionen: „Die Beeinflussungsgröße von Erlebnissen und neu erlangten Erfahrungen auf der Emotionsebene ist mit einer Reflexion (auf kognitiver Ebene) sowie einer komplementären Wissensvermittlung zu verbinden (...). Solch eine Änderung bedarf der Stärkung unterstützender Faktoren, wie grundsätzlicher Fähigkeiten und Kompetenzen, hin zu einem produktiven Verhaltensstil und verkehrsangepassten Verhaltensweisen" (RAITHEL 1999, S. 234).

*5. Risikoprävention mit Jugendlichen geschlechtersensibel ausrichten*

Jungen und Mädchen haben Umgang mit Risiko und suchen in unterschiedlicher Weise Risikosituationen auf (vgl. Kapitel 5). Da dieses differente Verhalten mit der Suche nach einer Geschlechtsidentität und der Positionierung in der Gesellschaft/Peer group zusammenhängt, ist es notwendig, die Dimension der Herstellung von Geschlecht durch die Jugendlichen zu berücksichtigen. Dies bedeutet, zum Teil in geschlechtshomogenen Gruppen und zum Teil in geschlechtergemischten Gruppen zu arbeiten. Wichtig ist, "die Auseinandersetzung mit dem eigenen und die mit dem anderen Geschlecht zu verknüpfen und Arbeit mit Mädchen und mit Jungen mit der Arbeit an der Beziehung zwischen den Geschlechtern zu verbinden" (HELFFERICH 2001, S. 345). Die Arbeit in geschlechtshomogenen Gruppen hat den Vorzug, dass Mädchen und Jungen von einem Inszenierungsdruck entlastet werden, so dass sie das eigene Tun, die eigene aktive Herstellung von Geschlecht aus der Distanz reflektieren und neue Praktiken ausprobieren können. In geschlechtergemischten Angeboten kann hingegen die Interaktion zwischen den Geschlechtern bearbeitet und reflektiert werden (vgl. HELFFERICH 2001, S. 344f).

## 7.5 Definition der Zielgruppe

Um Präventionsarbeit bei Kindern und Jugendlichen erfolgreich durchführen zu können, ist es unabdingbar, zielgruppenadäquate Methoden einzusetzen und gegebene Grundlagen zu beachten. Hier stellt sich insbesondere die Frage nach dem Geschlecht und dem Alter der Zielgruppe.

Mit den geplanten Interventionen sind sowohl Mädchen als auch Jungen angesprochen. Die notwendige geschlechterspezifische Differenzierung wird in Zusammenhang mit den konkreten Inhalten (vgl. Kap 8) verdeutlicht.

Daneben ist erforderlich, altersabhängige Entwicklungen zu berücksichtigen und es ergibt sich die Notwendigkeit, eine Altersgruppe sinnvoll und überlegt abzugrenzen. Die erarbeiteten Prinzipien und entwickelten Interventionsansätze im Bereich des Risiko- und Sicherheitsmanagements sollten vornehmlich für den gesamten Bereich der zweiten Lebensdekade ausgerichtet sein. Einige Hinweise aus der Literatur lassen darüber hinaus eine mögliche Schwerpunktsetzung für das Alter 10-14 Jahre zu. Hierbei sollte jedoch berücksichtigt werden, dass einige Problembereiche von Risikoverhalten, insbesondere der Umgang mit motorisierten Verkehrsmitteln, erst später (16-18 Jahre) Bedeutung erlangen.

Die zweite Lebensdekade wird häufig als Höhepunkt für verschiedene Formen des Risikoverhaltens gesehen (RAITHEL, 2001b). In der Jugendzeit lassen sich verschiedene Risikoverhaltensweisen gehäuft beobachten (REESE & SILBEREISEN, 2001). Betrachtet man die Unfallstatistiken, so zeigt sich in diesem Altersbereich bis zum 14. Lebensjahr ein besonders starker Anstieg von verunglückten Jungen bei Fahrradunfällen (vgl. Kap. 2.1). Hinzu kommt, dass sich Kinder bzw. Jugendliche ab dem 12. Lebensjahr bei ihren Alltagsaktivitäten vermehrt weg vom privaten Außenraum und hin zum öffentlichen Verkehrsraum und in die Stadt hinein bewegen und somit vermehrt gefährlichen Situationen im öffentlichen Verkehr ausgesetzt sind (vgl. Kap. 2.3). Betrachtet man die Entwicklungsaufgaben im Jugendalter, sind die Findung der Identität und der Aufbau des Selbstkonzepts von zentraler Bedeutung (MONTADA, 1995). Das gilt beispielsweise im Hinblick auf die Religion, moralische Werte, die Familienherkunft und das Geschlecht. In den vorangegangen Kapiteln wurde bereits deutlich, dass die Herstellung von Geschlecht für Jungen und Mädchen sowie weibliche und männliche Jugendliche wichtig ist und dass speziell Jungen und männliche Jugendliche Risikoverhaltensweisen einsetzen, um ihre Männlichkeit darzustellen (vgl. Kap. 5.2.2). Dies wird von der Tatsache untermauert, dass die meisten Mutproben im Alter von 10 bis 14 Jahren deutlich häufiger von Jungen durchgeführt werden (vgl. Kap. 5.2.2).

Ein wichtiger Bestandteil der geplanten Interventionsansätze soll nicht nur die alleinige Vermittlung kognitiver Inhalte oder das konkrete Erleben von Situationen beinhalten. Vielmehr ist eine Verbindung der beiden Aspekte notwendig, die durch eine Reflexion des Erlebten erreicht werden kann. Letztere scheint, wie die Aussagen einiger Interviewpartner untermauern, bei jüngeren Kindern nicht in dem Ausmaß möglich und sinnvoll wie in der angestrebten Altersgruppe.

Die angeführten Überlegungen verdeutlichen, warum die Altersgruppe für die Interventionsansätze auf Kinder und Jugendliche zwischen 10 und 16 Jahren begrenzt wird. Auch nach den Aussagen der Experten tauchen Lücken im Bereich der Verkehrssicherheitsarbeit vor allem noch in der Arbeit mit den 5. bis 10. Klassen auf, weshalb das vorliegende Konzept diese Altersgruppe fokussiert.

## 7.6 Konzept der Umsetzung und Implementierung

### 7.6.1 Schule als Interventionsinstitution

Da die dargestellten Ziele und Inhalte der Maßnahme sehr vielschichtig und in der Umsetzung aufwendig sind, wurde in der Diskussion der Experten und Expertinnen die Auffassung vertreten, dass am ehesten die Schule und deren Lehrer/innen als mögliche Institution bzw. als mögliche Multiplikatoren/Multiplikatorinnen in Frage kommen, die über einen längeren Zeitraum das Programm verwirklichen können. Dies scheint sinnvoll, da die Schüler/innen über mehrere Jahre erreichbar und zur Teilnahme verpflichtet sind. In der Schule könnte eine langfristige Perspektive anvisiert werden, in der in regelmäßigen Abständen abgrenzbare Programmblöcke stattfinden könnten. Eine solche Interventionsmaßnahme könnte in den Sportunterricht integriert oder mit einer Klassenfahrt kombiniert werden. Zudem wurde in der Diskussion angeregt, nach Möglichkeit unterschiedliche Fächer zu beteiligen, wobei der Zeitraum, in dem die Maßnahme stattfindet, für alle Fächer gleich sein sollte.

Wählt man die Schule als Interventionsinstitution, müssen spezielle Grundvoraussetzungen akzeptiert werden. So ist es notwendig, bei der Überlegung, die Verkehrserziehung in den Sportunterricht zu integrieren, die Richtlinien der Ministerien zu berücksichtigen. Bisher wurde das Sicherheitstraining im Sportunterricht zu wenig genutzt. Die neuen NRW - Richtlinien für den Sportunterricht, in denen die Gesundheitserziehung als integrierter Bestandteil festgelegt ist, bieten bessere Möglichkeiten, die Verkehrserziehung im Sportunterricht zu verankern.

Letztlich erscheint es sinnvoll, neben der Schule auch andere Multiplikatoren und Institutionen (wie z.B. Sportvereine, Jugendarbeit) in Betracht zu ziehen. Die Expertinnen und Experten schlugen vor, Jugendgruppen vor allem in Kooperation mit Schulen einzubeziehen, da einerseits die Schnittmenge „Jugendarbeit und Schule" häufig bereits in Ministerien zusammengelegt sei und andererseits

Jugendgruppen als Multiplikatoren Schwierigkeiten bereiten könnten.

### 7.6.2 Einbindung von Multiplikatoren und Multiplikatorinnen

Auf der Ebene der Multiplikatoren und Multiplikatorinnen stellt sich die zentrale Frage, welchen Anreiz die Durchführung der geplanten Maßnahme der Institution und speziell den einzelnen Übungsleitern und -leiterinnen bietet. Zur Motivation, die Maßnahmen durchzuführen, müsste je nach Institution spezifische Überzeugungsarbeit geleistet werden. An einer Schule wäre es zum einen wichtig, die Lehrer/innen für diese Thematik zu sensibilisieren und zu überzeugen, zum anderen aber auch, ihnen zeitliche Ressourcen zur Verfügung zu stellen. Als Idee wurde geäußert, Lehrer/innen evtl. im Rahmen der Ausbildung zu intensiverem Studium von Verkehrserziehungsmaßnahmen zu verpflichten. Von Vorteil sei weiterhin ein persönlicher Kontakt zwischen Programmanbieter und Multiplikatoren und Multiplikatorinnen, statt den Kontakt auf die alleinige Weitergabe von Programmmaterialien zu beschränken. Damit trüge man auch der Problematik Rechnung, dass Multiplikatoren und Multiplikatorinnen (z.B. Lehrer/innen) häufig nur Teilaspekte des Programms berücksichtigen und keine vertiefende Arbeit leisten.

## 8 Exemplarische Darstellung einer Maßnahme für 12-14-Jährige (6.-8. Klasse)

### 8.1 Zielsetzungen

Ein wichtiges Ergebnis der Diskussion von Interventionszielen mit Experten und Expertinnen war, dass es sinnvoll ist, nicht alle Ziele innerhalb einer Maßnahme zu verfolgen. Eine Schwerpunktsetzung ist wichtig, um ausgewählte Ziele angemessen und intensiv zu verfolgen. Die Expertinnen und Experten haben insbesondere die Ziele 'Finden der männlichen Rolle und Herstellung von Männlichkeit', 'Bewältigung von Stresssituationen' und 'Förderung des Selbstvertrauens und des Selbstwertgefühls' als relevant hervorgehoben (vgl. Abb. 5).

Gerade die Reflexion männlicher Verhaltensmuster in bestimmten Situationen wurde als innovativer Ansatz diskutiert, da das stärkere Bedürfnis von männlichen Jugendlichen, sich darzustellen und die eigene Geschlechterzugehörigkeit zu verdeutlichen, im Zusammenhang mit einer höheren Risikosuche steht. Die bisherige Verkehrserziehung hat eine solche Thematik bislang noch nicht integriert.

Hinsichtlich der Situationsbewältigung bewerteten die Experten und Expertinnen zudem den Umgang mit Stresssituationen als wichtig. Auf der einen Seite sollten demnach der Umgang mit Stress und die Wahrnehmung und Einschätzung verkehrsrelevanter Stressoren im Mittelpunkt stehen. Da auf der anderen Seite durch den Verkehr entstandene Stresssituationen eine Rolle spielen, sollte die Emotionsregulation und somit beispielsweise der Umgang mit Aggression zu den Themen der Maßnahme gehören. Gerade für Jugendliche wurde das Thema 'Stress und Stressbewältigung' hervorgehoben.

Im Zusammenhang mit dem Aufbau personaler Handlungsdispositionen gilt es nach Meinung der Experten und Expertinnen, Themen wie Selbstvertrauen und Selbstwertgefühl stärker zu bearbeiten.

Dieser Zielbewertung durch die Expertinnen und Experten wird bei der Entwicklung des Programms gefolgt. Darüber hinausgehend wird das Ziel 'Vermittlung einer realistischen Selbstwirksamkeitserwartung' in die Programmentwicklung aufgenommen, weil dem Hineinbegeben in eine riskante Situation häufig eine unrealistische Einschätzung zugrunde liegt, was durch eigenes Handeln erreicht werden kann.

### 8.2 Organisationsform

Als Organisationsform wird eine Fünf-Tagesmaßnahme gewählt, die als sport- und bewegungsbetonte Klassenfahrt durchgeführt werden kann (Alternative: Ferienfreizeit). Diese Form bietet sich an, da auf diese Weise stringent an den ausgewählten Zielen gearbeitet werden kann. Sinnvoll wäre eine Weiterführung z.B. im Rahmen des Sportunterrichts, dies wird hier jedoch nicht weiter vorgestellt (vgl. Kap. 7.6). Das hier dargestellte Modulpaket kann auch über einen längeren Zeitraum hinweg in den Sportunterricht integriert werden. Der kompakte Rahmen in Form einer Klassenfahrt mit Sport und Bewegung als Schwerpunkt ist sinnvoll, da er eine attraktive Freizeitgestaltung für Kinder und Jugendliche bietet und viele erreicht. Sport und Bewegung hat im Leben von Kindern und Jugendlichen einen hohen Stellenwert, so dass davon ausgegangen werden kann, dass die Beteiligten mit einer hohen Motivation mitarbeiten.

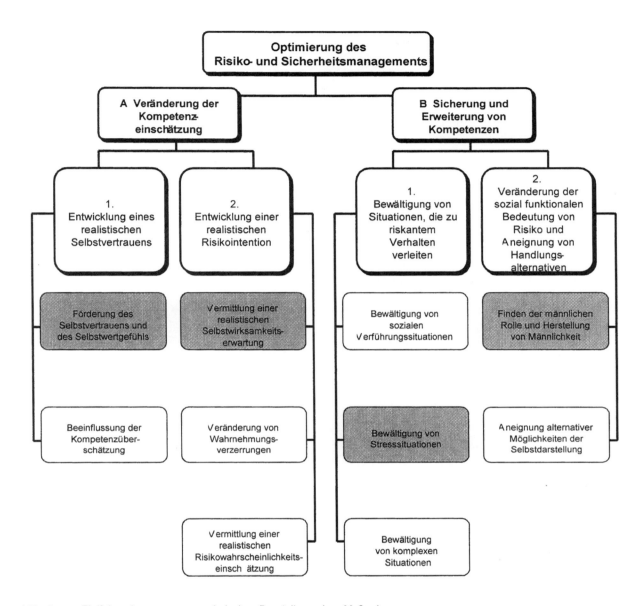

Abb. 6: Zielfokussierung zur exemplarischen Darstellung einer Maßnahme

## 8.3 Methodisch-didaktischer Entwurf

Im Rahmen des Expertenhearings wurden neben den Grundlagen Probleme und Möglichkeiten der direkten Umsetzung diskutiert und folgende Aspekte dabei hervorgehoben:

- Ein Problem speziell in der Sekundarstufe I ist nach Meinung der Expertinnen und Experten die Motivation der Schüler/innen zur aktiven Teilnahme. Es ist wichtig, bei den Jugendlichen die Programmakzeptanz zu erzielen. Diese kann durch eine hohe Attraktivität der Maßnahmen erreicht werden. In diesem Zusammenhang wiesen die Experten und Expertinnen darauf hin, dass das Thema „Risiko und Sicherheit" durchaus ansprechend sei, und in der Maßnahme genutzt werden sollte. Daneben ist unabdingbar, dass sowohl das Konzept der Maßnahme als auch die Materialien unabhängig vom Thema ansprechend sein müssen. Die Attraktivität des Programms sollte für die Lehrer/innen und die Schüler/innen gewährleistet sein. Entsprechend gilt es, methodisch attraktives Material zu erstellen, dass über die reine Darstellung von Verkehrsregeln hinaus geht, um damit qualitativ hochwertige Arbeit zu leisten.

- Beim Expertenhearing wurde außerdem die Meinung vertreten, dass die alleinige kognitive Bearbeitung für die Optimierung des Risiko- und Sicherheitsmanagements nicht ausreicht, sondern dass Erleben und dessen Reflexion anzustreben sei.

- Weiterhin sind Übungen im Bereich der Selbst- und Fremdeinschätzung wünschenswert. Spielerisch sollte die Möglichkeit gegeben werden, in verschiedene Rollen „reinzuschlüpfen", um z.B. die Rolle des Starken und des Schwachen auszutesten. Dieses Vorgehen setzt aber eine funktionierende Gruppe voraus.

- Gefordert wurde von der Runde der Expertinnen und Experten die Berücksichtigung des Transfers des Gelernten und Erlebten in den Verkehrsalltag (vgl. Abschn. 7.4). Viele der Aufgaben und Übungen finden zunächst nicht im Verkehr statt, da dies zu gefährlich wäre. Der Transfer kann – neben der Herstellung realitätsnaher Situationen und dem Einbezug von Fahrrad- und Inliner-Übungen – insbesondere durch Reflexionsprozesse erreicht werden, indem beispielsweise Spiele durchgeführt werden, in denen die grundlegenden Strukturen erkannt und anschließend auf den Straßenverkehr übertragen werden.

- Die Expertinnen und Experten weisen darauf hin, dass es bei der Wahl der Schule als Interventionsraum notwendig sei, sowohl das Klassenklima als auch das Schulklima zu berücksichtigen. Außerdem spiele die Schulform eine Rolle. So können beispielsweise Grundschullehrer/innen vermutlich leichter fächerübergreifend arbeiten als Lehrer/innen anderer Schulformen. Daher muss die Maßnahme so gestaltet sein, dass eine flexible Anpassung an die vorherrschenden Bedingungen gewährleistet werden kann.

Sowohl die gesamte Woche als auch die einzelnen Unterrichtseinheiten bauen auf mehreren methodisch-didaktischen Prinzipien auf, die eine Berücksichtigung der dargestellten Probleme und Möglichkeiten zulassen. Diese Prinzipien werden im Folgenden näher erläutert.

*a) Sensibilisieren, aneignen, anwenden*

Dieses Prinzip leitet sich aus der Gesundheitsförderung und aus Abenteuersportkonzepten ab. Der erste Schritt, die Kinder und Jugendlichen an eine Problemstellung heranzuführen, besteht darin, sie dafür zu sensibilisieren. Dies kann über kognitive Prozesse angeregt werden, d.h. die Kinder und Jugendlichen werden auf bestimmte Zusammenhänge aufmerksam gemacht oder lernen relevante Fakten. Aber auch das Erleben bestimmter Situationen kann sie für spezielle Zusammenhänge sensibilisieren. Im zweiten Schritt eignen sich die Beteiligten notwendige Fähigkeiten und Fertigkeiten an. Diese umfassen motorisches Können, soziale Aspekte (z.B. Verstehen von Gruppenprozessen), kognitive Komponenten (z.B. Vertrauen in die eigenen Fähigkeiten, Selbstwirksamkeit) und emotionale Aspekte (z.B. Umgang mit Emotionen lernen, Stressbewältigung). In einem dritten Schritt sollen die Kinder und Jugendlichen das Erlernte in konkreten Situationen anwenden. Die Anwendung kann für die Verbesserung des Risiko- und Sicherheitsmanagements in Bezug auf Verkehrssituationen in sportlichen Situationen und auch in tatsächlichen Verkehrssituationen stattfinden.

*b) Erleben und reflektieren*

Wie bei den Prinzipien für Interventionsmaßnahmen dargestellt, reicht eine kognitive Bearbeitung des Themas Risiko- und Sicherheitsmanagement nicht aus (vgl. Abschn. 7.4). Es ist unverzichtbar, emotionale Prozesse anzuregen und diese mit kognitiven Prozessen zu verbinden, um mögliche Verhaltensänderungen zu erreichen. Abenteuersportkonzepte und Erlebnispädagogik bauen auf dem Prinzip des Erlebens und Reflektierens auf und machen deutlich, dass Erleben alleine nicht ausreicht. Es können nur gewollte Prozesse ausgelöst werden, wenn sich die Kinder und Jugendlichen in einer Reflexion mit dem Erlebten auseinandersetzen. Dabei ist zu beachten, dass nicht gezielt planbar ist, was die Einzelnen erleben. Dies ist von Emotionen, Vorkenntnissen, vorangegangenem Erlebten etc. abhängig. In Maßnahmen können nur Rahmenbedingungen geschaffen werden, ohne sicher zu sein, dass jedes Kind und jede/r Jugendliche/r tatsächlich etwas erlebt und wie sie dieses Erlebte verarbeiten.

Die Reflexion des Erlebten ist wichtig, um den Beteiligten bewusst zu machen, welche Schlussfolgerungen sie daraus ziehen und wie sie dieses Wissen in zukünftigen Situationen umsetzen können. Auch ein Transfer kann über die Reflexion des Erlebten bei Sport- und Bewegungsangeboten erreicht werden. Die Kinder und Jugendlichen können dadurch lernen, Strukturen von Situationen zu erkennen und diese auf andere Situationen zu übertragen.

*c) Individuelle und soziale Identifikation (Vom ich zum du, vom du zum wir)*

Für das eigene Risiko- und Sicherheitsmanagement reicht es nicht aus, die eigenen Fähigkeiten und Fertigkeiten zu schulen. Es ist notwendig, auch das Gegenüber einschätzen zu können und Gruppenprozesse zu identifizieren. Das Wissen über die eigenen motorischen, sozialen, kognitiven und emotionalen Fähigkeiten und Fertigkeiten soll in einem ersten Schritt geschult werden. Darauf aufbauend bzw. parallel dazu sollen sich die Kinder und Jugendlichen mit einem einzelnen Gegenüber auseinandersetzen (vom ich zum du). Dies erfordert das Lösen von der Konzentration auf sich selber und das Wahrnehmen der anderen Person, ohne jedoch durch eine Vielzahl von anderen überfordert zu werden. Das Wahrnehmen einer Gruppe, die Auseinandersetzung mit Gruppenprozesse sowie die eigene Positionierung ist der dritte Schritt (vom du zum wir), der zunächst über Kleingruppenarbeit und am Ende über Projekte in der Großgruppe umgesetzt wird.

## 8.4 Übersicht über die Inhalte und Übungsformen

### 8.4.1 Tabellarische Übersicht über die gesamte Maßnahme

|       | 1. Tag | 2. Tag | 3. Tag | 4. Tag | 5. Tag |
|-------|--------|--------|--------|--------|--------|
| 9:00  | • Vorstellungsrunde und Kennenlernspiele verschiedenster Art<br>• Vorstellung und Diskussion des Wocheninhalts | 'Vom ich zum du' – Interaktionsspiele mit Partner/in, Aufbau von Vertrauen in die andere Person | 'Vom du zum Wir' – Interaktionsspiele mit der Klein- und Großgruppe | Klettern an der Kletterwand – Einführung | 'Natur pur' – Ausflug mit dem Fahrrad<br>• Erleben des Straßenverkehrs<br>• Fahrradparcours in der Natur<br>• Interaktionsspiele in der Gesamtgruppe |
| 10:30 | Pause  |        |        |        |        |
| 11:00 | 'Fair Play' – Erarbeitung von Gruppenregeln für die Woche | Inline skaten – Differenzierung nach Könnensstand<br>• Einführung ins Fahren, Bremsen und Fallen<br>• Geschicklichkeits-übungen | Aufbau einer Bewegungslandschaft in der Sporthalle unter dem Aspekt Risiko und Sicherheit | Klettern an der Kletterwand – Üben und Ausprobieren | |
| 12:30 | Mittagspause |  |  |  |  |
| 14:00 | 'Das eigene Risiko' – Spiele und Übungen in der Sporthalle | 'Männlich – Weiblich' – Annäherung über Bewegungstheater | Bewältigung der Bewegungslandschaft mit Vorgabe verschiedener Aufgaben | Fahrrad-Parcours – Übungen zu Sicherheit und Risiko | Bewegter Abschluss – Reflexion und Verabschiedung in der Sporthalle |
| 16:00 | Pause |  |  |  |  |
| 16:30 | Sportspiele in der Halle oder auf dem Freiplatz – Spielen unter Berücksichtigung der Geschlechterperspektive | Inline-Hockey – Risiko in der Spielsituation | 'Skater/innen treffen Fußgänger/innen'<br>• Übungen zum Ausweichen, rücksichtsvollen und riskanten Skaten<br>• Skaten und die StVO | 'Verkehr, Geschlecht und Selbstpräsentation' – Bewegungstheater | |
| 18:30 | Abendessen |  |  |  |  |

## 8.4.2 Vertiefte Darstellung einzelner Unterrichtseinheiten

*Einheit: 'Das eigene Risiko' – Spiele und Übungen in der Sporthalle (1. Tag, 14-16 Uhr)*

| Ziele | Aufgabe | Organisationsform | Kommentar | Reflexionsinhalte |
|---|---|---|---|---|
| • Erwärmung | Rettungsringe<br>• Fangspiel mit Kooperationsaufgaben | • Zwei Fänger/innen<br>• Die zu Fangenden haben mehrere Bälle, wer einen Ball hat, darf nicht gefangen werden<br>• Wer gefangen wurde, wird Fänger/in | | |
| • Aufbau von verschiedenen Stationen | • Die Teilnehmer/innen bauen nach Vorgabe mehrere Stationen auf | • In Kleingruppen einteilen und nach schriftlicher Vorgabe bauen | Leiter/innen überprüfen jeden Aufbau | |
| • Erläuterung der Stationen | • Alle Stationen werden vorgeführt | • Die Leiter/innen gehen mit der Gruppe von Station zu Station und lassen sie einmal vormachen | | |
| • Förderung des Selbstvertrauens und des Selbstwertgefühls<br>• Realistische Selbstwirk-samkeitserwartung aufbauen<br>• Reflexion des eigenen Verhaltens in Richtung Männlichkeit/ Weiblichkeit<br>Die Ziele gelten für alle Übungen, die im Folgenden beschrieben sind, und werden dort nicht mehr aufgeführt | • Freies Üben/Spielen an den Stationen<br>• Die Stationen mit den Aufgaben sind in den nächsten Zeilen beschrieben | • Jede/r Teilnehmer/in geht von Station zu Station und probiert alles aus, dabei können Stationen auch wiederholt werden | • An den schwierigeren Stationen muss ein/e Leiter/in stehen/helfen (z.B. Fallschirmsprung), die Anzahl der schwierigen Stationen ist von der Anzahl der Leiter/innen abhängig<br>• Wichtig ist es, eine Atmosphäre herzustellen, in der jede Person ohne Angst vor Gesichtsverlust ihre eigene Schwierigkeit bei den Aufgaben wählen kann. | |
| | Balancieren über Balken<br>• Wahlmöglichkeit zwischen unterschiedlichen Höhen und Breiten<br>• Erst sehend, dann blind mit Hilfestellung, dann blind ohne Hilfestellung | • Mehrere Balken mit verschiedenen Höhen und verschiedenen Breiten aufbauen<br>• Paarweise mit Hilfestellung unterstützen<br>• Risiko frei wählen lassen | | |
| | Ballübergabe<br>• Mit beiden Händen in einen Ring hängen und schwingen<br>• Mit Füßen Bälle von einem Kastenteil zum nächsten transportieren | • Ringe hängen von der Decke<br>• An den Ringen hängen unterschiedlich weit auseinanderstehende Kastenteile mit verschiedenen Bällen darin | | |

| Ziele | Aufgabe | Organisationsform | Kommentar | Reflexionsinhalte |
|---|---|---|---|---|
| | Abseilen im Dülfersitz<br>• An der Sprossenwand mit einem Kletterseil sich im Dülfersitz abseilen, wobei durch zwei eingehängte Langbänke die Steile des Weges bestimmt wird | • An verschiedenen Sprossenwänden werden in verschiedenen Höhen jeweils zwei Langbänke nebeneinander eingehängt (die steilsten sind senkrecht und es wird ein Matte davor gestellt)<br>• An den obersten Sprossen wird ein Kletterseil befestigt<br>• Mit Matten sichern | | |
| | Sprung aus den Wolken<br>• Mit verbundenen Augen eine Gitterleiter hochklettern<br>• Von einer frei gewählten Höhe auf eine davor liegende Weichbodenmatte springen | • Vor eine Gitterleiter wird ein Weichboden gelegt<br>• Kletternde Person hat Augen verbunden<br>• Partner/in sichert Landung | | |
| | Fallschirmsprung<br>• Eine Person hängt sich in die Ringe ein und wird von genügend anderen hochgezogen<br>• In einer freiwählbaren Höhe springt die Person auf die darunter liegende Matte ab | • Die Schwierigkeit kann erhöht werden, indem einer Person, die hochgezogen wird, die Augen verbunden werden | • Gerade bei dieser Station ist darauf zu achten, dass die Gruppe auf die Zeichen der sich hochziehen lassenden Person hören<br>• Je nach Gruppe die höchste Höhe begrenzen | |
| • Reflexion des Erlebten | • Entweder in einer offenen Frage-/ Diskussionsrunde oder unter der Anwendung einer spezifischen Methode wird die Stunde reflektiert | • Sitzkreis auf Bänken | • Die Reflexionsmethode ist von der Gruppe abhängig | • Warum wurde spezifisches Risiko gewählt?<br>• Selber richtig eingeschätzt?<br>• Angstgefühle gehabt? Wenn ja, wie bewältigt? |
| • Einschätzen des Risikos, eine zu laufende Strecke nicht schnell genug zu schaffen => Entwicklung einer realistischen Selbstwirksamkeitserwartung<br>• Spielerischer Ausklang der Stunde | Brennball<br>• Nach den bekannten Spielregeln, allerdings Werfen eines Balles und nicht Schlagen mit Schläger | Zwei Teams gegeneinander | Brennball eignet sich aufgrund der Selbsteinschätzung beim Laufen von einer Ecke zur nächsten für leistungsheterogene Gruppen. Teamtaktik bzgl. des Einsetzens von Wurfstärke ist gefordert. | • Gründe für das Gewinnen/Verlieren<br>• Gab es eine Taktik?<br>• Wer hat sich gut eingeschätzt beim Laufen? |

*Einheit: Aufbau einer Bewegungslandschaft in der Sporthalle unter dem Aspekt Risiko- und Sicherheit (3. Tag, 11-12:30 Uhr)*

| Ziele | Aufgabe | Organisationsform | Kommentar | Reflexionsinhalte |
|---|---|---|---|---|
| • Eigenständige Schaffung von Risikosituationen<br>• Sicherheit von Situationen einschätzen lernen | Einstieg<br>• Wie kann Risiko hergestellt werden?<br>• Welche Sicherheitsaspekte müssen berücksichtigt werden?<br>• Welche Geräte eignen sich?<br>• Soll die Landschaft ein Thema haben? | • Sitzkreis auf Bänken<br>• Moderierte Diskussion | | |
| • Kreativität entwickeln<br>• Realistisch planen lernen | 1. Planungsphase in der Kleingruppe<br>• Jede Kleingruppe überlegt sich einen Teil einer Bewegungslandschaft mit einem spezifischen Schwerpunkt | • Kleingruppenarbeit<br>• Benötigte Geräte werden notiert | Leiter/in unterstützt die Kleingruppen mit Tipps und Hinweisen | |
| • Konstruktiver Austausch mit anderen Gruppen<br>• Konfliktlösung | Absprache zwischen den Gruppen<br>• Die Gruppensprecher/innen setzen sich zusammen, klären, ob die vorhandenen Geräte gut verteilt sind, handeln Kompromisse aus | Kleiner Sitzkreis mit Moderation, bei Problemen kann Rücksprache mit der Gruppe gehalten werden | | |
| • Sicherheit von Situationen einschätzen<br>• Sicherheitsbewusstsein lernen | Aufbau der Geräte<br>• Jede Kleingruppe baut an dem zugewiesenen Platz ihr Gerät auf, überprüft die Sicherheit und testet den Aufbau | | Leiter/in hilft und gibt Tipps | |
| • Sicherheit von Situationen einschätzen<br>• Sicherheitsbewusstsein lernen | Überprüfung der Geräte<br>• Jede/r überprüft jeweils die Geräte der anderen Gruppen, anschließend werden in der Gesamtrunde Mängel geklärt | Erst Einzelarbeit, dann mit der Gesamtgruppe zu jedem Gerät gehen | Mängel werden anschließend behoben | |
| • Ausklang der Stunde | Erstes Ausprobieren der Geräte<br>• Jede/r darf Geräte ausprobieren, Rücksicht nehmen | Einzelarbeit | | |
| • Bewusstmachung von Gruppenprozessen und Rollen in Gruppen<br>• Evtl. Bewusstmachung von typischem Geschlechterverhalten<br>• Verhältnis von Risiko und Sicherheit beleuchten | Reflexion des Ablaufs<br>• Wie war die Planung?<br>• Hat die Absprache mit den anderen Gruppen funktioniert?<br>• Konnte die Planung umgesetzt werden?<br>• Seid ihr zufrieden mit dem Ergebnis? | Sitzkreis auf Bänken | | • Soziale Prozesse bei der Arbeit<br>• Rollen innerhalb der Gruppen<br>• Sicherheitsanforderungen |

*Einheit: Fahrrad-Parcours – Übungen zu Sicherheit und Risiko (4. Tag, 14-16 Uhr)*

| Ziele | Aufgabe | Organisationsform | Kommentar | Reflexionsinhalte |
|---|---|---|---|---|
| • Aufbau des Parcours | Aufbau der verschiedenen Stationen in Kleingruppen | Jede Kleingruppe erhält einen genauen Aufbauplan und -ort | Stationen werden so aufgebaut, dass der Schwierigkeitsgrad frei wählbar ist (Beispiel: Slalomstrecken mit unterschiedlich eng gestellten Hütchen) | |
| • Vertraut machen mit den einzelnen Stationen<br>• Realistische Selbstwirksamkeitserwartung aufbauen | Üben der verschiedenen Aufgaben/Stationen | • Jede/r probiert jede Station aus<br>• Nicht gleichzeitig an einer Station fahren lassen, sondern immer anstellen | Möglichkeit geben, besondere Schwierigkeiten zu üben | • Gibt es besondere Schwierigkeiten?<br>• Gibt es noch Sicherheitslücken? |
| • Entwicklung einer realistischen Selbstwirksamkeitserwartung<br>• Förderung des Selbstvertrauens und des Selbstwertgefühls | Parcours fahren | • Jede/r wählt den eigenen Schwierigkeitsgrad<br>• Ziel: den Parcours bewältigen ohne Zeitdruck und ohne Fehler zählen | • Evtl. Einzelne auffordern, einen anderen Schwierigkeitsgrad zu wählen | • Warum bestimmte Schwierigkeit gewählt? |
| • Bewältigung von Stresssituationen | Parcours fahren nach Zeit | • Ein Schwierigkeitsgrad wird für alle ausgewählt<br>• Ziel: den Parcours möglichst schnell fahren | • leichten Schwierigkeitsgrad wählen<br>• Fehler beobachten | • Warum plötzlich mehr Fehler gemacht als vorher (evtl. trotz niedrigerem Schwierigkeitsgrad) |
| • Entwicklung einer realistischen Selbstwirksamkeitserwartung<br>• Bewältigung von Stresssituationen | Parcours fahren nach Zeit und Fehlerpunkten | • Jede/r wählt den Schwierigkeitsgrad selber aus, je schwerer umso mehr Pluspunkte<br>• Ziel: den Parcours möglichst schnell und mit wenigen Fehlerpunkten fahren<br>• Mehrere Versuche pro Person | • Evtl. Einzelne auffordern, einen anderen Schwierigkeitsgrad zu wählen | • Warum (wahrscheinlich) weniger Fehler gemacht als bei der Übung vorher?<br>• Gute Abstimmung zwischen Zeit, Schwierigkeitsgrad und Fehlerpunkten gefunden? |

# 9 Abschließende Betrachtung

Den Anlass der vorliegenden Arbeit gaben Unfallstatistiken, nach denen Jungen häufiger im Straßenverkehr verunfallen als Mädchen. Diese Beobachtung kann nur zum Teil auf die Art der Verkehrsbeteiligung und ökologische Bedingungen, wie beispielsweise die Wahl anderer Verkehrsmittel durch Jungen oder den häufigeren Aufenthalt von Jungen in risikoreichen Verkehrsräumen, zurückgeführt werden. Es stellt sich daher die Frage, ob mit dem Geschlecht biogenetische, psychologische oder gesellschaftliche Bedingungen verknüpft sind, die als Ursachen für höhere Unfallzahlen von Jungen in Betracht kommen. Verkehrserziehung müsste sich an diesen Bedingungen orientieren und demnach zu geschlechterorientierten Zielen, Inhalten oder sogar Methoden kommen.

Die Aufarbeitung des wissenschaftlichen „state of the art" hinsichtlich der Unterschiede zwischen Mädchen und Jungen beziehungsweise Frauen und Männern offenbart zwar eine Vielzahl von Unterscheidungsmöglichkeiten, die jedoch nur in seltenen Fällen kausal mit Risiko- oder Verkehrsverhalten in Verbindung gebracht werden können. Es liegen so gut wie keine argumentativ belastbaren Hinweise darauf vor, dass es eine ursächliche, also vor Kausalitätsgesichtspunkten haltbare, Beziehung zwischen geschlechterorientierten Bedingungen und Unfallaufkommen gibt. Augenscheinlich betrachtet sind derartige Beziehungen jedoch in manchen Punkten eher wahrscheinlich (wenn auch bislang nicht eindeutig nachgewiesen). Dies betrifft insbesondere das psychologische Bedingungsgefüge aus Konzentrationsmangel, Aggressivität und Risikobereitschaft, welches im Bereich des Straßenverkehrs eine ausgesprochen hohe Relevanz besitzt. Jungen besitzen in diesen Bereichen nachweislich schlechtere Voraussetzungen, das heißt sie sind zumeist weniger konzentrationsfähig sowie aggressiver und risikobereiter. Interessant ist hierbei, dass es sowohl aus der biogenetischen als auch aus der soziologischen Grundlagenforschung Hinweise darauf gibt, dass die aufgeführten psychologischen Faktoren sich vermutlich aus Entwicklungsfunktionen biogenetischer und gesellschaftlicher Einflussgrößen herleiten lassen – wobei weder das genaue Ausmaß der biogenetischen noch der soziologischen Determination auch nur annähernd geklärt erscheint.

Für die Ausrichtung von Verkehrserziehung ergeben sich hieraus zwei wichtige Konsequenzen. Erstens: Jungen bringen hinsichtlich ihrer Erbmasse und der sich hieraus ergebenen biologischen Entwicklungsbedingungen andere körperliche aber auch psychische Voraussetzungen mit, die eine geschlechter-differenzierte Betrachtung von Verkehrserziehung nahe legen. Zweitens: Verhalten, also auch Verkehrsverhalten, entwickelt sich zwar auf der Grundlage dieser biologischen Bedingungen, wird jedoch in hohem Maße durch Lern- und Erziehungsprozesse beeinflusst, in deren Verlauf sich sowohl psychologische als auch behaviorale verkehrsrelevante Faktoren verändern können.

Fazit: Es gibt ein biogenetisch mitverursachtes jungenspezifisches Risikoprofil, welches jedoch durch die soziale Umwelt und Verkehrserziehung beeinflussbar ist. Die Formulierung und Berücksichtigung geschlechterorientierter Zielstellungen ist daher eine zukünftige Aufgabe der Verkehrserziehung.

Die sich daran anschließende Frage betrifft die methodische Umsetzung dieser Zukunftsaufgabe. Soll Verkehrserziehung beispielsweise getrenntgeschlechtlich strukturiert sein? Im Normalfall nein! Die Forderung koedukativen Vorgehens steht nicht nur im Einklang mit den oben genannten Ausführungen, sondern leitet sich bei genauerer Betrachtung sogar hieraus ab. Wenn nämlich Risikoprofile stark durch gesellschaftlich geprägte Größen, beispielsweise die Wahrnehmung der eigenen Geschlechterrolle, beeinflusst werden, so besteht eine Notwendigkeit darin, diese sozialen Einflussgrößen als immanenten Bestandteil von Verkehrserziehung zu verstehen (also hier die Gruppe). Risikoassoziiertes Imponiergehabe zum Beispiel kann am besten in einem Erziehungssetting aufgegriffen werden, welches den sozialen Sinn des Verhaltens beinhaltet (beispielsweise Außendarstellung im Beisein von Mädchen). Daher scheint hier die Thematisierung in der gemischtgeschlechtlichen Gruppe besonders wichtig zu sein. Die Umsetzung einer jungenfokussierten Methode der Verkehrserziehung würde demnach vielmehr darin bestehen, soziale Handlungssituationen zu schaffen, die einen hohen Zusammenhang mit dem oben beschriebenen jungentypischen Risikoprofil aufweisen.

Fazit: Verkehrserziehung sollte das jungenspezifische Risikoprofil in ein pädagogisches Setting einbetten, welches soziale, gruppengebundene Lern- und Erfahrungsräume zulässt und anbietet.

Die genannten Fazits beinhalten, insbesondere unter Berücksichtigung des vorliegenden Berichts, Konsequenzen für die inhaltliche und methodische Gestaltung von Verkehrserziehung. Die in diesem Projekt durchgeführten Interviews und das Hearing mit den unterschiedlichsten Experten und Expertinnen geben Anlass zu der Hoffnung, dass derartige Umgestaltungen von Verkehrserziehung auch in der Praxis und bei den organisatorisch Verantwortlichen auf einen nahrhaften Boden fallen. Verantwortliche zeigen sich zumeist offen für derartige Veränderungen. Wenn Schwierigkeiten antizipiert werden, dann eher an der Basis, das heißt bei den pädagogisch handelnden Personen (Lehrer/innen, Verkehrserzieher/innen). Die in diesem Bericht exemplarisch genannten Themen und Übungsformen lassen sich jedoch vermutlich eher leicht in bestehende Programme implementieren. Dies betrifft insbesondere das Ziel realistischer Kompetenzeinschätzung durch Jungen und Mädchen sowie den Umgang mit sozialen Anforderungen (Gruppe) im Bereich des Straßenverkehrs. Durch Letzteres werden beispielsweise auch soziale Funktionen von Risikoverhalten hinterfragt – ein Bereich, der sich im Verlauf der vorliegenden Arbeit als zentral herausgestellt hat. Ein weiterer Bereich, der insbesondere durch die Experten und Expertinnen vielfach bestätigt wurde, ist die zunehmende Komplexität von Verkehrssituationen und hiermit verknüpfte Aufgaben und Anforderungen.

Trotz der Sinnhaftigkeit und grundsätzlichen Machbarkeit einer geschlechtsorientierten Ausrichtung von Verkehrserziehung sollte auch kritisch mit der erwarteten Effektivität hinsichtlich einer tatsächlichen Veränderung von Verhalten (und demzufolge einer Reduktion der Unfallhäufigkeit) umgegangen werden. Vor dem Hintergrund des hier Gesagten wird schnell deutlich, dass Verkehrserziehung von Kindern und Jugendlichen tagtäglich passiert, nämlich in der und durch die Gruppe der Gleichaltrigen, vereinzelt durch Eltern und ebenso vereinzelt durch Lehrer/innen oder andere Multiplikatorinnen und Multiplikatoren. Verkehrserziehung in Schule oder Verein haben daher vermutlich lediglich dann einen stärkeren Effekt auf Verhalten, wenn sie weniger das Verhalten selbst sondern mehr den Umgang mit situativen Anforderungen thematisieren. Hierdurch werden die Grundlagen für einen Kompetenzerwerb und Einstellungsänderungen geschaffen, die erst im alltäglichen Handeln gefestigt werden. Die Effektivität von Verkehrserziehung wird somit weniger durch eine biogenetischen Fixierung von Verhalten begrenzt. Vielmehr hängt sie davon ab, dass soziale Handlungs- und Entscheidungssituationen, die das Verhalten der Jugendlichen prägen, angemessen abgebildet und für Mädchen und Jungen erinnerlich gemacht werden.

Letztlich zeigt der vorliegende Bericht auch auf, dass die Forschung bislang noch keine ‚einfachen' und klaren Antworten auf die Frage geben kann, inwieweit Unfallverhalten durch den Faktor Geschlecht mitbestimmt wird und wie eine derartige Beziehung erklärbar ist. Die kausalen Zusammenhänge zwischen verschiedenen geschlechtsbezogenen biogenetischen sowie psycho-sozialen Faktoren und Unfallereignissen bleiben weitgehend unklar. Die differenzierte Ergründung derartiger Zusammenhänge vor dem Hintergrund eines biogenetisch zwar fundierten, aber letztlich im individuellen und sozialen Handeln ausgestalteten Verhaltens ist eine entscheidende Aufgabe zukünftiger Verkehrs- und Risikoforschung.

*Zukünftige Forschungsaufgaben* lassen sich in zwei große Bereiche einteilen: (1) Weitere und vertiefte Erforschung von ursächlichen Prozessen für geschlechtsabhängiges Fehlverhalten von Kindern und Jugendlichen im Straßenverkehr und (2) Durchführung, Evaluation und Weiterentwicklung von Interventionsprogrammen mit der Zielrichtung geschlechtsabhängige Faktoren und Prozesse positiv zu beeinflussen.

Zu (1). Ein Forschungsbereich, der aufgrund der vorliegenden Recherche hohe Relevanz im Unfallverhalten besitzt, aber bisher nur wenig berücksichtigt wurde, betrifft den Einfluss emotionaler Lagen auf das Unfallverhalten sowie die emotionale Regulation von Risikoverhalten. Situativ ausgelöste Emotionen besitzen eine zentrale Rolle für die Ausprägung von Risikoverhalten im Straßenverkehr. Sie sind hierbei eng gekoppelt an die Wahrnehmung und Bewertung einer Situation. Derartige situative Bewertungen sind in hohem Maße abhängig von Lern- und Sozialisationsprozessen und hierdurch auch von Rollenverständnissen. Gleichzeitig besteht hierbei im Gegensatz zu biogenetischen Faktoren ein hohes Änderungspotenzial, welches im Rahmen der Verkehrserziehung genutzt werden kann.

Neben der Situationsbewertung und der emotionale Lage müssten in zukünftigen Forschungsansätzen auch die Faktoren emotionaler Ausdruck und vor allem Emotionsbewältigung differenziert berücksichtigt werden. Zusammen mit Bewertungsprozessen bilden sie einzelne Elemente eines Prozesses ab, der in seiner Gesamtheit das Risiko- und Gefahrenverhalten von Jungen und Mädchen in unterschiedlicher Weise prägt.

Zu (2). Die Aufarbeitung des *state of the art* von theoretischen und empirischen Modellen geschlechtsbezogener Verkehrsforschung hat darüber hinaus deutlich gemacht, dass bereits zu diesem Zeitpunkt sinnvolle Modellinterventionen entwickelbar sind. Erste Modellansätze wurden in diesem Bericht gegeben. Der nächste sachlogische Schritt besteht in der Feinkonzeption von Interventionsmaßnahmen, ihrer Durchführung, Evaluation und Weiterentwicklung dieser Konzeptionen. Erst hierdurch können die Wirksamkeit und Effizienz geschlechtsorientierter Interventionsansätze im Bereich der Verkehrserziehung nachhaltig überprüft und belastbare Praxisempfehlungen gemacht werden.

## 10 Literatur

ALFERMANN, D. (1995): Geschlechtsunterschiede in Bewegung und Sport: Ergebnisse und Ursachen, in: Psychologie und Sport, 2. Jg., S. 2-14.

ALFERMANN, D. (1996): Geschlechterrollen und geschlechtstypisches Verhalten, Stuttgart, Berlin, Köln.

ALRUTZ, D., GÜNDEL, D., MÜLLER, H. (2002): Nutzung von Inline-Skates im Straßenverkehr, Berichte der Bundesanstalt für Straßenwesen, Mensch und Sicherheit, Heft M 135, Bergisch Gladbach.

ARBINGER, R. (1995): Entwicklung der Motorik, in: HETZER, H., TODT, E., SEIFFGE-KRENKE, I., ARBINGER, R. (Hrsg.): Angewandte Entwicklungspsychologie des Kindes- und Jugendalters, Heidelberg, S. 47-76.

ARCHER, J. (1991): The influence of testosterone on human aggression, in: British Journal of Psychology, Vol. 82, S.1-28.

ARNOLD, A.P., GORSKI, R.A. (1984): Gonadal steroid induction of structural sex differences in the central nervous system, in: Annual Review of Neuroscience, Vol. 7, S. 413-442.

BARON-COHEN, S. (2002). The extreme male brain theory of autism, in: Trends in Cognitive Sciences, Vol. 6, S. 248-254.

BASNER, B., DE MARÉES, H. (1993): Fahrrad- und Straßenverkehrstüchtigkeit von Grundschülern, Gemeindeunfallversicherungsverband (GUVV) Westfalen-Lippe, Münster.

BAUR, J. (1989): Körper- und Bewegungskarrieren, Wissenschaftliche Schriftenreihe der DSB, Schorndorf.

BAUR, J., BÖS, K., SINGER, R. (Hrsg.) (1994): Motorische Entwicklung. Ein Handbuch, Schorndorf.

BERGER, G., MOTL, R. (2001): Physical Activity and Quality of Life, in: SINGER, R.N., HAUSENBLAS, H.A., JANELLE, C.M. (Eds.): Handbook of Sport Psychology, New York, pp. 636-671.

BEYER, C., KOLBINGER, W., FROEHLICH, U., PILGRIM, C., REISERT, I. (1992): Sex differences of hypothalamic prolactin cells develop indepently of the presence of sex steriods, in: Brain Research, Vol. 593, S. 253-256.

BIDLINGMAIER, F., STROM, T.M., DÖRR, G., EISENMENGER, W., KNORR, D. (1987): Estrone and estradiol concentrations in human ovaries, testes and adrenals during the first two years of life, in: Journal of Clinical Endocrinology and Metabolism, Vol. 65, S. 862-867.

BIJUR, P.E., STEWART-BROWN, S., BUTLER, N. (1986): Child Behavior and Accidental Injury in 11,966 Preschool Children, in: American journal of diseases of children, Vol. 140, S. 487-492.

BILDEN, H. (1991): Geschlechtsspezifische Sozialisation, in: HURRELMANN, K., ULICH, D. (Hrsg.): Neues Handbuch der Sozialisationsforschung, Weinheim, S. 279-301.

BIRBAUMER, N., SCHMIDT, R.F. (1991): Biologische Psychologie (2. Auflage), Berlin.

BISCHOF-KÖHLER, D. (2002): Von Natur aus anders. Die Psychologie der Geschlechtsunterschiede, Stuttgart.

BISKUP, C., PFISTER, G. (1999): Mädchen können tanzen, Jungen Fußball spielen, in: Sportunterricht, 48. Jg., S. 5-15.

BLENDERMANN, K.A. (1987): Gefährliche Denkhaltungen junger Fußgänger. Erfahrungen aus der Schulpraxis zum Thema Gesehenwerden, in: Zeitschrift für Verkehrssicherheit, 33. Jg., S. 36-39.

BLINKERT, B. (1993): Aktionsräume von Kindern in der Stadt, Schriftenreihe des Freiburger Instituts für angewandte Sozialwissenschaft e.V., Bd. 2., Pfaffenweiler.

BLINKERT, B. (1997): Aktionsräume von Kindern auf dem Land, Schriftenreihe des Freiburger Instituts für angewandte Sozialwissenschaft e.V, Bd. 5. Pfaffenweiler.

BLOWS, W.T. (2003): Child brain development, in: Nursing Times, Vol. 99, S. 28-31.

BODNAR, R., COMMONS, K., PFAFF, D.W. (2002): Central neural states relating sex and pain, Baltimore.

BORGERT, O., HENKE, T., HECK, H. (1998): Zur Altersabhängigkeit des radfahrspezifischen Gleichgewichtsvermögens bei Kindern, in: Deutsche Zeitschrift für Sportmedizin, 49. Jg., S.161-165.

BÖS, K. (1994): Differentielle Aspekte der Entwicklung motorischer Fähigkeiten, in: BAUR, J., BÖS, K., SINGER, R. (Hrsg.): Motorische Entwicklung. Ein Handbuch, Schorndorf, S. 238-253.

BRETTSCHNEIDER, W.-D. (2003): Sportliche Aktivität und jugendliche Selbstkonzeptentwicklung, in: SCHMIDT, W., HARTMANN-TEWS, I., BRETTSCHNEIDER, W.-D. (Hrsg.): Erster Deutscher Kinder- und Jugendsportbericht. Schorndorf, S. 211-234.

BRUNNER, H.G., NELEN, M., BREAKFIELD, X.O., ROPERS, H.H., VAN OOST, B.A. (1993) Abnormal behavior associated with a point mutation in the structural gene for monoamine oxidase A, in: Science, Vol. 262, S. 578-580.

BUNDESVERBAND DER UNFALLKASSEN (Hrsg.) (2000): Straßenunfälle in der Schüler-Unfallversicherung 1998, München.

BUNDESZENTRALE FÜR GESUNDHEITLICHE AUFKLÄRUNG (1995): Handbuch zur Gesundheitsförderung und Erlebnispädagogik in der Jugendarbeit, Bundesministerium für Gesundheit. Köln.

BÜTTNER, G., KURTH, E. (1996): Konzentrationsleistungen in der schulnahen Testreihe zur Prüfung der Konzentrationsfähigkeit (TPK) – eine regionale Vergleichsstudie, in: Zeitschrift für Pädagogische Psychologie, 10. Jg, S. 187-197.

BZgA (2001): Die Drogenaffinität Jugendlicher in der Bundesrepublik Deutschland 2001. Eine Wiederholungsbefragung der Bundeszentralbefragung für gesundheitliche Aufklärung, Köln.

CASPI, A., MCCLAY, J., MOFFITT, T.E., MILL, J., MARTIN, J., CRAIG, I.W., TAYLOR, A., POULTON, R (2002): Role of genotype in the cycle of violence in maltreated children, in: Science, Vol. 297, S. 851-854.

CHOLERIS, E. GUSTAFSSON; J.A:, KORACH, K.S., MUGLIA, L.J., PFAFF, D.W., OGAWA, S. (2003): An estrogen-dependent four-gene micronet regulating social recognition: a study with oxytocin and estrogen receptor-alpha and –beta knockout mice, in: Proceedings of the National Academy of Sciences USA, Vol. 100, S.6192-6197.

CHRISTIANSEN, G. (1999). Evaluation – Ein Instrument zur Qualitätssicherung in der Gesundheitsförderung (Forschung und Praxis der Gesundheitsförderung, Bd. 8). Köln: BZgA.

CLONINGER, C.R. (1994): The genetic structure of personality and learning: a phylogenetic model, in: Clinical Genetics, Vol. 46, S. 124-137.

COHEN, A.S., FISCHER, H. (1982): Wie sich Kinder die Fahrgeschwindigkeit von Fahrzeugen in Abhängigkeit von deren Merkmalen vorstellen, in: Zeitschrift für Verkehrssicherheit, 28. Jg., S. 177-180.

COLE-HARDING, S., MORSTAD, A.L., WILSON, J.R. (1988): Spatial ability in members of opposite-sex twin parirs, in: Behavior Genetics, Vol. 18, S.170.

COLLAER, M.L., HINES, M. (1995): Human behavioral sex differences: a role for gonadal hormones during early development?, in: Psychological Bulletin, Vol. 118, S. 55-107.

CRAIG, I. (1994) Misbehaving monoamine oxidase gene, in: Current Biology, Vol. 4, S. 175-177.

CRAIG, I.W., HARPER, E., LOAT, C.S. (2004): The genetic basis for sex differences in human behaviour: role of the sex chromosomes, in: Annals of Human Genetics, Vol. 68, S. 269-284.

CRASSELT, W. (1994a): Somatische Entwicklung, in: BAUR, J., BÖS, K., SINGER, R. (Hrsg.): Motorische Entwicklung. Ein Handbuch, Schorndorf, S. 106-125.

CRASSELT, W. (1994b): Zur Entwicklung körperlich-sportmotorischer Leistungen vom Kindes- bis ins frühe Erwachsenenalter, Schriften der Deutschen Vereinigung für Sportwissenschaft, Bd. 60, Sankt Augustin, S. 85-94.

CSIKSZENTMIHALYI, M. (1992): Flow – Die sieben Elemente des Glücks, in: Psychologie Heute, 19. Jg., S. 20-29.

CULP, W., HESS, W. (2001): Kinder sehen und verstehen. Ein Buch für Eltern und ErzieherInnen, Deutscher Verkehrssicherheitsrat, Bundesverband der Deutschen Volksbanken und Raiffeisenbanken (Hrsg.), Bonn.

DIETRICH, K. (1992): Bewegungsräume, in: Sportpädagogik, Jg. 16, Heft 4, S. 16-21.

DÖPFNER, M., PLÜCK, J., BERNER, W., FEGERT, J.M., HUSS, M., LENZ, K., SCHMECK, K., LEHMKUHL, U., POUSTKA, F., LEHMKUHL, G. (1997): Psychische Auffälligkeiten von Kindern und Jugendlichen in Deutschland – Ergebnisse einer repräsentativen Studie: Methodik, Alters-, Geschlechts- und Beurteilereffekte, in: Zeitschrift für Kinder- und Jugendpsychiatrie, 25. Jg., S. 218-233.

DUNN, J., BROWN, J., SLOMKOWSKI, C., TESLA, C. & YOUNGBLADE. L. (1991). Young children´s understanding of other people´s feelings and beliefs: individual differences and their antecedents, Child Development, 62, 1352-1366.

DÜRHOLT, H., Pfeiffer, M. (1999): ÖPNV-Nutzung von Kindern und Jugendlichen, Berichte der Bundesanstalt für Straßenwesen, Mensch und Sicherheit, Heft M 114, Bergisch Gladbach 1999.

ECKES, T. (2004): Geschlechterstereotype: Von Rollen, Identitäten und Vorurteilen, in: BECKER, R. & KORTENDIEK, B. (Hrsg.): Handbuch Frauen- und Geschlechterforschung, Wiesbaden, S. 165-176.

ELLINGHAUS, D., STEINBRECHER, J. (1996): Kinder in Gefahr. Eine international vergleichende Untersuchung über die Gefährdung von Kindern im Straßenverkehr, Hannover/Köln.

ELLIS, S.J., ELLIS, P.J., MARSHALL, E. (1988): Hand preference in a normal population, in: Cortex, Vol. 24, S. 157-163.

ENGEL, U. & HURRELMANN, K. (1989): Was Jugendliche wagen. Eine Längsschnittstudie über Drogenkonsum, Stressreaktion und Delinquenz im Jugendalter. Weinheim/München.

ESCHENBECK, H., KOHLMANN, C.W. (2002): Geschlechtsunterschiede in der Stressbewältigung von Grundschulkindern, in: Zeitschrift für Gesundheitspsychologie, 10. Jg., S.1-7.

FAULSTICH-WIELAND, H., HORSTKEMPER, M. (1998): Veränderte familiäre Erziehungsnormen oder: Verschwindet die Geschlechterdifferenz?, in: HORSTKEMPER, M., ZIMMERMANN, P. (Hrsg.): Zwischen Dramatisierung und Individualisierung. Geschlechtstypische Sozialisation im Kindesalter, Opladen, S. 213-231.

FENSON, L., DALE, P.S., REZNICK, J.S., BATES, E., THAL, D.J. & PETHICK, S.J. (1994). Variability in early communicative development, in: Monographs of the Society for Research in Child Development, Vol. 59, S. 1-173.

FETZ, F., BALLREICH, R. (1974): Grundbegriffe der Bewegungslehre der Leibesübungen, Frankfurt.

FISCHER, H., COHEN, A.S. (1978): Leistungsmöglichkeiten von Kindern im Straßenverkehr. Entwicklung der Wahrnehmung bei Kindern in ihrer Relevanz zum Verkehrsverhalten, (= Bericht zum Forschungsprojekt 7509 der Bundesanstalt für Straßenwesen, Bereich Unfallforschung), Köln.

FLADE, A., HACKE, U., LOHMANN, G. (2003): Pragmatische Kindheit und das Verschwinden des Geschlechtsunterschieds, in: PODLICH, C., KLEINE, W.: Kinder auf der Straße, Bewegung zwischen Begeisterung und Bedrohung, Brennpunkte der Sportwissenschaft, Bd. 26, St. Augustin, S. 120-142.

FLADE, A., KUSTOR, B. (1996): Sozialisation und Raumaneignung - die räumliche Dimension als Einflussfaktor geschlechtstypischer Sozialisation, Darmstadt 1996.

FLADE, A., LOHMANN, G. (1997): Emotionale Bedeutungen verschiedener Fortbewegungsarten für Kinder, in: FLADE, A.: Mobilität und verkehrsbezogene Einstellungen 11- bis 15jähriger. Studien und Texte zur Mobilitätsforschung, Institut Wohnen und Umwelt GmbH, Darmstadt, S. 41-54.

FLADE, A., LOHMANN, G. (1998): Mobilitätsverhalten von Kindern und Jugendlichen in Dresden und Halle, Institut Wohnen und Umwelt, Darmstadt.

FLADE, A., LOHMANN, G., LANDGRAF, E. (2000): Der Lebensraum von Mädchen und Jungen. Ergebnisse einer Befragung 13- bis 14-Jähriger in einer Groß- und einer Kleinstadt, in: BuE, Heft 4, S. 441-453.

FLADE, A., LOHMANN, G., PFLANZ, M. (1997): Einstellungen und Zukunftvorstellungen 11-15jähriger zum Straßenverkehr. Eine Befragung von Schülerinnen und Schülern in Heidelberg, in: FLADE, A.: Mobilität und verkehrsbezogene Einstellungen 11- bis 15jähriger. Studien und Texte zur Mobilitätsforschung, Institut Wohnen und Umwelt GmbH, Darmstadt, S. 1-40.

FRIEDLMEIER, W. (1996): Entwicklung der Emotionsregulation in sozio-kultureller Perspektive, in: ETTRICH, K.U., FRIES, M. (Hrsg.): Lebenslange Entwicklung in sich wandelnden Zeiten. Psychologie, Bd. 9, Landau, S. 31-37.

FUHS, B. (2000): Überlegungen zur Freizeit von Kindern, in: Spectrum Freizeit, Heft 1, S. 38-54.

FUNK, W., FASSMANN, H. (2002): Beteiligung, Verhalten und Sicherheit von Kindern und Jugendlichen im Straßenverkehr, Berichte der Bundesanstalt für Straßenwesen, Heft M 138. Bergisch Gladbach.

FUNK, W., WIEDEMANN, A. (2002): Verkehrssicherheitsmaßnahmen für Kinder. Eine Sichtung der Maßnahmenlandschaft, Berichte der Bundesanstalt für Straßenwesen, Heft M 139, Bergisch Gladbach.

GALEA, L.A. & KIMURA, D. (1993): Sex differences in route learning, in: Personality and Individual Differences, Vol. 14, S. 53-65.

GASCHLER, P. (1996): Entwicklung der Beweglichkeit im Kindesalter, in: Sportunterricht, 45. Jg., S. 522-529.

GASCHLER, P., HEINECKE, I. (1990): Zur Beweglichkeit von Kindern heute und vor zehn Jahren, in: Sportunterricht, 39. Jg., S. 373-384.

GEARY, D. (1996): Sexual selection and sex differences in mathematical abilities, in: Behavioral and Brain Sciences, Vol. 19, S. 229-284

GENERATION BRAVO (2000): Jugendbefragung.

GEORGE, F.W., WILSON, J.D. (1986): Hormonal control of sexual development, in: Vitamins and Hormones, Vol. 43, S. 145-196.

GOGOLL, A., KURZ, D. & MENZE-SONNECK, A. (2003). Sportengagements Jugendlicher in Westdeutschland, in: SCHMIDT, W., HARTMANN-TEWS, I. & BRETTSCHNEIDER, W.D. (Hrsg.): Erster Deutscher Kinder- und Jugendsportbericht: Schorndorf.

GOY, R.W., MCEWEN, B.S. (1980): Sexual differentiation in the brain, London.

GRAHAM, C.J., DICK, R., D., RICKERT, V.I., GLENN, R. (1993): Left-handedness as a risk factor for unintentional injury in children, in: Pediatrics, Vol. 92, S. 823-826.

GÜNTHER, R., LIMBOURG, M. (1976): Teil A: Dimensionen der Verkehrswelt von Kindern, in: Unfall- und Sicherheitsforschung Straßenverkehr, Heft 4: Erlebnis- und Verhaltensformen von Kindern im Straßenverkehr, Bundesanstalt für Straßenwesen, Bereich Unfallforschung, Köln.

HÄCKER, H. (1998): Extraversion, in: HÄCKER, H., STAPF, K.H. (Hrsg.): Dorsch Psychologisches Wörterbuch, Bern.

HAGEMANN-WHITE, C. (1984): Sozialisation: weiblich – männlich? Alltag und Biografie von Mädchen, Opladen.

HAGEMANN-WHITE, C. (1995): Die Konstrukteure des Geschlechts auf frischer Tat ertappen? Methodische Konsequenzen einer theoretischen Einsicht, in: PASERO, U. BRAUN, F. (Hrsg.): Konstruktion von Geschlecht. Pfaffenweiler, S. 182-198.

HAUTZINGER, H., TASSAUX-BECKER, B., HAMACHER, R. (1996): Verkehrsunfallrisiko in Deutschland. Verkehrsmodalität zu Beginn der 90er Jahre, Bd. 5., Berichte der Bundesanstalt für Straßenwesen, Mensch und Sicherheit, Heft M 58 Bergisch Gladbach.

HEBBELINCK, M., BORMS, J. (1989): Körperliches Wachstum und Leistungsfähigkeit bei Schulkindern (2. Auflage), Sportmedizinische Schriftenreihe, Leipzig.

HELFFERICH, C. (2001): Jugendliches Risikoverhalten aus geschlechtsspezifischer Sicht, in: RAITHEL, J. (Hrsg.): Risikoverhaltensweisen Jugendlicher. Formen, Erklärungen und Prävention, Opladen, S. 331-347.

HENDERSON, B.A., BERENBAUM, S.A. (1997): Sex-typed play in opposite-sex twins, in: Developmental Psychobiology, Vol. 31, S.115-123.

HETZER, H. (1995): Entwicklung des Spielens, in: HETZER, H., TODT, E., SEIFFGE-KRENKE, I., ARBINGER, R. (Hrsg.): Angewandte Entwicklungspsychologie des Kindes- und Jugendalters, Heidelberg, S. 77-103.

HOLD-CAVELL, B., BORSUTZKY, D. (1986): Strategies to obtain high regard: Longitudinal study of a group of preschool children, in: Ethology and Sociobiology, Vol. 7, S. 39-56.

HOLLE, B. (1992): Die motorische und perzeptuelle Entwicklung des Kindes. Ein praktisches Lehrbuch für die Arbeit mit normalen und retardierten Kindern, Weinheim.

HOLLOWAY, R.L., ANDERSON, P.J., DEFENDINI, R., HARPER, C. (1993): Sexual dimorphism of the human corpus callosum from three independent sample: relative size of the corpus callosum, in: American Journal of Physical Anthropology, Vol. 92, S. 481-498.

HOLTE, H. (2004): Der Zappelphillip fällt nicht nur vom Stuhl, in: Zeitschrift für Verkehrssicherheit, Nr. 2, S. 59-62.

HOLTE, H. (2000). Rasende Liebe. Warum wir aufs Auto so abfahren (und was wir dabei bedenken sollten). Stuttgart, Leipzig.

HUDZIAK, J.J., RUDIGER, L., NEALE, M., HEATH, A., TODD, R.A. (2000): A twin study of inattentive, aggressive, and anxious/depressed behavior, in: Journal of the American Academy of Child & Adolescent Psychiatry, Vol. 39, S. 469-476.

HUDZIAK, J.J., VAN BEIJSTERVELDT, C.E.M., BARTELS, M., RIETVELD, M.J.H., RETTEW, D.C., DERKS, E.M., BOOMSMA, D.I. (2003): Individual differences in aggression: genetic analyses by age, gender, and informant in 3-, 7-, and 10-year-old dutch twins, in: Behavior Genetics, Vol. 33, S. 575-589.

HURRELMANN, K. (2002): Einführung in die Sozialisationstheorie (8. Aufl.), Weinheim [u.a.].

INSTITUT WOHNEN UND UMWELT(1992): Kind und Verkehr. Kinderverkehrsunfälle in Darmstadt 1990 und 1991, Darmstadt.

ISRAEL, S. (1999): Geschlechtsspezifik der körperlichen Leistungsfähigkeit, in: BADTKE, G. (Hrsg.): Lehrbuch der Sportmedizin, Leipzig, S. 361-369.

JACKEL, B. (1997): „Der Igel hat Freunde" als Beitrag der Umwelterziehung zur Verkehrspädagogik, in: Zeitschrift für Verkehrserziehung, 47. Jg., S. 30 – 31.

JESSOR, R., VAN DEN BOSS, J., VANDERRYN, J., COSTA, F. & TURBIN, M, (1995): Protective factors in adolescent problem behavior: Moderator effects and developmental change. Developmental Psychology, Vol. 31, S. 923-933.

JOCH, W., KRAUSE, I. (1978): Altersabhängige Veränderungen motorischer Schnelligkeitsfaktoren bei Kindern und Jugendlichen von 6-18 Jahren, in: Sportunterricht, 27. Jg., S. 405-413.

KANY, W., FRITZ, A., LEPPERT, A. (1996): Zur Entwicklung von Zeichenkompetenzen: Verstehen und Herstellen von Verkehrszeichen, in: ETTRICH, K.U., FRIES, M. (Hrsg.): Lebenslange Entwicklung in sich wandelnden Zeiten, Psychologie, Bd. 9, Landau, S. 131-138.

KASTEN, H. (1986): Soziale Kognition von Kindern und Rollenübernahme in experimentellen und natürlichen Situationen, in: Psychologie in Erziehung und Unterricht, 33. Jg., S. 250-258.

KEHLENBECK, C. (1997): Der Kick - kein Fall für Mädchen?: warum zeigen Mädchen bzw. weibliche Jugendliche und junge Frauen eher ein distanzierteres Verhältnis zum Risikoverhalten? in: Pro Jugend, Nr. 3, S. 9-13.

KIMURA, D. & HARSHMAN, R.A. (1984): Sex differences in brain organization for verbal and non-verbal functions, in: Progress in Brain Research, Vol. 61, S. 423-41

KIMURA, D. (1992a): Sex differences in the brain, in: Scientific American, Vol. 267, S. 80-87.

KIMURA, D. (1992b): Weibliches und männliches Gehirn, in: Spektrum der Wissenschaft, Vol. 11, S. 104-113.

KLEIN, P.(2000): Straßenverkehrsunfälle junger Menschen, in: Deutsches Polizeiblatt, Heft 3, S. 4-8.

KLEINE, W. (1999): Kinder unterwegs – Wegstrecken als Räume kindlicher Bewegungssozialosation, in: KLEINE, W.; N. SCHULZ (Hrsg.): Modernisierte Kindheit – sportliche Kindheit, Brennpunkte der Sportwissenschaft, Bd. 20, St. Augustin, S. 105-133.

KLEINE, W. (2003): Tausend gelebte Kindertage, Sport und Bewegung im Alltag der Kinder, München.

KOHLMANN, C.W., WEIDNER, G., DOTZAUER. E., BURNS, L. (1997): Gender differences in health behaviors. The role of avoidant coping, in: European Review of Applied Psychology, Vol. 47, S. 115-120.

KOINZER, K. (1999): Langschwingende Prozesse, in: BADTKE, G. (Hrsg.): Lehrbuch der Sportmedizin, Leipzig, S. 326-361.

KOLIP, P. (1997): Geschlecht und Gesundheit im Jugendalter: die Konstruktion von Geschlechtlichkeit über somatische Kulturen, Opladen.

KRALL, V. (1953): Personality characteristics of accident – repeating children, in: Journal of abnormal child psychology, Vol. 48, S. 99-107.

KRAMER, J.H., DELIS, D.C., KAPLAN, E., O'DONNELL, L. & PRIFITERA, A. (1997): Development sex differences in verbal learning, in: Neuropsychology, Vol. 11, S. 577-584.

KRAMPE, A., SACHSE, S. (2002): Risikoverhalten im Straßenverkehr, in: STURZBECHER, D. (Hrsg.): Jugendtrends in Ostdeutschland: Bildung, Freizeit, Politik, Risiken, Opladen.

KRAUSE, J. (2003): Die Bedeutung des Straßenraumes für die Alltagsmobilität von Kindern, in: PODLICH, C., KLEINE, W.: Kinder auf der Straße, Bewegung zwischen Begeisterung und Bedrohung, Brennpunkte der Sportwissenschaft, Bd. 26, St. Augustin, S. 92-119.

KROMBHOLZ, H. (1988): Sportliche und kognitive Leistungen im Grundschulalter. Eine Längsschnittuntersuchung, Frankfurt.

KULTUSMINISTERKONFERENZ (1995): Empfehlungen zur Verkehrserziehung in der Schule. Beschluß der Kultusministerkonferenz vom 07.07.1972 i.d.F. vom 17.06.1994, in: Zeitschrift für Verkehrserziehung, 45. Jg., S. 4-8.

LEMPERT, J. (1996): Männliche Identität und Selbstzerstörung, in: Pro Jugend, Heft 3.

LIMBOURG, M. (1995): Kinder im Straßenverkehr, Gemeindeunfallversicherungsverband (GUVV) Westfalen-Lippe, Münster.

LIMBOURG, M. (1997a): Gefahrenkognition und Präventionsverständnis von 3-15jährigen Kindern, in: SICHER LEBEN (Hrsg.): Bericht über die 2. Tagung „Kindersicherheit: Was wirkt?" in Essen, 27. und 28. September 1996 in Essen, Wien, S. 313-326. [Elektronische Version]

LIMBOURG, M. (1997b): Überforderte Kinder. Welche Forderungen stellt die Kinderpsychologie an die Verkehrssicherheitsarbeit. Bericht über die Tagung „Aspekte der Überforderung im Straßenverkehr – Forderungen an die Praxis, Schweizerisches Institut für Verwaltungskurse, St. Gallen. [Elektronische Version]

LIMBOURG, M., FLADE, A., SCHÖNHARTING, J. (2000): Mobilität im Kindes- und Jugendalter, Opladen.

LIMBOURG, M., HOLWEG, S., KÖHNE, C. (o. J.): Überprüfung einer Erweiterung der Programminhalte. Optimierung des Programms 'Kind und Verkehr' im Auftrag der BAST. Universität Gesamthochschule Essen.

LIMBOURG, M., RAITHEL, J., NIEBAUM, I, MAIFELD, S. (2003): Mutproben im Jugendalter, in: SCHWEER, M. (Hrsg.): Perspektiven pädagogisch-psychologischer Forschung: Das Jugendalter, Bern u.a., S. 81-108.

LIMBOURG, M., RAITHEL, J., REITER, K. (2001): Jugendliche und Straßenverkehr, in: RAITHEL, J. (Hrsg.): Risikoverhaltensweisen Jugendlicher, Opladen.

LIMBOURG, M., REITER, K. (2003): Die Gefährdung von Kindern im Straßenverkehr, in: PODLICH, C., Kleine, W. (Hrsg.): 'Kinder auf der Straße' Bewegung zwischen Begeisterung und Bedrohung. Brennpunkte der Sportwissenschaft, Bd. 26. St. Augustin, S. 64-91.

LIMBOURG, M., SENCKEL, B. (1976): Verhalten von Kindern als Fußgänger im Straßenverkehr. Stand der Forschung, Zweiter Teilbericht zum Forschungsprojekt 7312 der Bundesanstalt für Straßenwesen, Bereich Unfallforschung, Köln.

LIPSKI, J. (1996): Freizeiträume ostdeutscher Schulkinder, in: Zeitschrift für Sozialisationsforschung und Erziehungssoziologie, Heft 4, S. 353-371.

LORBER, J. (1999): Gender-Paradoxien. Opladen.

MACCOBY, E.E., JACKLIN, C.N. (1974): The Psychology of Sex Differences, Stanford.

MANHEIMER, D.I., MELLINGER, G.D. (1967): Personality characteristics of the child accident repeater, in: Child Development, Vol. 38, S. 491-513.

MAXQDA (2001): MAX Qualitative Datenanalyse, Berlin.

MAYRING, P. (2003): Qualitative Inhaltsanalyse. Grundlagen und Techniken, Weinheim.

MELLINGER, G.D., MANHEIMER, D.J. (1967): The exposure-coping model of accident liability among children, in: Journal of Health and Social Behavior, Vol. 8, S. 96-106.

MFJFG NRW (2002): Gesundheit von Kindern und Jugendlichen in Nordrhein-Westfalen. Landesgesundheitsbericht 2002, Bielefeld.

MOHIYEDDINI, C., KOHLMANN, C.W. (2002): Gesundheitsverhalten von Grundschulkindern: Geschlechtsunterschiede und die Bedeutung der defensiven Emotionsregulation, in: Zeitschrift für Gesundheitspsychologie, 10. Jg., S. 69-78.

MÖLLER, H.J., LAUX, G., DEISTER, A. (1996): Psychiatrie, Stuttgart.

MONG, J., DEVIDZE, N., JASNOW, A., PFAFF, D.W. (2003): Reduction of lipocalin-prostoglandin D synthase (L-Pdgs) by LNA antisense oligonucleotides (Odn) in the peroptic area of female mice mimics estradiol (E2) effects on general arousal, locomotion and sex behavior, in: Society for Neuroscience, Abstracts.

MONG, J., EASTON, A., KOW, L.-M., PFAFF, D. (2003): Neural, hormonal and genetic mechanisms for the activation of brain and behavior, in: European Journal of Pharmacology, Vol. 480, S. 229-231.

MONTADA, L. (1995): Die geistige Entwicklung aus der Sicht Jean Piagets, in: OERTER, R., MONTADA, L. (Hrsg.): Entwicklungspsychologie, Weinheim, S. 518-560.

MONTADA, L. (1995): Fragen, Konzepte, Perspektiven, in: OERTER, R., MONTADA, L. (Hrsg.): Entwicklungspsychologie, Weinheim. S. 1-83.

MÜLLER-HEISRATH, A., KÜCKMANN-METSCHIES, H. (1998): Aufwachen in der Familie, in: HORSTKEMPER, M., ZIMMERMANN, P. (Hrsg.): Zwischen Dramatisierung und Individualisierung. Geschlechtstypische Sozialisation im Kindesalter. Opladen, S. 47-67.

MÜLLER-LUEKEN, U. (1972): Psychologische Voraussetzungen beim Zustandekommen kindlicher Unfälle, in: Zeitschrift für Kinderchirurgie, 11. Jg., S. 29-44.

NEUWIRTH, M. (1996): Junge sein als Risikofaktor. Eine Diskussion aus Sicht der Psychomotorik, in: Motorik, 19. Jg., S. 133-141.

NICODEMUS, S. (2001): Kinderunfälle im Straßenverkehr 2000, in: Statistisches Bundesamt, Wirtschaft und Statistik, Heft 10, S. 823-829.

NISSEN, U. (1992): Raum und Zeit in der Nachmittagsgestaltung von Kindern, in: DJI Deutsches Jugendinstitut (Hrsg.): Was tun Kinder am Nachmittag. Weinheim/München.

NISSEN, U. (1998): Kindheit, Geschlecht und Raum: sozialisationstheoretische Zusammenhänge geschlechtsspezifischer Raumaneignung. Weinheim [u.a.].

NISSEN, U., RIJKE, J. de (1992): Was tun Kinder am Nachmittag, in: Diskurs: Studien zu Kindheit, Jugend, Familie und Gesellschaft, Heft 1, S. 35-43.

NOLTEERNSTING, E. (1998): Jugend, Freizeit, Geschlecht : der Einfluß gesellschaftlicher Modernisierung, Opladen.

OERTER, R. (1995): Motivation und Handlungssteuerung, in: OERTER, R., MONTADA, L. (Hrsg.): Entwicklungspsychologie, Weinheim, S. 758-822.

OPASCHOWSKI, H. (2000): Xtrem. Der kalkulierte Wahnsinn. Extremsport als Zeitphänomen, Hamburg.

PETERMAN, F. (1995): Aggressives Verhalten, in: OERTER, R., MONTADA, L. (Hrsg.): Entwicklungspsychologie, Weinheim, S. 1016-1023.

PIEPER, W. (1995): Entwicklung der Wahrnehmung, in: HETZER, H., TODT, E., SEIFFGE-KRENKE, I., ARBINGER, R. (Hrsg.): Angewandte Entwicklungspsychologie des Kindes- und Jugendalters, Heidelberg, S. 19-46.

PLOMIN, R. (1999): Genetics and general cognitive ability, in: Nature, Vol. 402, S. 25-29.

PODLICH, C., KLEINE, W. (2003): Straßenkids. Straßen aus der Sicht der Kinder, in: PODLICH, C., KLEINE, W. (Hrsg.): Kinder auf der Straße. Bewegung zwischen Begeisterung und Bedrohung. Brennpunkte der Sportwissenschaft, Bd. 26. Sankt Augustin, S. 29-63.

POGUN, S. (2001): Sex differences in brain and behavior: emphasis on nicotine, nitric oxide and place learning, in: International Journal of Psychophysiology, Vol. 42, S. 195-208.

PS und POTENZ (2004): in MOBIL und SICHER, Nr. 4. [Elektronische Version]

RABE, S., MILLER, G. LIEN, S. (2002): Mobilitätsmuster und −Verhalten von Jugendlichen und jungen Erwachsenen, in: HUNECKE, M., TULLY, C., BÄUMER, D. (Hrsg.): Mobilität von Jugendlichen, Opladen, S. 141-172.

RAITHEL, J. (1999). Unfallursachen: Jugendliches Risikoverhalten. Weinheim, München: Juventa.

RAITHEL, J. (1999): Unfallursachen: Jugendliches Risikoverhalten. Weinheim, München.

RAITHEL, J. (2001a): Explizit risiko-konnotative Aktivitäten und riskante Mutproben, in: RAITHEL, J. (Hrsg.): Risikoverhaltensweisen Jugendlicher. Formen, Erklärungen, Prävention, Opladen, S. 237-248.

RAITHEL, J. (2001b): Exponierte Risiken jugendlicher Männlichkeitsentwicklung. . Riskantes und verkehrsgefährdendes Verhalten jugendlicher Motorzweiradfahrer, in: Zeitschrift für Soziologie der Erziehung und Sozialisation, 21. Jg., S. 133-149.

RAITHEL, J. (2003): Risikobezogenes Verhalten und Geschlechtsrollenorientierung im Jugendalter, in: Zeitschrift für Gesundheitspsychologie, Heft 1, S. 21-28.

RAITHEL, J. (2004). Jugendliches Risikoverhalten. Wiesbaden: Verlag für Sozialwissenschaften.

RAITHEL, J. (2004): Jugendliches Risikoverhalten. Wiesbaden.

RAMMSTEDT, B., RAMMSAYER, T.H. (2001): Geschlechtsunterschiede in eingeschätzter Intelligenz, in: Zeitschrift für Pädagogische Psychologie, 15. Jg., S. 207-217.

REESE, A & SILBEREISEN, R.K. (2001). Allgemeine versus spezifische Primärpräventionen von jugendlichem Risikoverhalten, in: FREUND, T., LINDNER, W. (Hrsg.): Prävention. Zur kritischen Bewertung von Präventionsansätzen in der Jugendarbeit: Opladen, Leske & Budrich, S.139-163.

REESE, A & SILBEREISEN, R.K. (2001):Allgemeine versus spezifische Primärpräventionen von jugendlichem Risikoverhalten, in: FREUND, T., LINDNER, W. (Hrsg.): Prävention. Zur kritischen Bewertung von Präventionsansätzen in der Jugendarbeit. Opladen, S.139-163.

RENDTORFF, B. (1993): Erziehung und Entwicklung - Sexualisierte Selbstbilder von Mädchen und Jungen, in: RENDTORFF, B., MOSER, V.

(Hrsg.): Geschlecht und Geschlechterverhältnisse in der Erziehungswissenschaft. Opladen, S. 71-84.

RESNICK, S.M., GOTTESMAN, I.I., MCGUE, M. (1993) Sensation seeking in opposite-sex twins: an effect of prenatal hormones? In: Behavior Genetics, Vol. 23, 323-329.

RIEDER-UYSAL, D. (1990): Gibt es Geschlechtsunterschiede in der Ausprägung des Hyperkinetischen Syndroms? in: Zeitschrift für Kinder- und Jugendpsychiatrie, 18. Jg., S. 140-145.

ROSE, L. (1993): Bewegungsräume für Mädchen, in: FLADE, A., KUSTOR-HÜTTLE, B.: Mädchen in der Stadtplanung. Bolzplätze und was sonst? Weinheim.

ROSENBLITT, J.C., SOLER, H. & JOHNSON, S.E. & QUADAGNO D.M. (2001). Sensation seeking and hormones in men and women : exploring the link. Hormones and Behavior, 40, 396-402.

ROST, H.D. (1978): Zur Entwicklung der Richtungsorientierung in der Ebene bei Grundschulkindern, in: Psychologie in Erziehung und Unterricht, 25. Jg., S. 210-220.

ROTH, K., WINTER, R. (1994): Entwicklung koordinativer Fähigkeiten, in: BAUR, J., BÖS, K., SINGER, R. (Hrsg.): Motorische Entwicklung. Ein Handbuch, Schorndorf, S. 191-217.

SALVATORE, S. (1974): The ability of elementary and secondary schoolchildren to sense oncoming car velocity, in: Journal of safety research, Vol. 6, S. 118-125.

SCHEID, V. (1994). Motorische Entwicklung in der mittleren Kindheit. Vom Schuleintritt bis zum Beginn der Pubertät, in: BAUR, J., BÖS, K., SINGER, R. (Hrsg.): Motorische Entwicklung. Ein Handbuch, Schorndorf, S. 276-290.

SCHERER, C. (1994): Kindliche Wahrnehmung im Straßenverkehr. Der Jugendpsychologe, 20. Jg., S. 36-38.

SCHERER, K.R., WALLBOTT, H.G. (1995): Entwicklung der Emotion, in: HETZER, H., TODT, E., SEIFFGE-KRENKE, I., ARBINGER, R. (Hrsg.): Angewandte Entwicklungspsychologie des Kindes- und Jugendalters. Heidelberg, S. 307-351.

SCHLAEPFER, T.E. HARRIS, G.J., TIEN, A.Y., PENG, L., LEE, S., PEARLSON, G.D. (1995): Structural differences in the cerebral cortex of healthy females and male subjects: a magnetic resonance imaging study, in: Psychiatry Research, Vol. 61, S. 129-135.

SCHLAG, B., RICHTER, S. (2002): Psychologische Bedingungen der Unfallentstehung bei Kindern und Jugendlichen, in: Report Psychologie, 27. Jg., S. 414-428.

SCHMIDTBLEICHER, D. (1994): Entwicklung der Kraft und der Schnelligkeit (Kapitel 4.1), in: BAUR, J., BÖS, K., SINGER, R. (Hrsg.): Motorische Entwicklung. Ein Handbuch, Schorndorf, S. 129-150.

SCHMITZ, S. (1995): Geschlechtsspezifische Einflüsse der Angst auf Zeit- und Fehlerleistungen in Labyrinthaufgaben zur Raumorientierung im Jugendalter, in: Zeitschrift für Entwicklungspsychologie und Pädagogische Psychologie, 3. Jg., S. 251-267.

SCHOLL, W. (2002): Verkehrsmittelnutzung, in: SCHOLL, W.; H. SYDOW (Hrsg.): Mobilität im Jugend- und Erwachsenenalter – eine fünfjährige Längsschnittsstudie zu Mobilitätsformen, Fahrzeugvorlieben, Freizeit- und Risikoverhalten und deren Abhängigkeit von Umwelt- und Technikeinstellungen, Werten und Persönlichkeiten, New York/Berlin, S. 173-249.

SCHÖN, E. (1999): "... da nehm' ich meine Rollschuh' und fahr' hin ..." - Mädchen als Expertinnen ihrer sozialräumlichen Lebenswelt: zur Bedeutung der Sicht- und Erfahrensweisen 8- bis 15-jähriger Mädchen eines Stadtgebiets für die Mädchenforschung und die Mädchenpolitik. Bielefeld.

SIKICH, L. & TODD, R. D. (1988). Are the neurodevelopmental effects of steroid hormones related to sex differences in psychiatric illness?, Psychiatric Development, 4, 277-309.

SILVERMAN, I. EALS, M. (1992). Sex differences in spatial abilities: evolutionary theory and data. In J.H. Barkow, L. Cosmides & J. Tooby (Hrsg.). The Adapted Mind, S. 533-549, New York.

SKUSE, D.H., JAMES, R.S., BISHOP, D.V., COPPIN, B., DALTON, P., AAMODT-LEEPER, G., BACARESE-HAMILTON, M., CRESWELL, C., MCGURK, R., JACOBS, P.A. (1997) Evidence from Turner's syndrome of an imprinted X-linked locus affecting cognitive function, in: Nature, Vol. 387, S. 705-708.

SLIJPER, F.M. (1984): Androgens and gender role behaviour in girls with congenital adrenal hyperplasia (CAH), in: International Summer School of Brain Research: Proceedings of the International Summer School of Brain Research, Vol. 61, S.417-422.

SMAIL, P.J., REYES, F.I., WINTER, J.S.D., FAIMAN, C. (1981): The fetal hormonal environment and its effects on the morphogenesis of the genital system, in: Kogan, S.J., Hafez, E.S.E. (Eds.): Pediatrics andrology, The Hague, S. 9-19.

STATISTISCHES BUNDESAMT (Hrsg.) (2003a): Verkehr. Fachserie 8, Reihe 7, Verkehrsunfälle. Dezember und Jahr 2002. Wiesbaden.

STATISTISCHES BUNDESAMT (Hrsg.) (2003b): Verkehrsunfälle - Verletzte. Zugriff am 2.3.04 unter http://www.destatis.de/cgi-bin/printview.pl.

STATISTISCHES BUNDESAMT (Hrsg.) (2002): Unfallgeschehen 2001. Presseexemplar. Wiesbaden.

THOMAS, J.P., FRENCH, K.E. (1985): Gender differences across age in motor performance: A meta-analysis. Psychological Bulletin, Vol. 98., S. 260-282.

TILLMANN, K.-J. (1992): Söhne und Töchter in bundesdeutschen Familien – mehr Kontinuität als Wandel, in: TILLMANN, K.-J. (Hrsg.): Jugend weiblich – Jugend männlich. Opladen, S. 40-48.

TURNER, A.K. (1994) Genetic and hormonal influence on male violence. Male Violence, New York.

WEST, C., ZIMMERMANN, D.H. (1991): „Doing Gender", in: LORBER, J., FARELL, S.A. (Eds.): The Social Construction of Gender. Newbury Park, London, New Dehli, pp. 13-37.

WILKENING, F., KRIST, H. (1995): Entwicklung der Wahrnehmung und Psychomotorik, in: OERTER, R. ,MONTADA, L. (Hrsg.): Entwicklungspsychologie. Weinheim, S. 487-517.

WILLIAMS, C.L., MECK, W.H. (1991): The organizational effects of gonadal steroids on sexually dimporphic spatial ability, in: Psychoneuroendocrinology, Vol. 16, 155-176.

WILLIMCZIK, K. (1988): Sportmotorische Entwicklung, in: WILLIMCZIK, K., ROTH, K. (Hrsg.): Bewegungslehre. Hamburg, S. 240-353.

WITELSON, S.F. (1979): Geschlechtsspezifische Unterschiede in der Neurologie der kognitiven Funktionen und ihre psychologischen, sozialen, edukativen und klinischen Implikationen, in: SULLEROT, E. (Hrsg.): Die Wirklichkeit der Frau, München, S. 341-368.

WITELSON, S.F. (1991): Neural sexual mosaicism: sexual differentiation of the human temporo-parietal region for the functional asymmetry, in: Psychoneuroendocrinology, Vol. 16, S. 131-153.

ZEEDYK, M.S., WALLACE, L., CARCARY, L.W., JONES, K., LARTER, K. (2001): Children and road safety: Increasing knowledge does not improve behavior, in: British Journal of Educational Psychology, Vol. 71, S. 573-594.

ZIMMERMANN, K.W. (1995): Geschlechtsspezifische Differenzen in motorischen Fertigkeiten während der Kindheit und Jugendzeit, in: NICOLAUS, J., ZIMMERMANN, K.W. (Hrsg.): Sportwissenschaft interdisziplinär. Universität Gesamthochschule Kassel, S. 271-280.

ZIPPEL, K. (1990): Verkehrs- und Unfallbeteiligung von Schülern der Sekundarstufe I. Forschungsberichte der Bundesanstalt für Straßenwesen. Bergisch Gladbach.

Schriftenreihe

Berichte der Bundesanstalt
für Straßenwesen

Unterreihe „Mensch und Sicherheit"

## 2000

M 112: Ältere Menschen als Radfahrer
Steffens, Pfeiffer, Schreiber, Rudinger, Groß. Hübner € 18,00

M 113: Umweltbewußtsein und Verkehrsmittelwahl
Preisendörfer, Wächter-Scholz, Franzen, Diekmann,
Schad, Rommerskirchen € 17,50

M 114: ÖPNV-Nutzung von Kindern und Jugendlichen
Dürholt, Pfeifer, Deetjen € 13,50

M 115: Begutachtungs-Leitlinien zur Kraftfahrereignung
Schutzgebühr € 5,00

M 116: Informations- und Assistenzsysteme im Auto benutzergerecht gestalten – Methoden für den Entwicklungsprozeß
€ 14,50

M 117: Erleben der präklinischen Versorgung nach einem Verkehrsunfall
Nyberg, Mayer, Frommberger € 11,00

M 118: Leistungen des Rettungsdienstes 1998/99
Schmiedel, Behrendt € 13,50

M 119: Volkswirtschaftliche Kosten der Sachschäden im Straßenverkehr
Baum, Höhnscheid, Höhnscheid, Schott € 10,50

M 120: Entwicklung der Verkehrssicherheit und ihrer Determinanten bis zum Jahr 2010
Ratzenberger € 17,50

M 121: Sicher fahren in Europa € 21,00

M 122: Charakteristika von Unfällen auf Landstraßen – Analyse aus Erhebungen am Unfallort
Otte € 14,00

M 123: Mehr Verkehrssicherheit für Senioren – More Road Safety for Senior Citizens € 24,50

## 2001

M 124: Fahrerverhaltensbeobachtungen auf Landstraßen am Beispiel von Baumalleen
Zwielich, Reker, Flach € 13,00

M 125: Sachschadensschätzung der Polizei bei unfallbeteiligten Fahrzeugen
Heidemann, Krämer, Hautzinger € 11,50

M 126: Auswirkungen der Verkehrsüberwachung auf die Befolgung von Verkehrsvorschriften
Pfeiffer, Hautzinger € 14,50

M 127: Verkehrssicherheit nach Einnahme psychotroper Substanzen € 13,50

M 128: Auswirkungen neuer Arbeitskonzepte und insbesondere von Telearbeit auf das Verkehrsverhalten
Vogt, Denzinger, Glaser, Glaser, Kuder € 17,50

M 129: Regionalstruktur nächtlicher Freizeitunfälle junger Fahrer in den Jahren 1997 und 1998
Mäder, Pöppel-Decker € 15,00

M 130: Informations- und Steuerungssystem für die Verkehrssicherheitsarbeit für Senioren
Meka, Bayer € 12,00

M 131: Perspektiven der Verkehrssicherheitsarbeit für Senioren
Teil A: Erster Bericht der Projektgruppe zur Optimierung der Zielgruppenprogramme für die Verkehrsaufklärung von Senioren
Teil B: Modellprojekt zur Erprobung von Maßnahmen der Verkehrssicherheitsarbeit mit Senioren
Becker, Berger, Dumbs, Emsbach, Erlemeier, Kaiser, Six
unter Mitwirkung von Bergmeier, Ernst, Mohrhardt, Pech,
Schafhausen, Schmidt, Zehnpfennig € 17,00

M 132: Fahrten unter Drogeneinfluss – Einflussfaktoren und Gefährdungspotenzial
Vollrath, Löbmann, Krüger, Schöch, Widera, Mettke € 19,50

M 133: Kongressbericht 2001 der Deutschen Gesellschaft für Verkehrsmedizin e. V. € 26,00

M 134: Ältere Menschen im künftigen Sicherheitssystem Straße/Fahrzeug/Mensch
Jansen, Holte, Jung, Kahmann, Moritz, Rietz,
Rudinger, Weidemann € 27,00

## 2002

M 135: Nutzung von Inline-Skates im Straßenverkehr
Alrutz, Gündel, Müller
unter Mitwirkung von Brückner, Gnielka, Lerner,
Meyhöfer € 16,00

M 136: Verkehrssicherheit von ausländischen Arbeitnehmern und ihren Familien
Funk, Wiedemann, Rehm, Wasilewski, Faßmann, Kabakci,
Dorsch, Klapproth, Ringleb, Schmidtpott € 20,00

M 137: Schwerpunkte des Unfallgeschehens von Motorradfahrern
Assing € 15,00

M 138: Beteiligung, Verhalten und Sicherheit von Kindern und Jugendlichen im Straßenverkehr
Funk, Faßmann, Büschges, Wasilewski, Dorsch, Ehret, Klapproth,
May, Ringleb, Schießl, Wiedemann, Zimmermann € 25,50

M 139: Verkehrssicherheitsmaßnahmen für Kinder – Eine Sichtung der Maßnahmenlandschaft
Funk, Wiedemann, Büschges, Wasilewski, Klapproth,
Ringleb, Schießl € 17,00

M 140: Optimierung von Rettungseinsätzen – Praktische und ökonomische Konsequenzen
Schmiedel, Moecke, Behrendt € 33,50

M 141: Die Bedeutung des Rettungsdienstes bei Verkehrsunfällen mit schädel-hirn-traumatisierten Kindern – Eine retrospektive Auswertung von Notarzteinsatzprotokollen in Bayern
Brandt, Sefrin € 12,50

M 142: Rettungsdienst im Großschadensfall
Holle, Pohl-Meuthen € 15,50

M 143: Zweite Internationale Konferenz „Junge Fahrer und Fahrerinnen" € 22,50

M 144: Internationale Erfahrungen mit neuen Ansätzen zur Absenkung des Unfallrisikos junger Fahrer und Fahranfänger
Willmes-Lenz € 12,00

M 145: Drogen im Straßenverkehr – Fahrsimulationstest, ärztliche und toxikologische Untersuchung bei Cannabis und Amphetaminen
Vollrath, Sachs, Babel, Krüger € 15,00

M 146: Standards der Geschwindigkeitsüberwachung im Verkehr
Vergleich polizeilicher und kommunaler Überwachungsmaßnahmen
Pfeiffer, Wiebusch-Wothge € 14,00

M 147: Leistungen des Rettungsdienstes 2000/01 – Zusammenstellung von Infrastrukturdaten zum Rettungsdienst 2000 und Analyse des Leistungsniveaus im Rettungsdienst für die Jahre 2000 und 2001
Schmiedel, Behrendt € 15,00

## 2003

M 148: Moderne Verkehrssicherheitstechnologie – Fahrdatenspeicher und Junge Fahrer
Heinzmann, Schade € 13,50

M 149: Auswirkungen neuer Informationstechnologien auf das Fahrerverhalten
Färber, Färber € 16,00

M 150: Benzodiazepine: Konzentration, Wirkprofile und Fahrtüchigkeit
Lutz, Strohbeck-Kühner, Aderjan, Mattern € 25,50

M 151: Aggressionen im Straßenverkehr
Maag, Krüger, Breuer, Benmimoun, Neunzig, Ehmanns € 20,00

M 152: Kongressbericht 2003 der Deutschen Gesellschaft für Verkehrsmedizin e. V. € 22,00

M 153: Grundlagen streckenbezogener Unfallanalysen auf Bundesautobahnen
Pöppel-Decker, Schepers, Koßmann € 13,00

M 154: Begleitetes Fahren ab 17 – Vorschlag zu einem fahrpraxisbezogenen Maßnahmenansatz zur Verringerung des Unfallrisikos junger Fahranfängerinnen und Fahranfänger in Deutschland Projektgruppe „Begleitetes Fahren" € 12,50

M 155: Prognosemöglichkeiten zur Wirkung von Verkehrssicherheitsmaßnahmen anhand des Verkehrszentralregisters
Schade, Heinzmann € 17,50

M 156: Unfallgeschehen mit schweren Lkw über 12 t
Assing € 14,00

## 2004

M 157: Verkehrserziehung in der Sekundarstufe
Weishaupt, Berger, Saul, Schimunek, Grimm, Pleßmann, Zügenrücker € 17,50

M 158: Sehvermögen von Kraftfahrern und Lichtbedingungen im nächtlichen Straßenverkehr
Schmidt-Clausen, Freiding € 11,50

M 159: Risikogruppen im VZR als Basis für eine Prämiendifferenzierung in der Kfz-Haftpflicht
Heinzmann, Schade € 13,00

M 160: Risikoorientierte Prämiendifferenzierung in der Kfz-Haftpflicht – Erfahrungen und Perspektiven
Ewers(†), Growitsch, Wein, Schwarze, Schwintowski € 15,50

M 161: Sicher fahren in Europa € 19,00

M 162: Verkehrsteilnahme und -erleben im Straßenverkehr bei Krankheit und Medikamenteneinnahme
Holte, Albrecht € 13,50

M 163: Referenzdatenbank Rettungsdienst Deutschland
Kill, Andrä-Welker € 13,50

M 164: Kinder im Straßenverkehr
Funk, Wasilewski, Eilenberger, Zimmermann € 19,50

M 165: Förderung der Verkehrssicherheit durch differenzierte Ansprache junger Fahrerinnen und Fahrer
Hoppe, Tekaat, Woltring € 18,50

## 2005

M 166: Förderung des Helmtragens bei radfahrenden Kindern und Jugendlichen
Schreckenberg, Schlittmeier, Ziesenitz unter Mitarbeit von Suhr, Pohlmann, Poschadel, Schulte-Pelkum, Sopelnykova € 16,00

M 167: Fahrausbildung für Behinderte – Konzepte und Materialien für eine behindertengerechte Fahrschule und Behinderte im Verordnungsrecht
Zawatzky, Mischau, Dorsch, Langfeldt, Lempp € 19,00

M 168: Optimierung der Fahrerlaubnisprüfung – Ein Reformvorschlag für die theoretische Fahrerlaubnisprüfung
Bönninger, Sturzbecher € 22,00

M 169: Risikoanalyse von Massenunfällen bei Nebel
Debus, Heller, Wille, Dütschke, Normann, Placke, Wallentowitz, Neunzig, Benmimoun € 17,00

M 170: Integratives Konzept zur Senkung der Unfallrate junger Fahrerinnen und Fahrer – Evaluation des Modellversuchs im Land Niedersachsen
Stiensmeier-Pelster € 15,00

M 171: Kongressbericht 2005 der Deutschen Gesellschaft für Verkehrsmedizin e. V. – 33. Jahrestagung € 29,50

M 172: Das Unfallgeschehen bei Nacht
Lerner, Albrecht, Evers € 17,50

M 173: Kolloquium „Mobilitäts-/Verkehrserziehung in der Sekundarstufe" € 15,00

M 174: Verhaltensbezogene Ursachen schwerer Lkw-Unfälle
Evers, Auerbach € 13,50

## 2006

M 175: Untersuchungen zur Entdeckung der Drogenfahrt in Deutschland
Iwersen-Bergmann, Kauert € 18,50

M 176: Lokale Kinderverkehrssicherheitsmaßnahmen und -programme im europäischen Ausland
Funk, Faßmann, Zimmermann, unter Mitarbeit von Wasilewski, Eilenberger € 15,00

M 177: Mobile Verkehrserziehung junger Fahranfänger
Krampe, Großmann in Vorbereitung

M 178: Fehlerhafte Nutzung von Kinderschutzsystemen in Pkw
Fastenmeier, Lehnig € 15,00

M 179: Geschlechtsspezifische Interventionen in der Unfallprävention
Kleinert, Hartmann-Tews, Combrink, Allmer, Jüngling, Lobinger € 17,50

---

Alle Berichte sind zu beziehen beim:

Wirtschaftsverlag NW
Verlag für neue Wissenschaft GmbH
Postfach 10 11 10
D-27511 Bremerhaven
Telefon: (04 71) 9 45 44 - 0
Telefax: (04 71) 9 45 44 77
Email: vertrieb@nw-verlag.de
Internet: www.nw-verlag.de

Dort ist auch ein Komplettverzeichnis erhältlich.